ЙОГА И ЗДОРОВЬЕ

СВАМИ ШИВАНАНДА

ЙОГА И ЗДОРОВЬЕ

«СОФИЯ»
2003

УДК 796.41
ББК 75.6
Ш55

Ш55 **Свами Шивананда. Йога и здоровье.**
Перев. с англ. А. Соломарского. — К.: «София», 2003;
М.: ИД «София», 2003. — 256 с.

Имя Свами Шивананды (1887—1963) знакомо каждому, кого интересуют оздоровительные аспекты йоги. Классическая *«Полная иллюстрированная книга йоги»*, многократно издававшаяся на всех западных языках (в том числе на русском), — написана его учеником, Свами Вишнудеванандой. Но и сам Учитель прекрасно разбирался в вопросах здоровья. Еще когда его знали под мирским именем Куппусвами, он много лет проработал врачом и издавал популярный медицинский журнал. Став санньясином, Свами Шивананда досконально изучил хатха-йогу и всегда заботился об оздоровлении своих учеников.

Система Шивананды очень проста и действенна, и не случайно уже несколько лет устойчивым спросом пользуется его работа *«Йога-терапия»*, переведенная на русский язык издательством «София». Книга *«Здоровье и йога»* является ценным дополнением к ней. Она составлена из книг и устных поучений Мастера его любящими учениками. Благодаря им читатель имеет возможность не только получить массу ценной и аутентичной информации по йоге, но и в полной мере ощутить неповторимый дух Шивананды — мощный, светлый и чистый.

Предупреждение:

Издатель публикует эту книгу как исторический документ, а не как пособие, предназначенное для самостоятельного лечения. Терапевтические и профилактические методики, описываемые в настоящем издании, должны применяться только после консультации с дипломированным врачом и под руководством квалифицированного и опытного учителя йоги.

ISBN 5-9550-0089-5

СОДЕРЖАНИЕ

ЧАСТЬ 1

ЗДОРОВЬЕ

СЕКРЕТ ЗДОРОВЬЯ И ДОЛГОЛЕТИЯ

Что такое здоровье?

Здоровье — это состояние организма, в котором все его функции осуществляются эффективно и легко. Это — состояние комфорта, легкости, возможность принимать пищу, двигаться и выполнять прочие жизненные функции. Это состояние, которое достигается благодаря гармоничной работе различных органов тела. Это состояние организма, в котором все органы безболезненно и легко выполняют свои функции.

Если желудок и кишечник эффективно выполняют задачу переваривания и усвоения пищи; если сердце и кровеносная система находятся в хорошем состоянии и обеспечивают хорошую циркуляцию крови; если легкие обеспечивают необходимый приток кислорода в кровь, если мозг выполняет все свои функции, а кожа обеспечивает нормальное потоотделение — это и есть основные признаки здоровья. В таком случае мы не испытываем недомогания или болевых ощущений и можем выполнять все положенные нам действия. Быть в таком состоянии — величайшее благо и удовольствие. Наш Творец милостиво позволяет нам сохранять все органы и части нашего тела в первоначальном здоровом состоянии (конечно, если только мы заботимся о том, чтобы не нанести им вред) и, следовательно, оставаться здоровыми. Но если мы не позаботимся о том, чтобы сохранить здоровье этих органов, мы не сможем быть здоровыми.

Здоровье — это равновесие трех стихий тела, а именно *ваты, питты* и *капхи* (дыхания, желчи и слизи), при условии, что мозг и органы тела работают слаженно и гармонично, человек спокоен и счастлив и несет все свои жизненные обязанности легко и непринужденно. Это такое состояние, когда человек хорошо спит, имеет хороший аппетит и пищеварение, нормальное дыхание и пульс, достаточное количество чистой крови, крепкие нервы и спокойствие, свободную работу кишечника, нормальное мочеиспускание, розовые щеки, сияющие глаза. Это то состояние, в котором человек поет, прыгает, улыбается, смеется, насвистывает и передвигается с легкостью и удовольствием. Это то состояние, при котором мы можем думать, говорить и действовать правильно.

Хорошее здоровье — это воистину величайшее благо. Какой смысл в богатстве и материальных приобретениях, если человек не может хорошо питаться из-за больного желудка, если он не может ходить из-за ревматизма или паралича, если он не может наслаждаться красотой природы из-за катаракты или других болезней зрения? Жизнь без хорошего здоровья жалка и убога, даже для того, кто правит всем миром.

Здоровье — это радость, здоровье — это богатство, это эликсир жизни. Без здоровья нет удовольствия. Без него нельзя заработать себе на жизнь, без него невозможно добиться поставленных целей, невозможно прилагать к чему-то достаточные усилия, без здоровья нет энтузиазма в работе и жизнь становится вам в тягость. Поэтому сохранению здоровья должно уделяться первостепенное внимание.

Без хорошего здоровья вам не добиться ничего ни в материальном, ни в духовном мире. Хорошее здоровье — это предмет самого сильного вожделения. Поддерживайте его, живя естественно, как положено человеку природой.

Здоровье — это не просто отсутствие болезни. Здоровый человек может выполнить больший объем физической и умственной работы, чем нездоровый. Он может погружаться в долгие раздумья и медитацию. Здоровый человек не обязательно силен и мускулист, сильный и мускулистый человек не обязательно здоров. Здоровье — это дар Матери-природы или Бога, то есть той силы, которая питает все живое. С рождения нам дается здоровье, а не болезни. Быть здоровым так же естественно для человека, как жить вообще.

Здоровье дороже золота и несметных богатств. Оно расширяет вашу душу и делает ее более восприимчивой к указаниям, а значит, познанию сути вещей.

Эмерсон говорил: «Главное богатство — это здоровье. Дайте мне здоровье и время, и я заставлю вас смеяться над тщетой богатых и власть имущих». Тому, кто имеет крепкое здоровье, нечего более желать. Он действительно счастливый человек.

Здоровье зависит от *кармы*. Добродетельный человек наслаждается долгими годами здоровой жизни. Порочный, злой человек не бывает здоров. Патанджали Махариши говорит в *«Йога-сутрах»*: «Жизненный цикл, кастовая принадлежность, наслаждение — все это зависит от нашей собственной *кармы*». Посему, будьте добродетельны. Остерегайтесь неправедных поступков. Человек состоит из тела, сознания и духа. Тело и сознание тесно связаны. Психическое здоровье еще более важно, чем физическое. Все болезни сперва зарождаются в сознании, и уж затем поражают тело.

Здоровье — основа вашей карьеры, а по большому счету, и всей жизни. Быть полностью здоровым, когда тело, сознание и дух эффективно и гармонично взаимодействуют, — значит, наслаждаться полной мерой жизни. Когда вы здоровы, вы с аппетитом едите, спите крепко, смело справляетесь со всеми задачами и преодолеваете трудности.

Хорошее здоровье нам нужно для того, чтобы достичь четырех жизненных целей, а именно: *дхармы, артхи, камы* и *мокши* (праведности, материального благосостояния, чувственного удовлетворения и духовного освобождения). Без хорошего здоровья ничего из этого вам не достичь. Без него вы не сможете совершать самоотверженных поступков. Вы не сможете молиться или медитировать. Без хорошего здоровья вы не сможете делать *асаны* и *пранаямы*. В древних книгах поэтому говорится, что тело — это лодка, в которой мы пересекаем океан земного существования. Это инструмент для совершения добродетельных поступков и освобождения от круговорота смертей и новых воплощений.

Основные условия для поддержания в человеке первозданного хорошего здоровья таковы:

1. Его жилище должно быть сухим. Его дом должен содержаться в чистоте, свежий воздух в нем должен циркулировать днем и ночью.
2. Ни единой минуты он не должен сидеть в мокрой одежде или на холодном сквозняке.

3. Он должен часто омывать водой всю поверхность своего тела.
4. Ежедневно он должен съедать не менее 24 унций* твердой пищи. Он должен избегать слишком большого однообразия в еде, но и слишком большое разнообразие во время каждого приема пищи также вредно. Он должен избегать увлечения алкоголем.
5. Ежедневно он должен проводить как можно больше времени на открытом воздухе, и никак не менее одного часа в день.
6. У него должно быть какое-нибудь занятие для того, чтобы упражнять разум и тело, занимающее от 8 до 10 часов ежедневно.
7. Он должен посвящать некоторую часть своего свободного времени таким занятиям, как *джапа, киртан*, медитация и изучение духовной литературы.
8. Он должен следить за тем, чтобы избегать излишнего беспокойства и противопоставлять свою внутреннюю стойкость горестным чувствам, которые могут возникнуть из-за каких-либо жизненных неудач.
9. Он должен спать не менее шести часов в сутки.

Если бы все люди жили в соответствии с этими правилами, вскоре болезни практически исчезли бы с лица земли, а счастье человека поднялось бы до таких высот, которые мы сегодня не можем себе представить даже отдаленно.

Неестественный образ жизни сокращает ее протяженность и ведет к слабости здоровья и различным болезням. К сожалению, люди отошли от природы в угоду своим извращенным страстям и устремлениям.

Болезнь

Вам нужно четко понимать, что такое болезнь и откуда она происходит. Тогда вы сможете предотвращать ее. Болезни можно избежать, если вы понимаете биологические законы, которые ею управляют, правила здоровья и гигиены и важность чистоты. Общее понимание законов здоровья всерьез поможет вам предотвратить болезнь, отодвинуть смерть и улучшить свое здоровье.

Болезнь есть состояние, противоположное комфорту, легкости и способности выполнять определенные жизненные функции. Расстройства и нарушения здоровья являются результатом задержки определенного жизненно важного процесса, это состояния, которые становятся результатом нарушения гармонии во взаимодействии всех органов.

Болезнь— это нарушение определенных законов природы. Природа желает, чтобы каждый из нас был здоров и силен. Если вы слабы, значит, органы и клетки вашего тела работают неправильно. Устраняйте причину болезни. Не запускайте болезнь. Ее легче предотвратить, чем исцелить.

Устранение причины болезни есть самый рациональный способ ее лечения. Нет смысла пытаться устранить ее симптомы. Если не устранена причина болезни, а симптомы ее подавлены, болезнь перейдет в серьезную хроническую форму. Единственный разумный метод лечения — тот, который учитывает причины и позволяет восстановить нормальную систему жизнедеятельности в целом. Например, если вы постоянно переедаете или едите то, что вам вредно, то наверняка

---

* Около 700 г. — *Здесь и далее прим. ред., если не указано иначе.*

испортите себе желудок. Холодный сквозняк воздействует на разгоряченную кожу, закрывая поры и делая нормальное потоотделение невозможным. Таким образом, нарушения в работе органов вызываются определенными инцидентами или неправильным поведением и ведут к возникновению болезней, худшие из которых часто являются причинами смерти.

Шестьдесят из каждых ста смертей в Индии, Европе и прочих странах вызваны теми болезнями, возникновение которых в большинстве случаев может быть предотвращено, если люди поступают разумно и следуют рекомендациям медицинской науки.

Все хронические, затяжные и функциональные болезни и нарушения связаны с определенными ненормальными состояниями в механизме действия, органах и тканях нашего организма.

До прихода эры технического прогресса люди были ближе к природе. Люди тогда обладали более крепким физическим здоровьем. В двадцатом веке жизнь становится все более искусственной. Поэтому нарушения здоровья встречаются все более часто, несмотря на бесчисленное множество врачей и медицинских открытий. Хотя мы не можем контролировать нашу эпоху, мы можем контролировать себя и приспосабливаться до некоторой степени, на том условии, что будем соблюдать определенные правила здоровой жизни. Следовательно, мы сможем сохранять достаточно неплохое здоровье и наслаждаться радостями жизни.

Человеческое тело — самый слабый механизм на земле, который может выйти из строя совершенно внезапно. Его части сделаны не из стали или меди, а из самых тончайших и нежных материалов, которые не подлежат замене по мере износа или повреждения. Каким благом для человека с больным желудком была бы возможность просто выбросить его и поставить себе новый, здоровый желудок, а для человека с больными нервами — просто выдрать износившиеся нервы и установить новую систему крепких, пульсирующих жизнью нервов!

Но это, к сожалению, невозможно. Однако механизм человеческого тела, в отличие от машин из стали и меди, снабжен совершенной системой циркуляции, которая при правильном снабжении может достигать самых отдаленных его частей, восстанавливая изношенные или поврежденные участки.

Основные причины нарушений действия механизма человеческого тела таковы:

1. Пессимистические мысли.
2. Страх болезни.
3. Недостаток нужных видов пищи.
4. Переутомление на работе.
5. Работа по ночам.
6. Различные виды беспокойства и озабоченности.

Все это ведет к расстройству пищеварения, к запорам и прочим заболеваниям пищеварительного тракта. Когда нарушается пищеварение, появляются и прочие болезни.

Большинство болезней происходит от переедания, половых излишеств и проявлений гнева и ненависти. В результате припадков гнева происходит разрушение энергии. Клетки и ткани наполняются темным, отравляющим веществом, когда мы теряем самообладание и проявляем свою ненависть. Появляются различные физические нарушения. Многие нервные болезни связаны с большими потерями семенной энергии или частыми вспышками злобы или гнева.

Если ваш разум всегда спокоен и уравновешен, вы будете иметь отличное здоровье и жизненную силу. Совершенствуйте такие качества, как устойчивость и выносливость. Укрепляйте тело, сознание и нервы. Много времени отводите упражнениям на свежем воздухе, питайтесь правильно, принимайте ванны с целебными маслами и не ограничивайте себя в отдыхе. Устраивайте умственную и физическую разгрузку. Ведите упорядоченную и сбалансированную жизнь. Следите за тем, чтобы не допускать излишеств в еде, выпивке и удовольствиях. Примите духовный образ жизни. Все болезни покинут вас сами по себе. Все микробы погибнут, если ваша жизненная сила и энергия будут бить ключом. В этом секрет здоровья и счастья.

Не увлекайтесь рекламируемыми методиками и лекарствами разных шарлатанов. Просто живите естественно. Тогда вскоре вы поправитесь. Не тратьте деньги на покупку так называемых патентованных лекарственных средств. Они бесполезны. Шарлатаны пытаются воспользоваться доверчивостью и неведением. Будьте осторожны. Не ходите к врачам слишком часто. Попытайтесь добиться того, чтобы стать собственным доктором. Поймите законы природы и принципы здоровья и гигиены. Не нарушайте этих законов.

Купайтесь в солнечных лучах. Ежедневно на короткое время подставляйте свое тело солнечным лучам. Это называется гелиотерапией или солнцелечением. Вы будете получать от солнца его силу и энергию.

Необходим также отдых в постели. Умерьте свой рацион питания. Ешьте натуральные, легко усваиваемые, здоровые, не раздражающие желудок продукты. Перестаньте есть острую пищу с приправами вроде карри, чили и чатни. Давайте отдых желудку и кишечнику, периодически соблюдая посты. Если вы можете голодать целый день — это вам пойдет только на пользу. Посты помогают вывести из организма токсичные вещества.

Хорошо есть саго с молоком, пить ячменную воду и питаться такими фруктами, как виноград, сладкие апельсины и т. п. Если вы испытываете жажду, можете выпить апельсиновый или лимонный сок со сладкой карамелью.

Соблюдайте целибат (воздержание от половой жизни). Вставайте в 4 часа утра и делайте *джапу ХАРИ ОМ*, читайте любые *мантры* и медитируйте в течение одного часа. Имя Бога — самое лучшее в мире лекарство. Вы должны крепко верить в силу имен Господа нашего. Неизлечимые болезни излечиваются *джапой* или повторением имени Божьего. Медитация дает клеткам новые, здоровые вибрации и уничтожает болезни. Все ткани омываются нектаром, текущим через них при медитации. Разрушаются все бактерии, вызывающие болезни. (Механизм такого действия йоги все еще не до конца понятен медицинской науке.)

Зачем без надобности вводить в свою систему инородные вещества? Положитесь на силы Природы. Регулярно делайте дыхательные упражнения, *асаны*, концентрируйтесь и медитируйте. Вот это — идеальное лечение.

Не думайте слишком часто о болезни и о теле. Слишком частые мысли о болезни усиливают ее. Полностью займите чем-либо свое сознание. Это очень важно. Уведите свое сознание прочь от болезни и думайте об Атмане, или внутренней Душе, которой не страшны никакие болезни, о субстрате, основе вашего тела и сознания.

Друг мой, культивируй в себе такую *Атма-чинтану* (помышление об Атмане) и приди к существованию, в котором нет боли, к состоянию бессмертного Брахмана.

Не падай духом. Всегда будь настроен весело и радостно. Медитируй на слоге *ОМ*. Думай об *ОМ*. Пой *ОМ*. *ОМ* — твое настоящее имя. *ОМ* — это лучший тоник, основной стержень, панацея от всего, универсальное лекарство от всех болезней. Улыбайся и смейся. Ты есть бестелесный, бессмертный Дух. Всегда, всегда помни об этом.

Да благословит тебя Бог, послав тебе крепкое здоровье, жизненную силу, энергию и долголетие. Да будет твоя жизнь славной эрой цветения! *Ом Шанти!*

Карма и законы природы

Человек получает хорошее здоровье благодаря своей *карме* (поступкам) из прошлого воплощения. Тот, кто в предыдущей инкарнации был добродетелен, кто делил с людьми все, что имел, тот, кто помогал бедным и нуждающимся, кто молился, медитировал, выполнял *крийи* и *пранаямы*, в этой жизни рождается здоровым человеком. Этот закон причинности никто не может отменить или оспорить.

Без причины не бывает действия, не бывает болезни без нарушения законов природы. Природа всегда старается поддерживать здоровье, но мы навлекаем на себя болезни, постоянно нарушая ее законы. Конечно, законы природы неумолимы. Они не щадят никого.

В животном царстве болезни редки. Животные не нарушают законов природы, и поэтому им редко требуется медицинская помощь. Обычно такая помощь требуется домашним животным, поскольку они не могут вести естественный образ жизни.

Некоторые болезни наследуются от родителей. Есть также заразные и инфекционные болезни (то есть передающиеся по воздуху или через прикосновение). Такие болезни поражают сразу множество людей, не являвшихся причиной их возникновения. Тем не менее и в этом случае, как и во всех прочих, причиной их является человеческая ошибка, хотя каждая конкретная жертва может не быть в ней виновата. Это значит, что родители или другие, более дальние предки сотворили эту болезнь путем неблагонамеренных, нечестных поступков. Заразные, или инфекционные болезни всегда зарождаются в нечистых местах: на болотах, в топях, в грязных и запущенных городских районах, там, где голод и грязь в домах.

Вся вселенная, от огромнейших солнц до мельчайших атомов управляется верховным законом. Всюду царит совершеннейший порядок. Солнце размеренно выполняет свои функции. Оно вовремя встает и вовремя садится. Звезды и планеты вращаются, как им положено. Они руководствуются законами. Есть законы сознания. Есть законы физики, астрономии, математики. Есть законы гигиены и здоровья, которые управляют нашим существованием. В огромной вселенной только человек нарушает законы и правила. Он — единственный пример беззакония и беспорядка. Он сознательно пренебрегает законами здоровья, живет распущенно и беспутно, а потом удивляется, откуда берутся болезни и дисгармония. Он намеренно нарушает правила гигиены и правильной жизни, а потом плачет, погибая от неизлечимых ужасных болезней.

Бог дал вам все необходимое, чтобы защищаться от непрошеных пришельцев (то есть бактерий). Лейкоциты, или белые кровяные тельца, борются с бактериями и убивают их. Лимфатические железы являются надежными крепостями. Более того, в крови образуется противоядие, которое называется бактериолизин. Оно уничтожает все бактерии. Сколь милосерден Господь! Он заботится о вас как только можно. Но вы позабыли Его. Вы проявили неблагодарность, не помня Его. Похороните свое прошлое. Попытайтесь с этого момента не забывать Его — и придете к вечному блаженству и бессмертию.

Духовная физиология

Злоба: порождает яд в крови и перегревает кровь, мозг, печень и все тело, ведет к лихорадке, депрессии и т. д.

Ненависть: ведет к ослаблению нервной системы, беспокойству, недомоганию, кашлю, повышению температуры, потере крови, несварению и т. д.

Страх: ведет к понижению артериального давления, слабости, разрушает красные кровяные тельца, ведет к бледности лица, поражает сердце, печень и желудок, приводит к несварению, поносу или запору и импотенции.

Самоотречение: ликвидирует многие нарушения, такие, как диспепсия, ревматизм, диабет, болезни печени и кишечника, нарушения давления, укрепляет сердце, мозг и нервную систему.

Чистая любовь: дает радость, мир в сознании, гармоничную работу органов, улучшение состава крови и увеличение ее количества и обращает сознание к Богу. Это лучшее средство против ненависти.

Правдивость: укрепляет сердце и разум, приносит счастье, мир, внутреннее спокойствие и духовную силу, дает бесстрашие. Это лучшее средство от страха. Оно вылечивает все болезни, вызываемые страхом.

Медитация: замечательное тонизирующее средство, укрепляющее все системы и органы, обогащает клетки крови, ликвидирует все болезни, предотвращает их развитие и порождает два чудесных феномена, дающих здоровье, пробуждающих жизненную энергию *кундалини* и поднимающих дух.

Эти два принципа — *божественность* и *очищение*, они имеют замечательную силу, помогающую человеку подняться до божественного. Очищение помогает медитирующему войти в *савикальпа-самадхи*. Божественность помогает ему достичь *нирвикальпа-самадхи*.

Да будете вы наделены крепким здоровьем и долголетием! Да избави вас Бог от болезней! Да ниспошлет вам молчаливая и бесконечная медитация утверждение в бессмертном Атмане, не боящемся никаких болезней!

Как дожить до ста лет

Никогда не спешите. Не перекусывайте «на ходу». Употребляйте питательную еду. Не увлекайтесь визитами к врачу и в аптеку. (Когда доживете до девяноста лет, можете пренебрегать этими советами — если захотите, конечно!)

Носите свободные воротнички, поскольку тесные воротники затрудняют циркуляцию крови через щитовидную железу. Пейте побольше молока, ведь это экстракт из многих желез. Будьте как можно дольше на свежем воздухе и особенно на солнце, делайте побольше физических упражнений, не забывая дышать глубоко и размеренно. Ежедневно принимайте ванну, а дополнительно раз в неделю ходите в турецкую баню или в парную. Носите одежду, которая «дышит», легкие головные уборы и туфли.

Рано ложитесь и рано вставайте. «Кто рано ложится и рано встает, тот мудро, здорово и долго живет». Спите в полностью затемненной, тихой комнате с открытым окном. Спите не менее шести и не более семи с половиной часов в сутки. Бросьте употреблять алкоголь. Не злоупотребляйте чаем и кофе. Избегайте душных, влажных, перегретых помещений.

Чем старше вы становитесь, тем больше токсинов появляется в организме. Это неизбежно. Если бы это было предотвращено, устранена была бы проблема старения. А преодолеть это можно при помощи сочетания следующих вещей:

Випарита-карани (см. раздел «Хатха-йога») — занимайтесь ею не менее часа и утром, и вечером.

Затем, *бандха-трайа* в следующем порядке: *джаландхара-бандха, уддияна-бандха* и *мула-бандха*.

Если добавить к этому *кевала-кумбхаку*, можно приостановить процесс старения и приближения смерти.

НАУКА РЕЛАКСАЦИИ

Жизнь в наши дни стала весьма усложненной. Остро и болезненно стоит вопрос борьбы за существование. Во всех сферах жизни наблюдается нездоровая конкуренция. Всюду существует безработица. Только умнейшие из молодых людей с выдающейся квалификацией и при этом имеющие блестящие рекомендации получают сегодня работу. Таким образом, из-за нездорового образа жизни и пагубного пути развития на человечество наваливается огромное физическое и умственное напряжение.

Человек приобрел много неестественных привычек и позабыл привычки, данные ему природой. Многие мышцы и нервы человека перегружены из-за неправильной осанки. Человек позабыл основные принципы релаксации. Теперь ему нужно перенимать азы релаксации у кошек, собак и грудных младенцев.

Если вы будете практиковать релаксацию, вы исключите потери энергии. Вы будете активны и энергичны. Во время релаксации мышцы и нервы отдыхают. *Прана*, или энергия, накапливается в организме. Огромное большинство тех, кто не знаком с этой чудесной наукой расслабления, просто разбазаривают свою энергию, подвергая мышцы и нервы излишней нагрузке из-за того, что они делают множество лишних движений. Некоторые люди бессмысленно качают ногой, когда сидят в кресле. Некоторые в раздумье барабанят пальцами по столу. Кто-то свистит. Кто-то качает головой. Некоторые постукивают пальцами себе по груди или животу. Таким образом, из-за незнания элементарных принципов науки релаксации энергия распыляется в результате ненужных движений различных частей тела.

Усталость — это результат излишней нагрузки на определенные части тела. Это может быть мозг, если вы напряженно учитесь или выполняете умственную работу, а может быть тело, если вы целый день носитесь, ведь при этом вы сжигаете и нервную энергию тоже. Если случается нечто, вызывающее всплеск ваших эмоций, вы бурно реагируете, а после того вскоре чувствуете усталость. Нужно время от времени расслабляться и отдыхать днем, а не только ночью.

Первый признак того, что ваш мозг устал, — это отсутствие возможности сконцентрировать свое внимание на том, что вы делаете, как бы вы ни старались. Мозг требует отдыха, релаксации. Если вы сможете затем уделить полную меру своего внимания вашей работе или игре, ведь вам же будет только интересней. Вы перестанете чувствовать усталость.

Для того чтобы быть здоровым, необходимо делать физические упражнения. Но не менее важно расслабляться. Полного расслабления вы достигаете во сне. Беспокойный сон, а также сон, наполненный неприятными сновидениями, не дает вам полностью расслабиться. Несмотря на достаточное количество сна, человек тогда просыпается уставшим и измотанным.

Вы можете поддерживать хорошее здоровье, чередуя сон и релаксацию. Только тогда ткани тела правильно потребляют кровь, вбирают питательные вещества, растут, восстанавливаются и избавляются от шлаков.

2-206

Помните, что лень и праздность не имеют с релаксацией ничего общего. Не путайте лень с расслабленностью. Ленивый человек пассивен. Он не хочет работать. Он инертен и сонлив, а человек, который практикует релаксацию, напротив, энергичен, силен, вынослив и жизнелюбив. Он никогда не позволяет хоть частичке энергии пропасть впустую. Он работает много, быстро и эффективно.

Когда вы ощущаете сонливость, это означает, что ваш организм нуждается в отдыхе. Дайте необходимый отдых одновременно и телу, и мозгу. Несколько минут релаксации замечательно освежат вас и восстановят силы. Вы снова будете в силах эффективно выполнять свою работу. Научитесь засыпать тогда, когда вам это нужно, в любое время.

Расслабляться можно и тогда, когда вы бодрствуете и даже работаете. Не все части тела работают одновременно. Пока работают одни ткани, вы можете дать другим отдых. Вы должны хорошо изучить науку расслабления.

Качество релаксации зависит от склада ума, от настроя человека. Тот, кто склонен к излишнему беспокойству, не может правильно расслабиться. Сон его всегда беспокоен, наполнен сновидениями.

Релаксация приходит как результат дисциплинированности. Такие занятые люди, как врачи и адвокаты, должны знать науку релаксации. Они должны заниматься релаксацией каждый день. Можно расслаблять разум и тело в зале ожидания на вокзале, на скамейке в парке. Таким образом, они будут всегда в форме для дальнейшей работы в своих судах или больницах. Релаксация полностью освежает человека.

Йоги хорошо изучили эту науку. Они полностью, в совершенстве владеют ею. Те, кто владеет искусством релаксации, могут сохранять и накапливать свою физическую и психическую энергию, чтобы затем эффективно ее использовать. Они никогда не знают усталости. Даже стоя, они умеют, закрыв лишь на несколько минут глаза, обрести силы для дальнейшей работы. Когда они расслабляются, энергия течет через их нервы, как вода течет по трубам. Те, кто не владеют умением расслабляться, напрасно тратят свою физическую и психическую энергию.

Когда вы хотите, чтобы ваш мускул сократился, чтобы совершить какое-то действие, импульс передается из мозга через нервы к мускулу. Энергия, или *прана*, проходит по моторным нервам, достигает мышцы и заставляет ее сократиться. Когда она сокращается, то приводит в движение тот сустав, часть тела, которую вы хотите привести в движение. К примеру, вы хотите поднять стул. Это желание создает импульс в мозгу. Мозг передает его через моторные нервы к мышцам рук. Ток *праны*, или энергии, проходит по нервам, идущим от мозга. Мышцы сокращаются и выполняют действия, необходимые для того, чтобы поднять стул. Все прочие действия, как сознательные, так и бессознательные, выполняются подобным же образом. Если мышцы перерабатываются, тратится больше энергии и вы чувствуете усталость. В мышцах происходит износ из-за перенагрузки, перенапряжения, потому что расходуется большое количество *праны*, или энергии.

Бессознательные действия производятся инстинктивно или механически. Сознание не ждет указаний. Если скорпион жалит вас в палец, вы автоматически немедленно отдергиваете палец. Здесь нет никаких сомнений или раздумий. Это инстинктивное, механическое движение.

Действие одной группы мышц может контролироваться посредством другой. Один импульс может пытаться привести в движение одну группу мышц, но, послав другой, подавляющий импульс, через другую группу мышц вы противодействуете первой группе мышц. Например, если вас кто-то задевает, обижает, вы можете вскочить, чтобы побить его. То есть импульс уже приводит одну группу мышц в движение. Вы можете контролировать этот импульс путем анализа и размышления: «Я ничего не приобрету, если побью его. Он — невежа. Он не умеет себя вести. Лучше я его прощу». Подавляющий импульс немедленно остановит первую группу мышц. Импульсы и контримпульсы, или сдерживающие импульсы, приводят к повышению напряжения в нервах, мышцах и мозгу. Многие люди являются рабами импульсов, поэтому им не дан душевный покой. Их бросает из стороны в сторону.

Женщина, которая никогда не может расслабиться, по-настоящему отдохнуть, не сохранит свою красоту. На ее лице появятся признаки усталости ее тела. Ее тело потеряет совершенство формы. Находясь в постоянном нервном напряжении (а это свойственно многим женщинам), она рано постареет, утратит красоту и поймет, что ее силы куда-то исчезли.

Наука релаксации — это точная наука. Изучить ее очень просто. Расслабление мышц так же важно, как их сокращение. Я обращаю особое внимание на релаксацию сознания, нервов, *а также* мышц.

Релаксация бывает двух видов: психическая и физическая. Есть и другая классификация. Если вы расслабляете только некоторые мышцы в некоторых частях тела — это частичная релаксация. Если вы расслабляете мышцы всего тела, это полная релаксация.

Если вы сможете расслабить полностью все мышцы, нервы и мозг, вы сразу же крепко заснете. Махатма Ганди прекрасно знал эту науку. Наполеон также имел большие знания в этой области. Они могли погрузиться в сон в любое время дня или ночи и могли проснуться в ту минуту, когда им это было нужно.

Даже на работе вы сможете расслабляться, если вы знакомы с этой наукой. Вы сможете поспать несколько минут, сидя на стуле в окружении громко разговаривающих и смеющихся людей, и даже под барабанный бой. Есть много видов работы, которые выполняются сидя. Следите за тем, чтобы правильно сидеть, для того чтобы избежать усталости. Немногие женщины знают о том, что неправильная поза при сидении может увеличить объем таза.

Тот, у кого есть совершенное равновесие в сознании, может расслабляться и засыпать в любое время. Тот, кто может расслабиться, может выполнить большой объем работы. Смена деятельности или позы тоже является отдыхом или релаксацией. Совершенный отдых дает медитация.

Расслабление в течение нескольких минут поможет вам восстановиться. Один раз утром и один раз после обеда полностью расслабляйтесь на десять минут, как минимум. Независимо от того, есть ли у вас срочная работа, соблюдайте это правило. Сядьте в очень удобное кресло или лягте на матрас, поднимите ноги на восемнадцать дюймов над полом при помощи жесткой подушки, подложенной под коленями и позвольте каждой мышце как бы «сдуться». Если вы лежите, подложите под голову подушку, это поможет шее расслабиться. Закройте глаза. Создайте пустоту в сознании.

Ноги нужно приподнять, чтобы позвоночник был выровнен и чтобы создать отток крови от ног. Если вы сидите в кресле, положите ноги на какое-либо возвышение и расслабьте все мышцы. Поначалу это нелегко, но постепенно это войдет в привычку.

Никогда не сидите на краешке кресла. Откиньтесь назад и подложите жесткую подушку под поясницу. Нужно также выбирать кресло подходящей высоты. Не скрещивайте ноги. Сидите, держа колени и стопы вместе, крепко утвердив ноги на полу или скамеечке.

Усталости можно также избежать, принимая правильную позу, когда вы стоите. Если по роду службы вам приходится много стоять, стойте со сдвинутыми коленями и лодыжками. Так вы создаете единый столб, на котором покоится тело. Вес тела не переносится на одну из ног, а равномерно распределяется на обе ноги.

Ментальная релаксация

Так же как вы расслабляете мышцы после выполнения физических упражнений и *асан*, вы должны расслаблять сознание и давать ему отдых после концентрации и медитации, после тренировки памяти и укрепления воли. Расслабление мышц дает отдых сознанию, а расслабление сознания дает отдых и телу. Тело — это форма, которую сознание отливает для собственного удовольствия.

Сознание накапливает опыт посредством тела и работает совместно с *праной*, чувствами и телом. Сознание влияет на тело, например, если вы радостны, ваше тело также будет здоровым и сильным, а когда вы в депрессии, ваше тело не может нормально работать. Так же и тело оказывает определенное влияние на сознание. Если тело здорово и сильно, в сознании тоже будет радость, счастье и сила. Если у человека болит живот, сознание не может нормально работать. Мысль принимает форму действия, а действие оказывает влияние на сознание. Если вы снимаете напряжение с мышц, вы приносите облегчение и успокоение в сознание.

Легко раздражимый человек не может иметь душевный покой, мир в сознании. Его мозг, нервы и мышцы всегда находятся в напряжении. Каждую минуту он напрасно тратит энергию мышц, нервов и мозга. Такой человек очень слаб, даже если он наделен большой физической силой, потому что он очень легко теряет душевное равновесие. Если вы действительно хотите наслаждаться нерушимым покоем и великой радостью, вы должны постараться выработать в себе спокойствие, контроль и равновесие, удалив из своего сознания беспокойство, озабоченность, тревогу, страх и злобу, а также подавляя свои импульсы.

Напрасно беспокоясь или злясь, вы все равно ничего не приобретаете. Страх, злоба и беспокойство являются продуктами невежества. Мускулы и нервы жертвы злобы и беспокойства всегда напряжены. Природа злобы груба и жестока. Злоба наносит несомненный ущерб мозгу, крови и нервам. Вам нет ни малейшей пользы от проявления злобы. Путем повторения какого-либо действия в вашем сознании вырабатывается привычка. Если вы часто беспокоитесь, вы обзаводитесь привычкой беспокоиться. Ваши жизненная сила и энергия высасываются из вас злобой, страхом и беспокойством. Зачем вам бояться хоть чего-то, когда все на свете есть не что иное, как вы сами?

Равновесия и спокойствия в сознании можно достичь, удалив беспокойство, злобу и страх. Будьте внимательны и рассудительны. Избегайте всех ненужных волнений. Исключите все беспокойство, страх и злобу. Думайте о смелости, радости, блаженстве, покое и веселье.

Путем релаксации вы даете отдых сознанию, усталым нервам и мускулам.

Вы обретете полное душевное спокойствие, огромную силу и жизнелюбие. Когда вы расслабляетесь, психически или физически, ваше сознание не должно быть занято никакими случайными или посторонними мыслями.

Тренировка расслабления сознания уберет внутреннее напряжение, наполнит сознание новой психической энергией и сделает вас веселыми и счастливыми.

ФИЗИЧЕСКИЕ УПРАЖНЕНИЯ

Необходимость упражнений

Упражнения необходимы во всех жизненных фазах, а особенно в детстве и ранней юности. Они очень важны для поддержания хорошего здоровья, жизненной силы и энергии. Они поддерживают здоровый тонус организма. Упражнения повышают общую эффективность работы тела и сознания, улучшают вашу способность и желание общаться и сотрудничать. Вы учитесь контролировать слабые свои стороны и даете большую свободу своему духу. Упражнения сдерживают излишний рост и совершенствуют слабого человека. Они быстро возвращают здоровье после перенесенной болезни. В период роста они предотвращают различные деформации. Они устраняют слабость и тучность.

Упражнения важны для различных органов тела, чтобы те функционировали легко и эффективно. Необходимо поддерживать рост и замену тканей, обеспечение организма достаточным количеством кислорода. Без упражнений не будет здоровья. Вся система откажется работать. Желудок откажется правильно переваривать пищу, а кровь будет наполнена токсичными веществами.

Сердце не может эффективно работать без определенных упражнений. Если вы будете его постоянно упражнять, оно будет качать кровь более интенсивно. Легкие при глубоком дыхании будут получать больше воздуха. Грудная клетка будет расширяться. Больше отработанного воздуха и ненужных соединений будет выходить наружу. Если работа сердца улучшается благодаря упражнениям, исчезает застой крови и закупорки сосудов. Кровь распределяется равномерно и улучшается ее циркуляция в легких. Количество вдыхаемого кислорода и выдыхаемого углекислого газа намного возрастет.

Увеличенная отдача потребует увеличения потребления пищи и свежего воздуха. Лучше всего упражняться на воздухе, поскольку тогда вы будете получать достаточно кислорода для очищения крови.

Упражнения придают здоровый вид всему телу. Поскольку они обеспечивают быстрый ток крови, стимулируются почки, легкие и кожа, которые выводят вредные вещества. Они производят очищение более эффективно и энергично. Мускульные упражнения оказывают хорошее действие на все тело. Они устраняют запоры и нормализуют работу кишечника, они улучшают работу сознания и качество умственного труда. Они улучшают работу кожи. Потоотделение увеличивается. Это понижает и регулирует температуру тела. По окончании упражнений тело должно быть прикрыто, чтобы не происходила потеря тепла.

Все движения тела производятся с помощью мышц. Это дает им рост и энергию. Если у вас хорошо развиты мышцы, вы можете более эффективно выполнять различные задачи. Если вы не упражняетесь, мышцы будут слабыми и неразвитыми. У вас не будет выносливости. Если каыкой-либо орган или часть тела не используются, они постепенно становятся менее работоспособными и уменьшаются в размерах. Например, если после перелома конечности ее помещают в лубок, то потом, когда через 2—3 недели лубок снимут, выясняется, что она стала тоньше другой конечности, потому что мышцы все это время не работали.

Но если мышцы постоянно в работе, они увеличиваются в размерах. Гимнасты, атлеты, кузнецы и грузчики имеют сильные, хорошо развитые мышцы рук, груди и т. д. У них красивое, замечательное тело.

Хорошо развитые бицепсы и грудь — гордость любого человека, начавшего заниматься. Когда он хочет показать, что его тело находится в отличной форме, он закатывает рукав и говорит: «Потрогайте мой бицепс. Он твердый, как камень». Футболист хвастается: «Посмотрите на мои икроножные мышцы. Они как большие железные шары. Я могу без передышки прошагать тридцать миль за день». Гимнаст с гордостью демонстрирует свои хорошо развитые дельтовидные мышцы: «О них можно разбить кокосовый орех». Хотя сила и размер — это не всегда одно и то же. Худой, но жилистый человек и здоровенный мужчина могут быть одинаково сильными.

После долгой болезни человек не может ни ходить самостоятельно, ни даже стоять. Пока он лежал в постели, его мышцы утратили свою силу. Начав с легких упражнений, он может постепенно вернуть им силу и тонус.

Вы должны иметь хорошо развитое тело без признаков ожирения. Толстякам приходится носить на себе лишний вес, тратить больше усилий и больше уставать из-за накопления шлаков. Жир нужно сжигать путем регулярных и систематических упражнений.

Упражнения должны быть подобраны и приспособлены к нуждам и возможностям вашего тела. Следует избегать чрезвычайно интенсивных упражнений. Лучше заниматься упражнениями регулярно, постепенно.

Упражнения должны быть систематическими. Не переутомляйтесь, упражняясь, не выбивайтесь из сил. Если вы устаете, значит, вы упражняетесь больше, чем можете. Сократите количество выполняемых вами за один раз упражнений. После упражнений вы должны чувствовать большой душевный подъем и радость. Нерегулярные, тяжелые упражнения не хороши. Они могут скорее навредить, чем принести пользу.

(Некоторые юноши слишком увлекаются спортивными играми. Они пренебрегают учебой и в результате вырастают мускулистыми, но ментально неразвитыми. Духовной и ментальной культуре нужно уделять внимание. Ведь сверхчеловека делает таким, как он есть, его душа.)

Формы упражнений

Есть множество форм упражнений. Выберите ту форму, которая больше всего вам подходит, — будь то верховая езда, гимнастика, ходьба, бег, плавание, гребля, велоспорт, крикет, теннис, бадминтон, футбол, хоккей или гольф, гантели, штанга или гимнастическая булава, бокс или борьба, *асаны, пранаямы* и *сурья-намаскар*.

При езде на велосипеде работают все мышцы и нервы. Внутренности массируются мышцами брюшного пресса; таким образом обеспечивается нормальная их работа.

Гимнастика симметрично разрабатывает и укрепляет мышцы. Она повышает подвижность тела и вырабатывает лучший механизм равновесия. Упражнения на трапеции замечательно формируют плечи и руки.

Для дыхания и кровеносной системы нет лучшего упражнения, чем бег. Открытый воздух чист и полезен.

В гребле задействованы практически все мышцы. Особенно укрепляются мышцы спины.

Плавание укрепляет все конечности. Это приятная и бодрящая форма упражнения. Плавание также укрепляет дыхательные мышцы и выпрямляет позвоночник.

Крикет очень интересен. Игроки часами находятся на открытом воздухе. Он очень разнообразен и вырабатывает слаженность во взаимодействии рук и глаз.

Футбол — хорошая игра для формирования мышц. Она увеличивает силу и развивает мышцы ног, хотя мышцы груди и рук тут, в общем, не очень развиваются.

Хоккей требует большой тренировки и укрепляет туловище.

При выполнении упражнений следует соблюдать следующие правила:

1. Упражнения нужно выполнять на открытом воздухе. Их нужно делать ежедневно в одно и то же время. Никогда не делайте упражнения сразу после еды или перед едой.
2. Интенсивность упражнений, количество повторений нужно регулировать сообразно возрасту, уровню физического развития и возможностям человека.
3. После завершения выполнения упражнений следует избегать переохлаждения.
4. Упражнения должны быть регулярными и систематическими.
5. В упражнениях должны быть задействованы все части тела.
6. По окончании упражнений нужно вымыться с мочалкой.

СОН

Если вы хотите иметь хорошее здоровье, вы должны получать достаточно отдыха. В природе все циклично. Период активности всегда сменяется периодом бездействия. Даже у сердца есть интервалы, в которых оно отдыхает, — это промежутки между его ударами. Сон — это наиболее совершенная форма отдыха, поскольку тогда отдыхают все ткани. Мускулы полностью расслаблены, сердце бьется чуть медленнее, мозг также отдыхает.

Как ночь сменяет день, так и работа должна сменяться отдыхом. Днем человек напряженно работает, чтобы иметь то, чего он более всего желает. Его привязанности и предубеждения заставляют его шарахаться из стороны в сторону, и он устает. Во время работы, даже если члены отдыхают, нервам приходится работать. А им тоже нужна релаксация. Расслабление очень важно для здоровья. Во время отдыха происходит обновление и восстановление тканей. Наилучшая форма релаксации достигается во сне. Природа принимает человека в свое лоно, чтобы омыть его утомленные нервы и мозг, освежить его и дать ему новую энергию и бодрость, чтобы на следующий день он мог продолжить свою деятельность. Она заставляет его спать. Сон — это физиологическое явление, при котором сознание, мозг и все органы получают отдых на несколько часов. Во сне сознание возвращается к его источнику. Происходит временное поглощение сознания причиной его существования. Эта причина — *авидья,* или неведение.

Даже когда вы спите, некий вечный механизм не спит. Он является немым свидетелем трех состояний — бодрствования, сна и глубокого сна. Он — источник, причина, субстрат и поддержка всего. Он — Бог всех Богов. Он — душа всего. Сознание покоится в нем, когда вы спите, и набирается силы, энергии и бодрости.

Ведантисты глубоко изучили сон и сделали выводы по поводу вечноблаженного Атмана, немого свидетеля состояния глубокого сна. В глубоком сне сознание переходит в форму зерна, зародыша. Все подсознательные желания и идеи переходят в латентное состояние. Все мысли умолкают. Сознание, которое в состоянии бодрствования находилось в мозгу, переходит через *сушумна-нади* в сердце и покоится в Атмане. *Джива* (душа каждого конкретного человека) располагается близко к Атману. Тонкая вуаль неведения отделяет ее от Атмана, так же как тонкая вуаль отделяет невесту от жениха. Как жених радуется, когда невеста снимает вуаль, так и душа человека радуется, когда слетает тонкая вуаль неведения и она оказывается лицом к лицу с Богом. Сознание, *прана,* чувства и тело берут энергию у одного немого свидетеля всеобщего разума. Чувствами, разумом и телом на самом деле управляет душа. Так что Атман одновременно делает все и не делает ничего, наслаждается всем и не радуется ничему.

Сон — это естественный тонизатор, необходимый для здоровой жизни. Чем крепче человек спит, тем здоровее он будет. Количество необходимых вам часов сна зависит от ваших физических и психических возможностей, позволяющих вам бороться с усталостью. Без достаточного количества сна вы не сможете эффективно функционировать. Необходимое количество часов сна изменяется с возрастом, зависит от темперамента и объема проделываемой работы. Когда человек становится старше, ему требуется меньшее количество часов для сна. Ребенку нужно спать десять часов. Когда человеку за шестьдесят, ему может хватить шести часов. Взрослые, имеющие напряженный график работы, должны спать восемь часов. (Сегодня врачи и психологи обращают на проблему сна большое внимание.)

Слишком большое количество сна приводит к тому, что человек становится вялым и сонным. Главное — это качество сна. Если даже вы поспите крепким, без сновидений, сном в течение одного-двух часов, вы почувствуете себя совершенно освежившимся. Нет никакой пользы от того, что вы будете часами ворочаться в постели. Слишком долгий сон вызывает преждевременное старение и ослабляет умственные способности.

Можно привести множество имен знаменитых людей, остававшихся всегда бодрыми и деятельными и при этом спавшими намного меньше, чем большинство обычных людей. Французский ученый, современник Шекспира, Скалигер спал всего три часа в сутки. И Веллингтон, и знаменитый врач сэр Генри Томсон, дожившие до 80 лет, считали, что четырехчасовой сон вполне достаточен для человеческого организма. Так же думал и Эдисон, на протяжении 30 лет ограничивавшийся четырехчасовым сном. Людям, занимающимся умственной работой, требуется больше отдыха и сна, чем тем, кто занимается физическим трудом. Ослабленным умственно или физически, больным людям требуется больше отдыха и сна, чем здоровым.

Старайтесь не ложиться слишком поздно. На время сна оставляйте открытыми все окна и двери спальни. Чем больше кислорода вы вдохнете во время сна, тем бодрее вы будете себя чувствовать в течение рабочего дня. Не принимайте снотворного. Если вы засыпаете с трудом, погуляйте перед сном в течение 15 минут и затем сразу ложитесь. Вы наверняка быстро заснете.

Спите на боку, лучше всего на левом. Это помогает пищеварению. Старайтесь ложиться в одно и то же время. Одевайте свободную ночную одежду. Не укрывайтесь тяжелыми одеялами или покрывалами.

Ложитесь головой к западу. Не ориентируйте изголовье кровати на север. Однако можно спать головой на восток и на юг.

Следует избегать дневного сна, особенно после еды, так как он может вызвать диспепсию или несварение желудка, а также способствовать болезням печени. Однако короткий сон, особенно летом в послеполуденное время, может быть освежающим и укрепляющим для тех, кто очень активно работал утром.

Во время сна не укрывайтесь с головой. Это очень негигиенично. Вы будете вдыхать испорченный воздух, который был пропущен через ваши легкие. По этой же причине не следует спать в одной постели вдвоем. Лампы, свечи и камины загрязняют воздух, их следует гасить на ночь. Нельзя готовить в спальне. Ваш сон будет крепким, если вы будете спать в тихой, темной, хорошо проветренной комнате.

Не принимайте никакой пищи поздно вечером. Поздний ужин заставляет мозг работать и нарушает сон. Мозгу приходится принимать участие в работе пищеварительных органов в то время, когда ему полагалось бы спокойно спать. Если вы хотите спать крепко, вам следует упорядочить время последнего приема пищи. Если вы ложитесь в 9 или в 10 часов вечера, не принимайте пищи после 6 часов.

Тогда вы будете крепко спать. Если вы страдаете от запоров, если ваши кишки переполнены, примите душ за час до сна. Вы будете крепко спать. (Однако не вырабатывайте в себе привычку к принятию душа прямо перед сном или к клизме). Массаж также способствует сну. Массаж способствует отливу крови от мозга к массируемым частям тела, и это также способствует сну.

Вернитесь мысленно ко всему, что вы делали в течение дня перед тем, как лечь в постель. Пишите свой мысленный дневник. Примите некоторые новые решения относительно завтрашнего дня — например: «Я не буду употреблять вульгарных и грубых слов, я буду сдерживать свой гнев. Я буду воздерживаться от половых отношений. Я буду контролировать свои эмоции, и т. п.». Повторяйте какие-нибудь молитвы или возвышенные стихи из *«Бхагавад-Гиты»* или *«Упанишад»*. Десять минут перебирайте бусины своей *малы* (четок) и медитируйте на образе Бога и Его божественных атрибутах. Не стройте воздушных замков. Не стройте схем и планов. Если вы сердитесь на кого-то, забудьте об этом. Думайте только о хорошем. Хорошие мысли глубоко проникнут в ваше подсознание. Вы будете спать крепким сном, без тяжелых сновидений.

При погружении в сон первыми закрываются ваши веки. Мозг не получает никаких зрительных сигналов или впечатлений. Затем уходят вкусовые и обонятельные ощущения, а потом и слуховые. Позже всего теряются тактильные ощущения. И тогда засыпает весь ваш организм.

Когда человек не ложится спать всю ночь, это называется *бдением*. Вы почувствуете всю его пользу, если будете соблюдать бдение в течение святых дней. Вы можете также практиковать бодрствование в течение каждого *экадаши*. Строгий пост способствует регуляции сна. Бороться с сонливостью при помощи чая нежелательно. Вы не укрепите таким образом свою силу, ибо будете зависеть от привнесенного в организм напитка.

На сон уходит половина вашей жизни. Те искатели духовности, которые хотят практиковать строгую *садхану*, должны постепенно сокращать время, отведенное для сна. Медитация может послужить для них источником хорошего отдыха. В течение трех месяцев сокращайте на полчаса время, отведенное для сна. Ложитесь спать в 10:30 вечера и вставайте в 4 часа утра. В течение следующих трех месяцев ложитесь в 11 часов вечера и вставайте в 4 часа утра. Четырех часов вполне достаточно для сна. Не спите днем. Со временем вы станете победителем сна, как Арджуна или Лакшмана, и будете покоиться в блаженном сне без сна, в йогическом *нирвикальпа-самадхи*.

Сон, как состояние отдыха, не должен загоняться в жесткие рамки правил. Ведь многое зависит от индивидуальных физических и психических сил человека в его борьбе с усталостью. Все зависит от конституции тела и от объема выполняемой работы, а также от типа деятельности. Те, кто достиг совершеннолетия, должны сами решать, сколько часов сна им нужно.

ЛУЧШАЯ ТЕРАПИЯ

Естественное лечение

Естественная форма лечения является идеальной. Природа лечит лучше всех врачей. Естественный образ жизни — это самый лучший образ жизни. Естественная пища — это лучшая пища. На самом деле природа может обеспечить все необходимое для выздоровления от любой болезни. Лекарства всего лишь могут помочь естеству человека восстанавливать силы и улучшать процессы восстановления и созидания, происходящие в организме. Хорош тот доктор, который пытается помочь природе человека. Естественное, природное исцеление может быть замедлено или затруднено при употреблении лекарственных препаратов. Тот, кто говорит: «Я исцелил больного от такой-то болезни», — невежественный человек.

Избегайте лекарств. Оставьте беспорядочный образ жизни. Ешьте простую, натуральную пищу. Живите на открытом воздухе. Принимайте холодные ванны. Будьте умеренны в еде, питье и во всем остальном. Носите простую одежду. Загорайте. По утрам наслаждайтесь ультрафиолетовыми лучами солнца. Регулярно делайте физические упражнения. Не ходите к врачам слишком часто. Ешьте для того, чтобы жить, а не наоборот. Побольше сырых продуктов. Давайте организму отдых, соблюдая посты. Не выливайте воду, остающуюся после варки риса и овощей. Воды используйте столько, чтобы правильно их приготовить. Вы будете здоровы, сильны и бодры. Вы будете наделены высокой мерой жизнелюбия, бодрости и жизненной силы.

Если вы заболели, уничтожайте болезнь сразу. Не дайте ей пустить корни. Ваше тело — это чудодейственная машина. Вы — ее водитель. Научитесь правильно о ней заботиться, правильно и эффективно эксплуатировать ее. Вы должны знать, как ее починить, когда она выходит из строя. Станьте водителем-асом этой чудесной машины. Попытайтесь стать специалистом в натуральном лечении. Подчиняйтесь законам природы. Здоровье не продается в бутылочках с красочными наклейками, так что не поддавайтесь на рекламные трюки. Здоровье — это награда, которую присуждает природа за подчинение ее законам. Если вы подчиняетесь законам природы, целебные и восстанавливающие силы вашего организма обновят и перестроят все клетки и ткани вашего организма, исцелят их и устранят пагубные последствия неестественного образа жизни.

Человек, который не заботится о своем здоровье, ведет беспутную жизнь и обжирается, — преступник и грешник. Он должен быть строго наказан. Зачем человеку болеть, когда он может наслаждаться полнотой жизни, быть бодрым, энергичным и здоровым, при условии соблюдения самых простых правил и законов здоровья и гигиены.

Безжалостно исключите все сладости из вашего рациона. В Бенгалии каждый пятый страдает от диабета. Ужасный и достойный сожаления факт! Это вызвано чрезмерным употреблением сладостей. В конце концов, человеку нужно так мало пищи в этой жизни. Зубы и жевательные мышцы убивают его. Человек должен нести наказание, если он нарушает законы природы. Он должен страдать. Он должен извлекать уроки из своих ошибок.

(Сок небольшого лимона, шпинат, один-два помидора, небольшой кокосовый орех, бананы, размоченный в воде горошек, стручки зеленого горошка, полпинты молока и две ложки меда дадут вам замечательное здоровье, бодрость и долгую жизнь.)

О человек! Зачем ты страдаешь от болезней и слабого здоровья? Зачем влачишь безрадостное существование? Наслаждайся радостями великолепного здоровья, идя по тропкам природы. Плыви в сладчайшем потоке природы. Купайся в нем. Плавай по его водам и радуйся. Будь всегда здоров, богат, силен и мудр.

Как умный садовник всегда работает в согласии с законами природы, так и мы должны воспринимать свое тело как инструмент безграничной власти, а не как врага нашего будущего. Природе нужна лишь малая толика нашего внимания к общей задаче поддержания хорошего здоровья.

Здоровая пища, чистота, отдых и умеренные физические нагрузки представляют из себя то немногое, что требует от нас природа в обмен на здоровье, удобства и способность восстанавливать ткани и силы, в обмен на величайшие блага полноценной жизни.

Радость, веселье также укрепляют здоровье. Будьте всегда радостны. Разум может исцелить все физические болезни тела гармоничными, здоровыми, духовными мыслями, потому что все физические болезни берут начало в сознании. Недостаток радости, веселья ведет к ухудшению здоровья. Если человек всегда радостен и обращен мыслями к добру, к Богу, он никогда не будет болеть и будет иметь крепкое здоровье. Сохранять здоровье и молодость столько, сколько вам нужно, вполне в ваших силах.

Твердая вера в Бога и в ваш бессмертный внутренний Атман будет поддерживать в сознании бодрость и позитивный настрой. Знайте, что Он является вам в виде чистого воздуха, солнца, заряжающего вас энергией, в виде придающего бодрость сока свежих фруктов. Ощутите Его исцеляющую силу в каждой клеточке своего тела, в каждой частице крови и в каждом нервном окончании. Постарайтесь почувствовать в точности, как ваш организм реагирует на восстанавливающее действие различных методов применяемого лечения.

Позвольте своему телу свободно реагировать на действие натуральных субстанций. Приведите себя в резонанс с источником всего здоровья, силы и энергии. Тогда вас наполнит космическая сила, несущая благо. Это та сила, которая стоит за любым методом лечения. Вот и весь секрет исцеления. Теперь вы его знаете. Пользуйтесь им как основой физического и морального исцеления.

Когда вы начнете приводить себя в гармонию с всепроницающим космическим Существом, когда ваш разум будет наполнен радостью и оптимизмом, а тело омоложено достаточным количеством часов отдыха, мудро подобранной диетой, солнечными ваннами, упражнениями и водными процедурами, все болезни оставят вас, ваша сила и жизнелюбие возрастут и вы будете плыть через океан земного существования, поддерживаемые духовной практикой. Благодаря Его бесконечной милости вы сможете наслаждаться долгими годами здоровой жизни!

Важные факторы

Одним из важнейших факторов сохранения хорошего здоровья является свежий воздух. Мы должны стараться проводить как можно больше времени на свежем воздухе. Это трудновыполнимо, когда человек ежедневно работает в закрытом помещении в конторе или на фабрике, дыша там спертым воздухом. Те, кто может выделить время рано утром, должны совершать пробежку или прогулку в бодрящие рассветные часы. Ранним утром в воздухе содержится больше озона и он более приятен и полезен для здоровья.

В дополнение к этому мы должны выполнять упражнения для мышц живота, солнечные упражнения (*сурья-намаскар*), йогические позы (*асаны*) и дыхательные упражнения (*пранаямы*). Те, кто по каким-то причинам не может совершать прогулки, должны обязательно делать какие-то упражнения. Одежды должно быть минимум, и тело должно быть открыто доступу свежего воздуха. Второй важный фактор сохранения здоровья — это вода. Встав с постели, мы должны немедленно выпить один-два стакана воды, что способствует очищению кишечника. Очень помогает сохранению здоровья чашка горячей воды за час до приема пищи. Утренние ополаскивания холодной водой также очень полезны. После ополаскивания следует хорошо растереть тело полотенцем.

Третий очень важный фактор сохранения здоровья — это солнечный свет. Солнечный свет — это основное условие роста в растительном и животном мире. Рост деревьев и других растений, не получающих достаточно солнечного света, замедляется. Если мы будем подставлять свое тело утренним лучам солнца, вместе со светом мы будем вбирать в себя жизненную силу. Рабочие места должны быть хорошо освещены. Двери и окна следует держать открытыми, чтобы через них в комнату свободно вливался солнечный свет. Даже зимой нужно держать открытыми двери и окна, просто нужно тогда одеваться потеплее. Одежда всегда должна быть легкой и свободной.

Четвертый важный фактор — это пища. Хотя мы гордимся своей цивилизованностью, когда речь заходит о питании, мы допускаем массу ошибок, которых даже не замечаем. Например, английская система питания несовместима с тропическим климатом Индии.

Пища — это субстанция, которая строит или приводит в порядок ткани, а также дает материал для производства тепла и энергии. Половина всех болезней связана с плохо сбалансированным питанием. Но в правильном питании нет никаких секретов и сложностей. Этому легко можно научиться. Правильное питание — основной залог крепкого здоровья и высокой жизнеспособности. Хорошая еда стоит недорого. Хорошо сбалансированное питание не разорительно.

Нездоровые, несвежие продукты способствуют образованию раздражающих ядовитых веществ в крови, что вызывает разного рода расстройства здоровья. Печень и почки расплачиваются за вашу роскошную жизнь. Богатые люди, ведущие беспорядочную жизнь, страдают от органических заболеваний почек и печени. Им приходится платить за то, что они нарушили законы природы и законы здоровья. Алкоголь действует на печень. Мясо, например говядина, действует на почки. Природа предъявляет счет человеку, нарушающему ее законы, наказывая его хроническими болезнями в структуре его жизненно важных органов. Таким образом Мать-Природа наказывает своих дерзких детей, нарушающих ее законы.

Без пищи вы не сможете жить, но вы едите больше, чем требуется. Вы добавляете в пищу приправы, которые вредят вашему желудку и кишечнику. Поскольку всякая вкусная еда привлекает, человек съедает больше пищи, чем это требуется для поддержания его организма. Он ест втрое больше, чем это нужно для здоровья. Он неоправданно перегружает свой желудок. Он теряет контроль над своим аппетитом и лишается способности остановиться вовремя, сидя перед заманчивыми блюдами. Он говорит: «Наемся сегодня вволю. Не страшно, если я перегружу свой желудок и буду страдать от диспепсии. Приму сильное слабительное, и дело с концом». Как сильно влияет на нас наш аппетит! От переедания умирает больше людей, чем от недоедания. Вы заставляете своих друзей поесть еще каких-нибудь сладостей даже после роскошного обеда. Матери перекармливают своих детей. Женщины тратят время, силы и деньги на приготовление разнообразных вкусных блюд. Они вкладывают всю душу в приготовление этих блюд. А ведь, в сущности, человеку так мало надо на этой земле.

Самая подходящая пища для человека — это свежие овощи, фрукты, коренья и молоко, т. е. необработанная пища. Фрукты и овощи, напоенные солнцем, — это эликсир жизни и природное лекарство. Животные, питающиеся сырой пищей, более сильны и мало подвержены болезням. Животные, питающиеся травой, зелеными листьями, фруктами и кореньями, сильнее человека. При приготовлении пищи теряется множество жизненно необходимых элементов, поэтому мы не можем черпать достаточно жизненной силы из продуктов, приготовленных на огне.

С давних пор человек привык есть обработанную пищу, и эту привычку сразу изменить трудно. Поэтому лучший компромисс — есть один раз в день обычную пищу, зато следующий прием пищи должен состоять только лишь из молока и фруктов.

Лучше вообще не завтракать — можно выпить только чашку молока или лимонного сока, съесть апельсин или помидор с чашкой холодной или горячей воды после ванны. Вместо молока можно выпить молочную сыворотку. Если ничего из этого нет под рукой, хватит и чашки холодной или горячей воды. Если это тяжело, можно полностью не отказываться от обычного утреннего завтрака, но постараться избегать хотя бы жареной и острой пищи и сладостей.

Однако одного этого недостаточно. Необходимо всегда избегать нездоровой пищи. Следует всячески избегать чая, кофе и других стимулирующих напитков. В послеобеденное время, вместо чая или кофе, мы можем съесть пару фруктов, в зависимости от времени года. Необходимо также воздержание от крепких алкогольных напитков, коктейлей и другого алкоголя.

Раз в неделю мы должны принимать пищу лишь дважды в день — только фрукты, овощи и молоко. Наш ужин тоже должен в основном состоять из фруктов, овощей и молока. Ужин следует заканчивать не позже 7—8 часов вечера.

Периодическое голодание, чтобы исправить такие наши прегрешения против естественного образа жизни, как праздничные обеды, также необходимо. Периодическое использование клизмы или касторового масла или других растительных слабительных необходимо, чтобы очистить кишечник в случае запора.

Очень важно также приучиться рано ложиться и рано вставать. Насколько это практически осуществимо, следует избегать работать поздно ночью. Мы должны ложиться спать где-то между 10 и 11 часами вечера.

Воздержание от половых отношений также необходимо для поддержания блестящего здоровья. Человек, практикующий целибат, свободен от болезней. Он здоров и живет долго.

Следует избегать любой невоздержанности в удовольствиях. Слишком частое посещение кино — это тоже прегрешение против здоровья и природы.

Сознание контролирует тело, поэтому надо постараться сохранять хорошее настроение при любых обстоятельствах. Сильное сознание помогает предотвратить болезнь; и не только это: оно помогает нам поддерживать здоровье и быстро вылечиваться. Именно сознание создает рай или ад, поэтому мы должны стараться сохранять хорошее настроение при любых обстоятельствах.

Обычный человек не может изменить сложившиеся обстоятельства или произвести революцию. Но он может приспособиться к обстоятельствам. Зная, что они не зависят от нас, мы обязаны бороться с ними, сохраняя надежду на успех, и это медленный, но верный путь, если мы действуем в правильном направлении. Мы должны прогонять пессимистические мысли. Бог всегда добр. Видимые трудности, с которыми мы сталкиваемся в течение нашей жизни, способствуют нашему развитию, и мы должны молить Бога, чтобы он позволил нам найти способ и возможность преодолеть их.

Перед сном мы должны своим мысленным взором увидеть Бога и горячо попросить Его даровать нам здоровье, благосостояние и силу успешно бороться с жизненными трудностями.

Перепроизводство предметов роскоши и орудий уничтожения привело к кризису. Серьезность кризиса столь велика, что от него уже не избавиться. Только инкарнация Бога может повернуть в нужную сторону поток неблагоприятных обстоятельств, которые несут нам разрушительные силы.

Роскошь дает временное удовольствие, однако впоследствии оказывает пагубное воздействие на наше здоровье. Оказалось, что, пользуясь всевозможными увеселениями, человек теряет естественную способность веселиться. Раньше люди вели более естественный образ жизни, и здоровье у предыдущих поколений было лучше. Теперь же, несмотря на все мыслимые удобства, здоровье нашего поколения стало очень уязвимым.

Современное развитие цивилизации сильно удорожило основные жизненные потребности. Многие люди не имеют средств для пропитания. Стремление к удовлетворению личных запросов и к получению сверхприбыли заставило промышленников прибегать к незаконным и несправедливым приемам для получения высокого дохода. Индустриализация сделала кучку людей чрезмерно богатыми, в то время как большинство людей бедствует и не получает даже минимального количества пищи для поддержания своего существования. Единственная возможность выбраться из этого хаоса — это вернуться к простой жизни и высоким мыслям. Это даст нам крепкое здоровье и здравый рассудок.

Здоровое тело — это основа здоровья нации. Укрепляйте свое тело с помощью природных средств. Пользуйтесь целительными силами природы — солнцем, водой, воздухом, землей, голоданием, травами и прочим. Не забывайте о правилах питания, питья, сна, мышления и поведения, завещанных древними мудрецами. Живите в согласии с природой.

Подытожим сказанное: достичь хорошего физического здоровья и сохранить его можно, только строго соблюдая правила здоровья и гигиены; употребляя здоровую, легкоперевариваемую, питательную, невредную пищу; дыша свежим воздухом; ежедневно занимаясь физическими упражнениями; ежедневно обливаясь холодной водой; соблюдая умеренность в еде и питье. Хорошее душевное здоровье достигается и поддерживается с помощью: *джапы*; медитации; полового воздержания; правильного поведения; добрых мыслей, добрых чувств, добрых слов и хороших поступков; самопознания; изменения образа мыслей; релаксации сознания с помощью основательных, приятных мыслей; ментального восстановления и поддержания радостного, бодрого настроения и т. п.

ПИЩА

Человек работает постоянно, даже когда он спит или спокойно сидит на месте. Дышать — это тоже работа. Когда производится какая-то работа, расходуется энергия. Тело получает эту энергию от сжигания пищи. Кровь питается органическими элементами. Для того чтобы лампа горела, ей необходим керосин, сгорая, он дает свет, тепло и энергию. Точно так же человеческий организм сжигает пищу, как горючее, и выделяет энергию в виде тепла и движения. В машине сжигается бензин; в нашем же чудесном человеческом механизме горючим служит пища. Машинам требуются различные виды горючего — уголь, керосин или бензин, в зависимости от их типа. Любой вид горючего содержит углерод. Углерод сгорает, давая энергию. В человеческом механизме, тонком и сложном, углеводы, жиры и т. п. служат источником углерода.

Белки

Белки — это формирующие нашу плоть вещества. Они поставляют материал для роста и для замены износившихся или поврежденных тканей. Они формируют и восстанавливают ткани.

Детали каждого механизма следует время от времени обновлять. То же самое с организмом человека. Работающие части требуют постоянного ремонта и обновления. А для этого нужны запасы белка. Кожа может быть повреждена в каком-то месте. Организм быстро начинает работу по починке ее. Быстро фабрикуются новые клетки. Пострадавший участок быстро восстанавливается. Для этого и нужен белок.

Белки образуются путем соединения двадцати различных «строительных блоков», называемых аминокислотами. Вид белка зависит от того, сколько он содержит аминокислот. Различие между белками объясняется количеством, расположением и пропорциями различных аминокислот. Они жизненно необходимы для питания, они также являются источником энергии. Ежедневная потребность организма в аминокислотах составляет около одного грамма на килограмм живого веса.

Жиры

Жиры — это наш основной источник калорий. Энергетическая ценность жиров выше, чем углеводов. Один грамм жира, сжигаемый организмом, производит 9,5 калорий, в то время как один грамм крахмала выделит лишь 4,8 калории, а один грамм тростникового сахара — только 3,95 калории. Животные жиры являются накопителем и источником жирорастворимых витаминов, витаминов A, D и E. При отсутствии в организме углеводов жир сжигается с большим трудом. Жиры задерживают удаление пищи из желудка и таким образом дают нам чувство удовлетворения сытостью. Жиры вырабатывают в 2—4 раза больше энергии, чем такое же количество углеводов или белка, и уменьшают объем необходимой для приема пищи.

Углеводы

Углеводы содержатся в таких продуктах, как крахмал, рис, арроурут (крахмал, содержащийся в корнях растений), ячмень, пшеница, сахар и т. п. Они являются источниками тепла и энергии для человеческого механизма. Сахар представляет собой концентрированную, готовую к употреблению форму углеводов. Он поставляет энергию немедленно, если организм изнурен. Другим углеводам требуется больше времени для превращения в сахар.

В процессе пищеварения рис и другие крахмалосодержащие продукты, молочный сахар и пр. превращаются в глюкозу еще до всасывания их стенками желудка. Излишек сахара откладывается в печени и в мускулах в виде гликогена. Продолжительная физическая работа в сочетании с голодом может привести к полному исчерпанию запасов гликогена в организме.

Углеводы наиболее легко перевариваются, всасываются и метаболизируются. Если вы потребляете слишком много углеводов, «островки Лангеранса»* в поджелудочной железе не справляются со своей работой. Это приводит к диабету. Организм постоянно нуждается в углеводах для переработки жиров. Вещества, вырабатывающие энергию, — это жиры и углеводы. Они составляют 80 процентов нашего питания. Белки составляют только 20 процентов. Белки не сжигаются и не превращаются в энергию в случае, если организм уже удовлетворил свои потребности в восстановлении и в росте.

Минеральные соли

Известь, железо, фосфор, сода, калий, магний, медь, йод, сера, поваренная соль и другие минеральные вещества содержатся в крови. Организм ежедневно теряет эти вещества и пополняет их при помощи съедаемой пищи. Они жизненно необходимы для него. Если мы возьмем любую органическую ткань и сожжем ее, останется небольшое количество негорючего материала. Этот негорючий материал называется золой. В золе содержатся минеральные соли.

Минеральные соли составляют около одной двадцатой части веса тела, они необходимы для его сохранения. Они входят в каждую клетку и играют основную роль в регуляции кислотно-щелочного баланса. Имеется 15 различных минеральных веществ. У каждого из них своя функция.

Фосфор, сера и хлор — это кислотообразующие вещества. Кальций, сода, железо, марганец, медь и магний содержатся в организме в больших количествах и являются щелочеобразующими веществами. Они также чрезвычайно важны.

В каждой клетке содержится фосфор. Он необходим для увеличения числа клеток и для роста тела. Ежедневная потребность в нем организма составляет около 1,5 г, а во время беременности и более того. Его недостаток в организме характеризуется утончением костей, задержкой роста, рахитом и кариесом зубов. Продук-

---

* *Островки Лангеранса* — скопления железистых клеток, выделяющих в кровь гормоны, которые участвуют в регуляции углеводного обмена. При недостаточном выделении гормона инсулина может развиться сахарный диабет.

ты, богатые фосфором, — это сыр, молоко, овсянка, горох, бобы, цельная пшеница, шпинат, картофель и стручки окры.

Фосфат кальция необходим для роста костей. Больше всего его в молоке. В овощах и некоторых видах проса также много кальция, однако этот кальций не так легко усваивается, как кальций, содержащийся в молоке. В кальции очень нуждаются дети, беременные женщины и кормящие матери. Необходимый минимум содержания кальция в организме составляет 0,45 г.

Железо — важнейшая часть красного пигмента крови (гемоглобина), благодаря ему кровь переносит кислород из легких в ткани. Бобовые, цельные зерна хлебных злаков, салат-латук, сухофрукты, шпинат, финики, фиги, виноград и помидоры содержат железо.

Йод — это основной составляющий элемент щитовидной железы. Козье молоко, свежие овощи и морские растения содержат йод. Недостаток йода в воде вызывает зоб.

Витамины

За последние несколько десятилетий в системе питания произошла настоящая революция. Ученые и врачи обнаружили, что, несмотря на то что организм может получать ежедневно достаточное количество белков, жиров, углеводов и минеральных солей, его система может давать сбои. Задерживается рост, за ним следует потеря веса, и все это может даже привести к смерти.

После длительных, упорных исследований они обнаружили, что, кроме строительных, ремонтных и рабочих материалов, для правильного функционирования организма необходимы еще и другие вещества, содержащиеся в нем в незначительных количествах. Эти таинственные вещества назвали *витаминами*, т. е. «дающими жизнь».

Витамины существуют в организме в очень малом количестве. Режим питания, бедный витаминами, приводит к некоторым болезням и даже к смерти. Рахит, цинга, пеллагра, бери-бери, ксерофтальмия, кератомальния и остеомалакия — вот лишь некоторые из болезней, вызываемые недостатком витаминов в пище. Зеленые овощи и свежие фрукты богаты витаминами. Некоторые витамины растворяются в воде, другие в жирах.

Витамин А: это жирорастворимый витамин. Он защищает организм от инфекции. Он известен как противоинфекционный витамин. Масло, молоко, сыр, зеленые и желтые овощи, фрукты и помидоры богаты витамином А. В качестве витамина А может выступать и каротин, которого очень много в моркови. Недостаток витамина А приводит к куриной слепоте; изъязвлению глаз, ксерофтальмии, инфекциям дыхательных путей и пищевого тракта, болезням мочевого пузыря и мочеточников; слабому сопротивлению бактериальным инфекциям и сухости кожи.

Витамин В: Шелуха, снимаемая при шелушении риса, богата витамином В. Витамин В содержится в шелухе риса и пшеницы. Это самый важный витамин для здоровья и благополучия человека. Он сложный и состоит из многих элементов. Витамин В защищает от кожных болезней. Отсутствие витамина В вызывает болезнь бери-бери. Он содержится в шелухе зерновых культур и в кожуре овощей, а также в дрожжах, орехах, помидорах, зелени, апельсинах и молоке. Большое количество этого витамина содержится в сухих дрожжах.

Витамин С: Присутствует в соке многих фруктов и овощей. Для того чтобы ввести в вашу диету витамин С, ешьте свежие фрукты или салат. В яблоках мало витамина С. В винограде он вообще практически отсутствует. Апельсины, лимоны, капуста, репа, помидоры, амла, цитрусовые и зеленые овощи богаты витамином С. Этот витамин легко растворим в воде, при варке он разрушается. Его называют еще аскорбиновой кислотой.

Результатом недостатка витамина С в организме может стать цинга. Так, матросы, находящиеся в плавании и не имеющие возможности есть свежие фрукты и овощи, часто заболевают цингой. Отсутствие этого витамина также вызывает кариес, анемию и т. д.

Витамин D: Витамин D растворяется в жирах. Он также применяется для профилактики рахита. Он крайне необходим для повышения концентрации кальция в костях, важнейшего условия профилактики и лечения рахита. Организм человека может синтезировать витамин D из солнечных лучей.

Витамин D содержится в молоке, масле и *гхи* (топленом масле); растительные масла обогащаются витамином D при действии на них солнечных лучей.

Даже если кальций и фосфор находятся в организме в необходимых количествах, без витамина D все равно невозможен правильный рост костей. Хороший способ накопить в организме витамин D — это намазаться горчичным маслом и позагорать на солнце. При этом ваша пища должна содержать кальций и фосфор — вещества, формирующие кости — в правильных пропорциях. Если этих веществ недостаточно, то принимать солнечные ванны бесполезно.

Витамин Е: Это витамин, предотвращающий бесплодие. Он растворяется в жирах и необходим для поддержания репродуктивной функции. Он в большом количестве присутствует в зародышах семян и в зеленых листьях (в основном в латуке), в хлопковом семени, маисе, горохе, овсе, кукурузе и в вытяжке из пшеничной завязи. Если такая вытяжка дается женщине, страдающей бесплодием, или женщине, имевшей множество абортов, это помогает ей восстановить нормальную функцию деторождения.

Витамин К: Этот витамин используется для коагуляции. Он растворим в жирах. Недостаток этого витамина увеличивает время, необходимое для свертывания крови. Этот витамин содержится в шпинате, моркови, помидорах и соевом масле.

Вода в организме

Тело на 64 процента состоит из воды. Она помогает растворить твердую пищу, восстановить потери, вызванные деятельностью органов выделения, и свободно выводить из организма продукты обмена веществ. Ощущение жажды говорит о недостатке воды.

Овощные кислоты

Они не являются пищей в полном смысле этого слова, но важны для сохранения здоровья. Винная, лимонная, щавелевая и яблочная кислоты являются важными овощными кислотами. Они получаются из свежих фруктов и овощей и формируют в организме углекислую соль, поддерживая необходимый баланс щелочи в крови и прочих жидкостях.

Калории

Одна калория равна тому количеству теплоты, которая необходима, чтобы разогреть один грамм воды при температуре 15 градусов Цельсия на один градус. Соответственно, одна килокалория равна тому количеству тепла, которое необходимо затратить, чтобы нагреть на один градус килограмм воды. В одной килокалории 1000 калорий. Энергетическая ценность одного грамма белка и одного грамма углеводов равна для каждого из них 4,1 килокалории. Энергетическая ценность одного грамма жиров равна 9,3 килокалории.

Энергетическая ценность того или иного употребляемого продукта может быть измерена при помощи калориметра, при условии, что пища полностью поглощена и переварена организмом.

Человек среднего веса, выполняющий за день умеренное количество физических упражнений, должен в день употреблять такое количество пищи, энергетическая ценность которого равна 3000 калорий. Человек, занятый сидячей работой, должен употреблять 2170 калорий. Если вы заняты в сельском хозяйстве, работаете на открытом воздухе, вам нужно 3500 калорий. При расчете калорийности диеты нужно учитывать возраст, пол, рост, вес, сложение, характер работы и т. д.

Ценность определенных видов пищи зависит от ее усвояемости. То, что пища легко переваривается, не всегда означает, что она полностью усваивается, а легкоусвояемая пища не обязательно легко переваривается.

Время между приемами пищи должно составлять от 4 до 5 часов. Очень важно питаться регулярно. Нельзя мучить желудок, если он требует пищи. Если пища не принята вовремя, в желудке появляется жжение и боль из-за того, что желудочный сок начинает разъедать стенки желудка.

«Философские витамины»

Но существуют еще и «философские витамины», превосходящие по эффективности обычные, медицинские. Они дают прекрасное здоровье и прокладывают дорогу к пониманию и принятию Бога.

ВИТАМИН А: аккуратность, адаптабельность, абстиненция, аскетизм.

ВИТАМИН Б: *брахмачарья* (целибат), баланс (равновесие в сознании), *Брахмачинтана* (постоянная медитация на Брахмане), *бхакти* (преданность), благотворительность, благородство, беспристрастность, бесстрашие.

ВИТАМИН В: вера, выдержка, выносливость, великодушие, *вайрагья* (бесстрастность), воздержанность, вежливость.

ВИТАМИН Г: гордыня усмиренная.

ВИТАМИН Д: добрая воля, дисциплина, доброта, добропорядочность, дружелюбие.

ВИТАМИН Е: естественность.

ВИТАМИН Ж: жизнелюбие.

ВИТАМИН З: знание.

ВИТАМИН И: изучение духовных текстов.

ВИТАМИН К: концентрация, крепость.

ВИТАМИН Л: любовь.
ВИТАМИН М: мудрость, *мауна* (безмолвие), милосердие, медитация.
ВИТАМИН Н: невинность, ненасилие.
ВИТАМИН О: открытость, обходительность, отречение, отсутствие зависти, ненужных страстей и желаний.
ВИТАМИН П: послушание, постоянство, простота, правда, понимание, прямота, преданность.
ВИТАМИН Р: радость, рассудительность, работоспособность.
ВИТАМИН С: смирение, самоконтроль, самопожертвование, *сатсанг*, стирание границ собственной личности, симпатия, самореализация, спокойствие, скромность, смелость, сотрудничество.
ВИТАМИН Т: терпение, терпимость, твердость.
ВИТАМИН У: умение прощать, упорство, удовлетворение, умиротворение.
ВИТАМИН Ф: фантазия.
ВИТАМИН Х: хладнокровие.
ВИТАМИН Ц: целостность, целомудрие.
ВИТАМИН Ч: чистота, честность.
ВИТАМИН Ш: широта мышления.
ВИТАМИН Щ: щедрость.
ВИТАМИН Э: энергия.
ВИТАМИН Я: ясность помыслов.

ХОРОШО СБАЛАНСИРОВАННАЯ ДИЕТА

Для роста, развития и поддержания здоровья, жизнелюбия и бодрости необходима хорошо сбалансированная диета. Это особенно важно для растущего организма детей, для беременных женщин и для кормящих матерей.

В организм должно вводиться достаточное количество неорганических минеральных солей и элементов, таких, как кальций, фосфор, железо и йод, а также органических: белки, жиры и углеводы, витамины и т. д. Диета должна обеспечивать одинаковое количество калорий ежедневно. Продукты должны быть легко усваиваемые и легко перевариваемые. Различные продукты должны присутствовать в равных пропорциях. Белки должны быть высокого качества и содержать нужные аминокислоты. Только тогда диета будет хорошо сбалансированной.

Если ваш рацион несбалансирован и вы долгое время питаетесь беспорядочно, то вы приобретете болезни, вызванные нехваткой необходимых элементов.

Вегетарианская пища

Крупы, бобовые, коренья и клубни, свежие овощи, фрукты и орехи составляют диету вегетарианца. Крупы содержат большое количество азотистых соединений и крахмала, но мало жиров. Крупы бывают пшеничные, рисовые, овсяные, ячменные, просяные и кукурузные.

Крупы содержат фосфат кальция, углекислый калий, магнезию, небольшое количество железа, а также белки, углеводы и жиры. Довольно много жиров содержится в маисе, однако в нем недостает солей. Рис очень богат крахмалом, но беден белками, жирами и минеральными веществами. Просо содержит меньше белков, чем пшеница, но превосходит ее по количеству жиров. Овес довольно богат жирами и белками, являясь наиболее питательной из всех круп. Поскольку во всех крупах содержится большое количество углеводов, их нужно есть вместе с продуктами, богатыми белками и жирами.

Клубни содержат множество азотистых соединений. В них есть овощной белок, легумин. Клубни нужно есть с рисом.

Картофель, сладкий картофель, тапиока, саго, морковь, свекла и редис относятся к классу корнеплодов и клубней.

Фрукты и молоко составляют очень здоровую, питательную диету и повышают концентрацию сознания. Это диета раджа-йогов и *риши*. Это также и диета хатха-йогов, которые много и усердно занимаются *пранаямой*. Постарайтесь по воскресеньям питаться только молоком и фруктами. Невозможно преувеличить ценность молока в отдельности, а также и его сочетания с фруктами для регенерации и построения тканей. Молоко — это прекрасный продукт питания, поскольку в нем содержатся все диетические элементы в правильной пропорции.

В меню и режиме йогов фрукты занимают самое важное место среди всего многообразия продуктов. Целебное действие соков свежих фруктов поразительно. Соки очищают ткани и выводят из организма вредные вещества. Они наполняют организм живительными минеральными солями, калием, натрием, марганцем, железом, кальцием и т. д. Они также служат источником витамина С. Они содержат щелочные вещества, которые помогают очищать кровь и устранять наличие в ней кислой среды. Благодаря тому, что они являются «грубой пищей», они помогают нормальной работе кишечника.

Фрукты очень полезны для хронических больных и для людей, страдающих острыми заболеваниями. Особенно хороши свежие фрукты, только что сорванные с дерева. Фруктовые соки — идеальное питье для детей, людей преклонного возраста и выздоравливающих.

Исключительно фруктовая диета очень хороша для очищения организма. При лечении люмбаго, например, больному предписывают диету из одних апельсинов. Мочекислый камень, откладывающийся в организме, быстро уничтожается при соблюдении такой диеты. Тело человека, живущего на фруктовых диетах, становится легким, светлым. Уничтожается *тамас*. Питаясь одними фруктами, можно стать победителем сна. Те, кто питается только фруктами, могут испытать особое состояние: *ананду*, или блаженство. Иногда к ним приходит ощущение, что у них нет тела. Поначалу некоторые люди, перешедшие на фруктовую диету, ощущают слабость, ведь их желудок привык к тяжелой пище, богатой крахмалом. Они привыкли наедаться до отвала. Через какое-то время, однако, когда они привыкают к новой диете, чувство слабости исчезает. Большинство людей может легко продержаться на фруктовой диете две недели и более. Когда лекарства бессильны излечить хроническое заболевание, фруктовая диета может сотворить чудо.

Во фруктах много кислот и сахара, но недостаточно белков и извести. Эти два элемента в большом количестве содержатся в молоке. Таким образом, диета из фруктов и молока будет вполне сбалансированной. Она больше всего подходит тем, кто желает медитировать подолгу, для стариков и людей с пониженной функцией пищеварения.

Эта диета поддерживает щелочной баланс в моче и препятствует образованию камней в мочевом пузыре и повышению кислотности. Лучше всего есть фрукты рано утром или после завтрака. «Фрукты утром — это золото, днем — серебро, а вечером — свинец». Так гласит известная пословица. Следует избегать недозрелых и перезрелых фруктов.

Мир без фруктов потерял бы половину своего очарования. Мир без фруктов, молока, сахара и женщин потерял бы свою привлекательность полностью. Все они — производные майя, созданные для того, чтобы привязать к этому миру страстного человека.

Друзья, зачем вам поедать мясо и портить свое здоровье? Мясная пища возбуждает ненужные страсти, лишает вас покоя. Фрукты успокаивают сознание и усмиряют плоть. Человек сегодня живет искусственной жизнью современной технической цивилизации. Он потребляет искусственные продукты, пьет спиртное, носит тесные воротнички, ходит в театры, ест всякую всячину в ресторанах и гостиницах, забывает Бога и свою жизненную цель, ведет неестественный, распутный образ жизни и расплачивается за это различными болезнями и преждевременной смертью. Как это грустно, как печально!

Если вы будете есть чистую пищу, ваше сознание будет чисто. Сознание формируется из тончайших материй, содержащихся в пище. Если у вас будет чистое сознание, вы будете помнить Атман, и оковы, стягивающие сердце, — незнание, желание и невежественные деяния — падут и освободят вас.

Если вы хотите обрести долголетие, хорошее здоровье и бодрость, вы должны вернуться назад к природе. Живите простой, естественной жизнью с высокой степенью духовности. Развивайте свои этические стороны, управляйте чувствами и сознанием, занимайтесь медитацией, поймите свое Высшее «Я» и будьте навек свободны.

Тот, кто находится в соке фруктов, кто внутри него и кого сок не осознает, тот, кто управляет соком изнутри, — ваш бессмертный Атман, или внутренний Правитель.

Виноград

Виноград великолепно очищает кровь. Он также повышает общий тонус организма. Виноград стимулирует работу всех внутренних органов. Он улучшает здоровье в целом.

Виноград содержит лимонную и винную кислоты. Эти кислоты, после поглощения их организмом, становятся щелочью, повышается содержание щелочи в крови. Лимонная кислота помогает поглощать отложения мочевины. Виноград принимают в качестве слабительного при запорах. Он эффективно лечит распухание ног и нижней части живота, дизентерию и понос.

Виноградный сок прекрасно утоляет жажду и является вкусным, здоровым, освежающим напитком. Его можно пить при простуде, гриппе, пневмонии, малярии, тифозной горячке и т. д. Он хорошо поддерживает организм, ослабленный тяжелыми болезнями: чахоткой, хроническим поносом и др. Из всех фруктов виноград является одним из самых вкусных и ароматных. Он улучшает аппетит и помогает пищеварению. Он очень полезен больным и выздоравливающим.

В винограде в избытке содержится витамин В, который помогает физическому росту и развитию и устраняет недостатки системы питания. В нем также содержится небольшое количество витамина А, который помогает исцелить многие болезни глаз, такие, как куриная слепота, воспаление оболочки глаз и т. д.

В винограде есть некоторые минеральные соли, которые помогают строить ткани тела. В нем много железа. Таким образом, он полезен при анемии или малокровии. Он очень полезен женщинам, страдающим чрезмерно обильными выделениями при менструациях. Виноград можно с большой пользой есть и после родов.

Апельсины

Апельсины богаты витамином В. Еще больше в них витамина С. Имеется также небольшое количество витамина А. Апельсины помогают очищать кровь. Они тонизируют весь организм, наделяет его жизненной силой и энергией. Они улучшают аппетит. Апельсины содержат противоцинготные вещества и поэтому предотвращают и лечат цингу. Они также лечат запоры. Они полезны при анемии или малокровии, несварении, потере аппетита, слабости и вялости за счет содержащегося в них витамина В. За счет витамина С они предотвращают цингу, потерю жизненной силы. В апельсиновом соке содержатся сахар, лимонная кислота, клейковина и органические соли, такие, как цитрат натрия. Сок освежает и дарит жизнь. Он имеет приятный вкус и содержит питательные вещества в наиболее приятной, вкусной и привлекательной форме, которые готовы к немедленному впитыванию и поглощению организмом. Апельсины полезны при тифозной горячке, пневмонии и других острых заболеваниях. Они поддерживают жизнь. Выпивайте по утрам сок одного или двух апельсинов, сок одного лимона растворите в стакане горячей воды и выпейте на ночь — это окажет замечательное действие на почки и работу органов выделения.

Введение фруктовых соков, предпочтительно апельсинового сока, в диету маленьких детей принесет им большую пользу. Это предотвратит детский понос, цингу и запоры.

Апельсиновый сок улучшает щелочной баланс в крови. В сезон апельсины должны постоянно входить в ваш рацион. Они питают ваше тело. Вы можете попробовать прожить неделю или две на апельсиновом соке, усиленно занимаясь медитацией.

Манго

В Индии манго считается действенным лекарством. Сладости, изготовленные из сока спелых плодов манго, сахара и ароматических веществ считаются укрепляющими и восстанавливающими продуктами. Спелые плоды манго дают бодрость, прибавляют вес, служат в качестве слабительного и мочегонного. Они наделены замечательными, полезными для здоровья свойствами.

В манго содержатся сахар, железо и полезные кислоты. Манго с молоком — отличная комбинация. На такой диете можно просидеть два-три месяца. Многие люди в сезон живут, питаясь исключительно плодами манго.

Манго является мощным источником витаминов А и С. Сорт манго «альфонсо» является одним из самых мощных естественных источников витамина С. В нем содержится больше витамина С, чем в лимонах, апельсинах, винограде и яблоках.

Ананасы

Ананасы имеют значительную питательную ценность. Они являются одновременно лекарством и пищей для певцов и ораторов. Их сок оказывает благотворное действие на голосовые связки. Ананасовый сок является старинным рецептом лечения ангины и прочих острых инфекций горла. Ананасы очень полезны при увеличении селезенки. Съедая перед сном один ананас, вы обеспечите плавную работу кишечника по утрам.

Яблоки

Яблоки питают нервы и мышцы. «По яблоку на день, и доктор не надобен», — гласит английская пословица. Яблоки со сливками: такая комбинация окажется полезной тем, у кого повышенное давление. Ешьте яблоки вместе с кожицей.

Бананы

В бананах содержится много крахмала и сахара. Бананы содержат витамины А, В и С. Они являются хорошей смягчающей пищей. Можно жить, питаясь одними бананами и молоком. Они способствуют росту, добавляют бодрости и наращивают плоть. Полностью созревшие бананы могут служить слабительным. Съедайте один-два банана перед сном. По утрам у вас не будет проблем с работой кишечника.

Лимон

Лимон обладает противоцинготным действием. Он полезен при кровотечении из десен. Он очищает и восстанавливает кровь. Он богат витамином С. Он в большом количестве содержит лимонную кислоту.

Гранат

Гранат — очень вкусный, освежающий и питательный фрукт. Его сок полезен при пневмонии, тифе и острых заболеваниях. Он поддерживает жизнь. Гранаты дают бодрость и укрепляют. Гранатовый сок хорошо тонизирует и освежает. Те, кто хочет быстро наполнить свое тело энергией, должны пить этот сок.

Папайя

В папайе содержится активно действующее вещество, алкалоид папаина. Оно активно участвует в процессе переваривания пищи. Плоды папайи следует включить в ежедневный рацион. Он легко усваивается и полезен при диспепсии.

Инжир и проч.

Чернослив и инжир оказывают слабительное действие. Они полезны при запорах. Молодой инжир является отличным пищевым продуктом. Помидор может считаться как фруктом, так и овощем. Помидоры — идеальная составляющая диеты. Они богаты витаминами А, В и С. Финики богаты сахаром. Они являются важнейшим компонентом рациона арабов. Они очень калорийны. Тамаринд содержит много минеральных солей и витамина С. Клюква полезна при малярии и роже. Черная смородина помогает при лихорадке.

Овощи

Свежие овощи содержат большое количество воды, немного крахмала и очень малое количество белков и жиров. Они содержат сравнительно большое количество минеральных солей и целлюлозы. Их диетическая ценность высока главным образом благодаря наличию в них минеральных солей и витаминов. В них содержатся важные элементы, такие, как кальций, натрий и т. д. Они поддерживают баланс щелочи в крови, уравновешивая кислотное действие, вызываемое потреблением зерновых круп. В овощах содержатся витамины А, В1, В2 и С.

Овощи можно разделить на три группы:

1. Овощи с семечками (плоды).

2. Зеленые овощи.

3. Корнеплоды.

Бобы, горох, тыква, баклажан, красный огурец и помидор входят в первую категорию. Тыква (все виды) особенно полезна, поскольку она легко переваривается.

Шпинат, капуста, цветная капуста — это зеленые овощи. Шпинат очень полезен больным.

Морковь, тапиока, картофель, сладкий картофель, редис, батат, репа, лук и чеснок относятся к кореньям и клубням.

Морковь тонизирует мозг. Она питательна и богата витамином А и минеральными солями, в частности кальциевыми. Морковная халва очень вкусна и питательна. Редис, как сырой, так и в составе блюд, полезен при геморрое и желтухе. Петрушка полезна при ревматизме и диспепсии. Она тонизирует нервную систему. Лук используется при холере и солнечном ударе. Он является также афродизиаком. Чеснок полезен при люмбаго и туберкулезе. Лук и чеснок довольно богаты витамином С и содержат мощные антисептики.

Мать-Природа показала совершенство своего творения в создании этих замечательных съедобных растений, которые вырастила в своем космическом саду для своих детей. Как добра Она и милосердна! Она собрала и скомпоновала в прекрасных пропорциях все необходимое для жизни в различных фруктах и овощах, для того чтобы ее дети могли черпать из них силу, жизненную энергию и бодрость духа.

Листовые овощи — огромное благо для человечества. Они — сама основа жизни. Они помогают росту и развитию организма. Они защищают организм, попадая в него. В них в избытке содержатся щелочные минеральные соли; таким образом, эти овощи являются прекрасной защитой от инфекций. Они защищают организм от проникновения в него инфекций и патогенных, болезнетворных микробов. Если прибавить к диете из бобовых приличное количество листовых овощей, такая диета становится совершенной. Недостатки бобовых при помощи листовых овощей обращаются в достоинства. Витамины, содержащиеся в этих овощах, стимулируют образование желчи и помогают пищеварению и лучшему усвоению белков, содержащихся в бобовых. В листовых овощах содержатся все минеральные элементы. Эти овощи — манна небесная для бедных.

Овощи поставляют клетчатку для правильного функционирования органов выделения. Листья зеленых овощей являются легкими и печенью этих растений. То есть в них содержатся огромные запасы витаминов и минеральных солей. Листовые овощи должны присутствовать в рационе всех людей. Китайцы едят очень много таких овощей, поэтому они не знают, что такое рахит.

Капуста имеет наибольшую ценность среди всех листовых овощей. Шпинат, листья редиски и свеклы, жерухи и других листовых овощей являются важными добавками к рациону питания. Они увеличивают питательную ценность крупяной диеты, устраняя ее недостатки и делая ее совершенной. Листовые овощи защищают организм. Они поставляют в организм минеральные соли, которых не хватает в обычной пище.

В овощах не содержится жиров. Зато стручковые овощи, такие, как горох, бобы и чечевица, содержат больше белка, чем мясо. Их нужно есть с сочными фруктами и овощами. Сушеный горох, бобы и чечевица — очень здоровая пища.

Листовые и сочные овощи полезны для уравновешивания кислотообразующего действия сахара, жиров, крахмала и белков. Они предотвращают возникновение кислой среды в крови, они компенсируют кислотообразующее действие мяса и круп.

Некоторые овощи полезно есть сырыми. Другие нужно готовить, сами по себе или в составе различных блюд.

Свежие помидоры, огурцы и различные виды тыкв содержат довольно большое количество витамина С. Тыква содержит клетчатку, способствующую работе кишечника и предотвращающую запоры.

Картофель имеет наибольшее значение среди корнеплодов. Он является вместилищем отличного крахмала. В нем также содержится железо и витамин С. Картофель сохраняет витамин С даже после варки.

Помидоры среди овощей — одни из лучших. Они содержат лимонную кислоту и небольшое количество щавелевой кислоты. В них содержится пять или шесть витаминов в большом количестве. (При варке витамины частично уничтожаются, так что помидоры нужно есть сырыми.) В помидорах содержится магний и железо. Они оказывают благотворное действие на печень, почки и другие органы. Они избавляют также от запоров. Они надежно защищают от цинги и болезни бери-бери.

Латук, петрушка, капуста, шпинат занимают первые места по содержанию минеральных солей. Затем идут помидоры, цветная капуста, лук, редиска и огурцы. Ешьте разные овощи — и вы снабдите организм всеми необходимыми органическими минеральными солями. Вегетарианцы сохраняют хорошее здоровье до самой старости. Даже в западных больницах врачи теперь прописывают пациентам овощные диеты. Они способствуют быстрому выздоровлению.

Арбузы и мускусные дыни хорошо освежают в летний зной. Они богаты органическими солями, очищающими кровь.

Сочетание фруктов и овощей с орехами — отличная еда. Орехи богаты белками и жирами, но не очень хорошо перевариваются. Они подходят больным диабетом. Они могут заменить мясо, богаты витамином В.

Мед

Мед — первоклассная еда и тонизатор для организма. Он очень легко переваривается и усваивается и является чрезвычайно питательным натуральным продуктом. Он укрепляет сердце, мозг и желудок. Мед получается из нектара цветов. Ошибочно говорить, что пчелы лишь собирают мед с цветков. Пчелы — кондитеры природы. Они готовят сладости, которые гораздо лучше, вкуснее и здоровее, чем все, что обычные кондитеры-люди могут приготовить, используя весь свой опыт, изобретательность и множество ингредиентов.

Зеленые растения производят сахар для собственных нужд. Он разносится соками по всем клеткам либо для непосредственного усвоения, либо для использования в будущем. Все цветущие растения концентрируют запас питательных веществ у основания цветков, чтобы их завязь могла правильно формироваться. Избыток этих веществ выбрасывается в бутон цветка. Этот раствор клеточного сока с сахаром известен как «нектар». Такой нектар во рту пчел превращается в мед. В разных ульях мед имеет разный вкус, поскольку пчелы собирают нектар с различных растений и цветов.

Мед содержит все минеральные элементы, какие можно найти в организме человека. Он усваивается организмом на 80 процентов. Он содержит сахарную декстрозу и левулезу, муравьиную кислоту, железо и многие другие компоненты. Поскольку в нем содержатся ферменты, разлагающие пищу на составные элементы, которые легко усваиваются организмом, мед не нуждается в переваривании. Он готов к поступлению в кровь без каких-либо изменений. Мед должен обязательно входить в ваш рацион. Чайная ложка меда в день поддержит нормальную работу желудка.

Мед стимулирует работу сердца. Он полезен и в случаях ослабления организма и должен назначаться в качестве укрепляющего средства. Мед убивает бактерии и позволяет телу победить болезни. Болезнетворные бактерии не могут размножаться в меду. Мед полезен при бронхиальных катарах, кашле и простудах. Он также имеет слабительное действие. Когда ребенок появляется на свет, его язык покрыт медом. Это первая пища, которая попадает в рот младенца.

Мед можно есть с молоком, сливками или маслом. Он оказывает восстанавливающее действие после серьезной болезни. Он придает бодрость, энергию и жизненную силу, а также улучшает здоровье в целом. Он стимулирует лучше, чем алкоголь.

Мед можно растворять в воде. Если вы растворите в горячей воде столовую ложку меда, когда вы чувствуете усталость или истощение после тяжелой работы, такой раствор немедленно вернет вам силы. Вы снова станете сильны и активны. (Но не ешьте мед, если он горчит.)

Замочите в воде 10 миндальных орехов и оставьте на ночь. Утром снимите кожуру. Съешьте их с одной-двумя столовыми ложками меда, это отлично тонизирует мозг.

Молоко и молочные продукты

Молоко — отличный диетический продукт. Это совершенная и самодостаточная пища. Оно содержит все питательные вещества в нужных пропорциях. Вы можете жить, питаясь одним молоком. В Индии есть секта, известная как «Дудхалхари». Они не признают никакой пищи, кроме молока, и все имеют замечательное здоровье. Один человек питался только молоком в течение 50 лет. Он и сейчас здоров и в меру упитан. Чарака Риши говорит: «Не давайте своим больным других лекарств, кроме молока, и всяк из них исцелится». В молоке содержатся белки, жиры, сахара и минеральные соли. Все младенцы живут и правильно развиваются, питаясь только молоком. Больные, посаженные на молочную диету, выздоравливают и вновь обретают силы. Пейте молоко в большом количестве. Оно богато не только белками и минералами, но и содержит четыре или пять наиболее важных витаминов.

Творог, ласси, сыр, сыворотка, масло, сливки, топленое масло и т. д. являются молочными продуктами. Ласси может получаться из молока или творога. Равные части молока и воды с сахаром или одна часть творога с четырьмя частями воды с добавлением сахара — это и есть ласси. Если пить его по утрам, это способствует работе кишечника.

Сыворотка — это жидкость, остающаяся при свертывании молока и отделении творожной или сырной массы. Она очень полезна при запорах и болезнях желудка и кишок. Она очень полезна больным и выздоравливающим, поскольку легко переваривается.

Топленое молоко очень хорошо смягчает. Оно утоляет жажду. Оно полезно при болезнях желудка и кишечника, при дизентерии. Лактоза, содержащаяся в нем, убивает патогенных микробов, которые могут находиться в желудке и кишечнике.

О вреде мясоедения

Мясо не нужно для того, чтобы поддерживать здоровье. Мясоедение, наоборот, очень опасно для здоровья. Оно приводит к целому ряду болезней — таких, как появление ленточного червя, альбуминурия и другие болезни почек. Убивать животных ради их мяса — большой грех. Вместо того чтобы убивать свой эгоизм и себялюбие, невежественные люди убивают невинных животных под видом принесения жертв богам, но на самом деле они убивают их ради удовлетворения собственных желудков. Ужасно! Совершенно негуманно. Ненасилие — одна из величайших добродетелей. Это первое из качеств, которое должен в себе культивировать человек, стремящийся к духовности. Мы должны иметь уважение ко всему живому. Иисус Христос говорил: «Блаженны милостивые, ибо они помилованы будут». Иисус и Махавира взывали к людям: «Относитесь к каждому живому существу как к себе самим и не делайте зла никому». Закон *кармы* непреклонен, его нельзя отменить или изменить. Боль, которую вы причиняете другому, обязательно вернется к вам, так же как и счастье, которое вы дарите другим, тоже возвратится и увеличит ваше собственное счастье.

Посмотрите, как свиреп тигр, питающийся мясом, и как спокойны и мирны корова и слон, питающиеся растениями! Мясо наносит прямой ущерб мозгу. Первый шаг в духовном развитии — отход от потребления мяса. Божественный свет не снизойдет на человека, чей желудок заполнен мясом. Мясо быстро разлагается, раздражая желудок и кишечник, вызывая колики, понос, несварение, сыпь и др.

Плоть животных, зараженных сибирской язвой, туберкулезом, сапом и т. д., очень опасна. Ленточные черви и прочие паразиты заносятся в организм при поедании мяса. Мясоедение неестественно и опасно. Поэтому от употребления мяса нужно полностью отказаться.

Греческий мудрец Пифагор учил: «Не убивайте и не калечьте никаких живых существ». Он осуждал мясоедение, считая его грехом. Послушайте только, что он говорил: «Опасайтесь, о смертные, наполнять свои тела грешной пищей! Есть зерно, есть фрукты, ветви деревьев склоняются под их тяжестью, есть лозы, увенчанные роскошными кистями винограда. Есть сладкие овощи и травы, которые огонь сделает вкусными и мягкими. Никто не запрещает вам наслаждаться и медом, и молоком, и благоуханием цветов чабреца. Прекрасная земля предлагает вам чистую пищу в изобилии и дает вам все что нужно для трапезы, не орошенной кровью, пролитой на бойне».

Если вы хотите перестать есть мясо, рыбу и т. д., просто взгляните собственными глазами на ужасные предсмертные муки овцы, когда ее режут. Тогда сострадание и милосердие появятся в вашем сердце и вы решите бросить есть мясо. Если вам это не удастся, перемените обстановку и питайтесь в вегетарианском ресторане, где мясо и рыбу не подают, и общайтесь с теми людьми, которым близок вегетарианский образ жизни. Всегда думайте о преимуществах вегетарианства и грехе мясоедения. Если это не даст вам силы бросить есть мясо, пойдите на скотобойню и в мясной ряд и лично посмотрите на отвратительные гниющие мышцы, кишки, почки и прочие неприятные, дурно пахнущие внутренности. Это вызовет у вас отвращение и ненависть к мясоедению.

Диета йогов

Диета йогов — это средство, которое помогает искателям духовности поддерживать ясность в сознании и устранять ненужные, беспокойные мысли. Диета йогов помогает человеку удалить *раджас* из своего сознания и наполнить сознание *саттвой*, помогает заниматься беспрестанной медитацией. Все чувства должны быть наполнены чистым веществом, только тогда сознание сможет быть направлено в одну точку, только тогда вы сможете понять свое Высшее «Я». Ваши глаза должны видеть избранное вами божество или иной священный символ, в ушах должны звучать *«Упанишады»*, *«Рамаяна»* или *«Бхагавата»*, язык должен говорить о Боге. Это и есть чистое вещество, пища для чувств.

Характер пищи, которую вы едите, определяет характер человека. Мясо делает человека хищным, грубым и свирепым. Оно возбуждает страсти и огрубляет разум. Человек, который ест мясо, не может стать философом и мудрецом. Его интеллект столь притуплен, что он не может разгадывать загадки этой и следующих жизней.

Вегетарианская диета оттачивает интеллект, делает его более тонким, острым, живым. Овощная диета способствует величественным мыслям и концентрации на божественном. Она дает большую жизненную силу, чем мясная пища.

Диету нужно тщательно подобрать и обдумать. Приправы, чай, кофе, алкоголь, еда, богатая крахмалом, сахаром и жирами, и все стимулирующие напитки должны быть исключены из рациона.

Свежие фрукты, салаты и сырые овощи, сыр, орехи, крупы, хлеб из муки грубого помола, соя, сухофрукты, сливки, молоко, ячмень, мед, стручковые овощи и миндальные орехи очень полезны. Сырые продукты более полезны, они улучшают состав крови и тканей. Поэтому они должны составлять как минимум 80 процентов рациона питания. Время от времени на неделю садитесь на диету из фруктовых соков. Это очень помогает удалять шлаки из организма.

В пище также должна содержаться клетчатка для того, чтобы стимулировать перистальтику кишечника. В сырой пище ее больше.

Несварение или диспепсия, которые вызваны неестественно тяжелой пищей или нездоровыми, раздражающими продуктами или неправильной диетой, приводят к различным нарушениям работы нервной системы.

Хорошо пережевывайте пищу. Ешьте только тогда, когда вы голодны. Сегодня люди путают стремление набить желудок с чувством голода. Наверное, голод это удовольствие, которое они никогда не испытывали. Суть настоящего голода невозможно описать, так же как невозможно описать суть Господа. Для того чтобы узнать, что это такое, нужно почувствовать это самому. Другой человек вам об этом рассказать не может.

Еду не нужно предварять закусками, которые выполняют роль самолетов, на чьих крыльях еда спускается в желудок, поскольку огонь жизни, горящий внутри, в этом не нуждается. Этот огонь жизни и есть Бог. Человек должен подождать, пока внутри него появится этот Бог, и только тогда предложить Ему пищу.

Ешьте медленно. Запейте еду большим количеством воды. Не пейте воду перед едой, так как она растворит желудочный сок и приведет к несварению и другим расстройствам желудка.

Рот — это привратник, охраняющий вход в пищеварительную систему. Он всегда должен быть свежим и чистым, полощите его раствором перманганата калия несколько раз в день после еды. Многие микробы размножаются во рту, когда он не чист. Чистить зубы очень важно, невероятно важно.

Нам нужна разнообразная пища с различными свойствами и содержимым. Пища должна быть разнообразной, но слишком много разной пищи одновременно есть не следует. Чем меньше разной пищи вы съедаете за раз, тем лучше. Мать Природа разумно заботится о нас и удовлетворяет все наши нужды, изменяя содержание пищи в зависимости от них.

Простая диета, содержащая минимум ненужной пищи, меньше нагрузит ваши почки, чем обильный рацион. Правильная диета обеспечивает здоровье тканей, предотвращая скопление шлаков в организме. Один выдающийся врач сказал: «Совершенная пища состоит из смеси меда, сливок, горячей воды, овсяной каши, лимонного сока, натертого яблока и молотых лесных орехов, такая пища содержит все витамины».

Аппетитная еда и ее пережевывание вызывает обильное слюноотделение. Это, в свою очередь, увеличивает выделение желудочного сока. А это затем стимулирует слизистую оболочку двенадцатиперстной кишки, находящейся вверху кишечника, и ведет к выделению гормонального секрета. Поэтому пережевывание пищи очень важно, а пренебрежение им может быть очень опасно. Если вы плохо пережевываете пищу, желудок начинает работать на износ. Ему придется перемалывать пищу.

Пища, богатая крахмалом, переваривается во рту при помощи слюны, имеющей щелочную реакцию. Это происходит только тогда, когда пища тщательно пережевывается. Поэтому очень важно хорошо пережевывать пищу. Никогда не нужно есть в спешке, так как это вызывает диспепсию.

Секрет обеспечения правильного пищеварения в том, что каждый кусочек пищи должен пережевываться так тщательно, что в горло он должен попадать уже в жидком состоянии. Правильное пережевывание пищи предотвращает и лечит диспепсию. Если вы тщательно пережевываете каждый кусочек, вы наедаетесь меньшим количеством еды, ваше пищеварение улучшается, желудок больше отдыхает, количество ваших испражнений уменьшается по сравнению с тем, как если бы вы глотали полупережеванную пищу.

Питание для здоровья

Человек ест слишком много. Это признают все. Даже когда вы не голодны, вы пытаетесь набить желудок, прибегая к перченым, острым и консервированным продуктам. Вас вводит в заблуждение ваш язык, ваш аппетит, он заставляет вас съесть то и съесть это. Желудку же на самом деле нужно немного. Если вы переполняете желудок, он выбрасывает излишки пищи при рвоте и заставляет вас отказаться от следующего приема пищи, продуцируя неприятные ощущения во рту и в горле.

Простой, натуральной пищи вполне достаточно для поддержания хорошего здоровья, жизненной силы и бодрости. Сформируйте хороший аппетит при помощи постов, а не острой и соленой пищи, обильно посыпанной специями.

Вы едите и тогда, когда не голодны. Это печальный факт. Если вы не голодны по-настоящему, воздержитесь от пищи. Тогда к следующему приему пищи у вас разгорится аппетит. Тысячи образованных людей набивают желудки даже тогда, когда у них нет аппетита, даже если у них диспепсия, они все равно едят, запивая какой-либо микстурой для пищеварения. Они совершают эту глупую ошибку ежедневно, а после этого страдают. И они еще называют себя культурными, образованными и цивилизованными людьми. Не перегружайте желудок — таков закон. Вы будете жить замечательной жизнью, если повинуетесь этому простому закону.

Природа сама управляет вашим рационом. Если вы едите слишком много сладостей и сахара, ваша поджелудочная железа истощается и вы заболеваете альбуминурией. Природа заставляет вас прекратить употреблять белковую пищу.

Некоторые люди имеют наследственную или приобретенную непереносимость определенных видов пищи. Когда они съедают тот или иной продукт, у них появляются неприятные ощущения. Эти симптомы могут быть желудочно-кишечными. Это могут быть колики или понос. У них могут появляться сыпи. Могут быть приступы удушья.

Продукты должны быть защищены от грязи, пыли, мух и прочих насекомых. Отравления трупным ядом происходят тогда, когда в пищу идут продукты, начинающие разлагаться. Симптомами таких отравлений являются рвота, понос, колики, головная боль, огромная мышечная слабость и жестокий коллапс. (Эти симптомы часто принимают за симптомы холеры.) Против коллапса нужно принимать меры, поддерживая сердце кофеином и стимулирующими микстурами. Руки и ноги нужно обогревать грелками и растирать скипидаром.

Еще одна форма пищевого отравления — это ботулизм. При нем не наблюдается никаких желудочно-кишечных симптомов. Отравление происходит после всасывания в кровь определенных видов токсинов из органов пищеварения. Источником опасности возникновения ботулизма обычно являются консервированные или засоленные продукты.

Голодание (пост)

Сегодня многие поняли и признали значение и ценность голодания. Люди начинают голодать, как только почувствуют, что с их здоровьем что-то не ладно, и таким образом экономят деньги, которые иначе потратили бы на врачей. Голодание — это лучший врач, подготовленный самой природой. Голодание дает возможность природе очистить организм человека и вывести из него те вещества, которые блокируют сосуды или органы тела. Это очень эффективное средство терапии. Голодание уничтожает многие ядовитые вещества и токсины. Трудно перечислить все те случаи, когда оно помогло восстановить здоровье, когда все прочие средства оказывались бессильны. Если вы начнете голодать как только почувствуете симптомы какой-либо болезни, она вскоре исчезнет и вы избежите многих серьезных осложнений. Если вас лихорадит или вы страдаете несварением желудка, поголодайте день и вы тут же исцелитесь. Природа — ваш надежный проводник, врач, друг и сиделка. Всегда просите помощи у нее.

Некоторых людей тревожит слово «голодание». Однако голодание не уменьшает жизненную силу, энергию, не ведет ни к слабости, ни к потере веса. Наоборот, сила и энергия после голодания возрастают, сознание становится светлым, а в теле появляется легкость.

При голодании внутренние органы пищеварения, такие, как желудок, печень, поджелудочная железа и т. д., получают передышку. Эпикурейцы, неутомимые обжоры, не дают своим пищеварительным органам передохнуть хоть на минуту. Поэтому эти органы вскоре заболевают. В конце концов, человеку в этой жизни нужно очень мало. Девяносто процентов людей на нашей планете едят больше пищи, чем необходимо организму. Переедание вошло у них в привычку. Многие болезни происходят от переедания. Таким образом, голодание — это и есть то, чего недостает всем тем, кто хотел бы иметь хорошее здоровье и обеспечивать нормальную работу внутренних органов. Оно капитально ремонтирует дыхательную, кровеносную, пищеварительную и мочеиспускательную системы. Оно уничтожает все чужеродные, ненормальные образования, удаляет отложения мочевины и сжигает жир. Болезни, которые аллопаты и гомеопаты считают неизлечимыми, излечиваются голоданием.

Дайте отдых внутренним органам, поголодайте. Вы можете прожить долгую, здоровую жизнь. Поумнейте сегодня же и начните здоровую жизнь, перестаньте переедать и питайтесь только натуральными простыми продуктами.

Голодание вырабатывает силу воли. Оно повышает выносливость. Махатма Ганди во многом обязан своей силой воли голоданию. Он был большим приверженцем голодания. Если в Ашраме что-то случалось, кто-то совершал провинность, Ганди голодал несколько дней. Он брал на себя ношу грехов других людей. Он голодал, чтобы установить единство индуистов и мусульман. Он голодал 45 дней во имя политического и экономического благосостояния страны.

Голодание идет от сердца. Голодая, вы можете заставить дрогнуть даже самое жестокое сердце. Голодая, вы можете влиять на кого угодно.

Религиозное голодание (пост) — это форма аскетизма, призванная разрушить плохие тенденции и быстро очистить человека. У индуистов пост является священным ритуалом. Они устраивают пост на Шиваратри и Гокулаштами. В эти дни они даже не пьют воды. Некоторые религиозные люди постятся на *экадаши* (одиннадцатый день двухнедельного цикла лунного календаря индуистов). Христиане соблюдают Великий пост: сорок дней, до самой Пасхи, они постятся в память о голоде, который терпел их Спаситель в пустыне. Магометане постятся во время Рамадана. Посты помогают контролировать сознание и сделать склад ума саттвическим. Голодание усмиряет плоть.

Если ваше сознание совершает нехороший поступок, тем самым оскорбляя чувства других людей, строго накажите его голоданием. Постепенно вы научитесь его контролировать. Так же как из золота низкой пробы в тигеле выплавляется раз за разом все более драгоценный металл, нечистое сознание так же очищается все больше с каждым голоданием.

Некоторым голодание поначалу покажется скучным и трудным, но затем они почувствуют от него настоящую радость. В первый и второй день вас будет беспокоить чувство голода, но на третий день у вас пропадет аппетит. Если вам трудно голодать даже один день, соблюдайте хотя бы частичный пост. Ничего не ешьте днем, а вечером ешьте фрукты с молоком. Продолжайте так в течение двух-трех дней.

После двух-трехдневного голодания нельзя сразу приниматься за еду, нужно начать с фруктовых соков, апельсинового или гранатового. Во время голодания можно ставить себе клизмы. В течение четырех-пяти дней голодания нужно пить очень много воды, чтобы очистить, промыть организм. Что делают муниципальные власти, когда забивается канализация? Они промывают ее большим количеством воды, не так ли? Вы должны поступать так же, когда засоряется ваш организм. Воду, которую вы пьете, можно немного разбавить апельсиновым, лимонным или виноградным соком. Рано утром ставьте клизму с мыльной водой, чтобы хорошо очистить кишечник. Так же как машина, прошедшая капитальный ремонт, выглядит совершенно новой и отлично работает, ваш организм, испорченный перееданием, обжорством будет отлично отремонтирован голоданием и станет как новенький.

Избегайте чрезмерно длительного голодания. Оно приведет к ослаблению организма. Пользуйтесь здравым смыслом. Начинайте с одного дня голодания и постепенно увеличивайте его срок до недели. Медленно увеличивайте количество дней в соответствии с вашими силами и возможностями. Первый день может вас сильно утомить. Но на второй или третий день вы почувствуете блаженство. В теле будет чувствоваться необычайная легкость.

Голодая, вы можете выполнять больший объем умственной работы. Те, кто сделал голодание своей привычкой, будут испытывать от жизни радость. В первый день сознание будет искушать вас, подталкивать к той или иной еде. Будьте настойчивы. Будьте смелы. Во время голодания делайте больше джапа. Не позволяйте сознанию концентрироваться на различных блюдах. Главная цель голодания — медитация, долгая и глубокая, так как при голодании разум и чувства находятся в состоянии покоя. Вам нужно будет спрятать все чувства подальше и сфокусировать сознание на образе Бога. Молитесь, чтобы Бог направил вас и осветил ваш путь. Вы обретете чистоту и свет, силу и знание.

С точки зрения здоровья, голодание больше очищает духовно, чем физически. Вы должны использовать дни голодания для высокого духовного поиска, для познания Бога. Всегда думайте о Боге. Глубоко погружайтесь в великие загадки, такие, как место и причина, цель существования вселенной. Спрашивайте себя: «Кто я?», «Каков смысл жизни?», «Кто такие Брахман и Атман?», «Как можно постичь и познать Бога?», «Как приблизиться к Нему?» Затем почувствуйте блаженство собственного существования и покойтесь в нем во веки веков.

Голодайте, усмиряя свои эмоции и страсти. Голодайте и будьте здоровы. Голодайте и подчините себе свой язык — аппетит — и другие органы чувств. Голодайте и избавляйтесь от грехов. Голодайте и выводите яды из организма. Голодайте и управляйте своим сном. Голодайте и молитесь. Голодайте, очищайтесь и медитируйте, поймите свое Высшее «Я» и обретите свободу. Голодайте и разделяйте сияние славы господней.

Секрет йогов

Вы можете несколько дней не есть, но вы не можете не пить. Какое-то время вы можете обходиться даже без воды, но вот без воздуха вам не обойтись. Йоги могут задерживать дыхание, их можно похоронить в земле на несколько месяцев, но в них все же будет теплиться жизнь. Их жизнь оберегает некая мистическая жидкость, нектар, который истекает из *сахасрары* (тысячелепесткового лотоса, который находится на верхушке головы). Современные физиологи не могут объяснить, как йоги умудряются сохранять жизнь, оставаясь без еды, воды и воздуха, и каким образом их тела поддерживают жизнь, будучи похороненными в земле. Земля, вода, огонь и воздух — все они лишь производные одного космического элемента. Если вы благодаря изучению йоги познали способ общения с Космосом, он предоставит вам все то, что заменит воду, еду и воздух — потому что Космос состоит из праматерии.

Йоги пьют нектар из источника, расположенного в мозгу, поддерживая жизнь в своих телах. Этот секрет известен только йогам.

Правила питания

1. Подберите умеренный рацион питания. Прекращайте есть, когда желудок заполнен на три четверти. Не переедайте.
2. Ешьте только тогда, когда вы действительно голодны. Опасайтесь ложного чувства голода.
3. Между приемами пищи не перекусывайте и ничего не пейте.
4. Ешьте здоровую пищу, в правильных количествах, в одно и то же время.
5. Не ешьте слишком горячего или слишком холодного, потому что это раздражает желудок и приводит к несварению.
6. Не ешьте тех продуктов, которые вам не нравятся, но и не ешьте без разбору все то, что вам нравится более всего.
7. Сократите количество приготовленной на огне пищи до минимума. Всегда ешьте сырые овощи, такие, как, например, редиска.
8. Во время одного приема пищи не ешьте больше четырех-пяти различных видов продуктов. Не употребляйте слишком многих комбинаций различных видов пищи. Желудочному соку трудно переварить смесь из разных продуктов.
9. Ешьте то, что хорошо сочетается. Если вы едите несовместимые продукты, это приведет к ферментации в желудке и кишечнике. Все крупы можно есть с молоком, фруктами и овощами. Не запивайте молоком молокопродукты, такие, как молочные сладости. Орехи, хлеб, яблоки, лимоны, сыворотку и масло можно есть с чем угодно. Белок и крахмал, фрукты и крупы или другие углеводы хорошо сочетаются.
10. Немного лимонного сока или пахты придадут пище приятный вкус. Пахту можно есть после еды или за час-два до еды. Это правила для людей с плохим пищеварением, а таких людей много. Лишь очень немногие люди, наделен-

ные железным здоровьем, могут переваривать любую пищу и нормально переносить неправильное питание.

11. Не ешьте консервов и лежалого масла. Овощи и рис нужно варить на пару. Если овощи готовить слишком долго, они теряют часть своей питательной ценности и вкуса. Не выливайте воду, в которой варились овощи и рис. Она содержит минеральные соли. Пейте эту воду.
12. Не снимайте кожицу с яблок, не чистите морковь, поскольку в кожице содержится множество ценных минералов и витаминов.
13. Ешьте только два раза в день в определенное время. Никогда повторно не разогревайте пищу.
14. Следите за тем, чтобы по еде не ползали мухи. Храните молоко в прохладном месте.
15. Во время еды вдыхайте через правую ноздрю.
16. После еды в течение 10 минут сидите в позе *ваджрасана*. Это способствует пищеварению.
17. Во время еды соблюдайте тишину.
18. Постепенно меняйте свой рацион питания. Если вы плохо воспринимаете какой-то из диетических продуктов, уменьшите его количество. Неприятные ощущения исчезнут.
19. После еды не принимайтесь за трудную работу, будь то умственная или физическая. Полчаса отдохните. Не бегите сразу после еды, чтобы, например, вскочить в электричку.
20. Не ужинайте поздно.
21. Не ешьте, когда вы злы на что-то. Подождите, покуда сознание успокоится, тогда и начинайте есть. Когда вы злитесь, железы вырабатывают яд, который попадает в кровеносную систему.
22. Глотайте пищу как будто принимаете лекарство. Не обжорствуйте.
23. Один день в неделю голодайте. Голодание выводит яды, восстанавливает организм и дает отдых органам.
24. Помните о Боге, который обитает во всей пище, во всех фруктах и овощах, щедрость которого вы ощущаете и за едой и вообще всегда. Молитесь Ему до и после еды.

ЗДОРОВЬЕ И ГИГИЕНА

Жизнь на земле — это постоянная борьба, битва. Это непрекращающееся приключение. У каждого есть дракон, которого нужно победить. Вам приходится вести войну с врагами здоровья: плохой водой, духотой, переутомлением на работе, нездоровой пищей, болезнетворными бактериями, домашними паразитами, такими, как комары, мухи, крысы и так далее. Вы со всех сторон окружены невидимыми врагами, патогенными бактериями и микробами. Вы обязательно должны узнать о своем враге как можно больше, изучить его повадки и привычки, понять, насколько он силен. В некоторых случаях вам придется напасть непосредственно на него. В других случаях вам придется уморить врага голодом. Вы должны вооружиться самым совершенным оружием, какое только изобрела санитарная и превентивная медицина на сегодняшний день. Вы должны собрать воедино все возможные ресурсы и силы.

Каждый гражданин, каждый человек прямо и непосредственно должен заботиться не только о своем здоровье, но и о здоровье окружающих.

Большинство болезней, которых можно избежать, возбуждаются особыми бактериями, которые передаются по воздуху, через еду, воду, одежду или разносятся насекомыми. Обществу очень полезно изучить вопросы, касающиеся жизнедеятельности и методов уничтожения этих бактерий, тем самым оказав своему здоровью неоценимую услугу. Нечистый воздух, грязная вода, зараженная пища, грязь в домах и возле них, неправильное устройство выгребных ям и редкое их очищение играют громадную роль в распространении болезней.

Каждый человек должен иметь знания в области гигиены и санитарии, чтобы иметь возможность оценить значимость санитарии не только для собственного здоровья, но и для общества в целом.

О здоровье ребенка начинают заботиться еще до его рождения. Этим занимается пренатальная медицина. Здоровье и благополучие нерожденных еще детей является ее основной целью. Так же внимательно следует относиться к здоровью беременных и кормящих матерей. Центры матери и ребенка должны быть учреждены в каждом районе. Нужно проводить профилактику таких болезней, как оспа, чума, холера и тиф, прививая к ним иммунитет путем вакцинации. Ради наших братьев-людей, как и ради нас самих, мы обязаны заботиться о своем здоровье.

Сохраните свое здоровье и жизненную энергию, соблюдая правила гигиены и изучая санитарные правила и основы превентивной медицины.

Личная гигиена

Если человек, презрев законы здоровья и правила гигиены, заболевает — он просто преступник. Ответственность за сохранение хорошего здоровья лежит на каждом человеке. Личная гигиена имеет отношение к тем вещам, от которых зависит здоровье человека. Только здоровый человек способен эффективно и хорошо работать, только здоровый человек может служить интересам человечества, только здоровый человек может хорошо медитировать и только здоровый человек может зарабатывать деньги. Поэтому хорошее здоровье — это воистину великое благо. Тот, кто подчиняется законам здоровья и гигиены, будет наделен хорошим здоровьем.

Чистота сродни божественности. Чистота несет здоровье. Вы должны заботиться о чистоте всего: пищи, которую вы едите, воздуха, которым вы дышите, и воды, которую вы пьете.

Рано утром каждый день вы должны принимать ванну. Холодная ванна очень бодрит и приносит большую пользу. Старики, больные и выздоравливающие могут принимать теплую ванну. Огромное значение имеет ежедневный характер омовений. Если это не соблюдается, поры кожи засоряются грязью и развиваются различные заболевания кожи. Особое внимание нужно уделять мытью участков тела, покрытых волосами. Подмышки являются источником интенсивного запаха, поэтому их нужно хорошо мыть.

Купание, ныряние в реке очень ободряет, заряжает энергией и придает силы. Также очень приятно мыться под душем. Купание в источниках, где вода богата серой, лечит болезни кожи. Холодные омовения в области таза предотвращают поллюции. Тепловатые ванны предотвращают почечные колики, облегчают течение менструации и мочеиспускание. Паровые ванны очень полезны при ревматизме. Обтирание прохладной губкой помогает при лихорадке, сбивая температуру.

Не принимайте холодную ванну сразу после *асан* и вообще любых упражнений. Сначала дайте телу остыть. Подождите час. Никогда не принимайте ванну сразу после еды, поскольку это мешает пищеварению.

Применение мыла в тропическом климате может привести к повреждениям кожи. Оно пересушивает кожу. Природа сама заботится о том, чтобы тело было гладким и мягким, выделяя секрет из сальных желез кожи. Невежественные люди в погоне за модой смывают этот естественный секрет при помощи мыла и зря тратят свои деньги. Если мыло неправильно изготовлено, оно разъедает кожу. Просто разотрите хорошо тело полотенцем из грубой ткани и затем хорошо вымойте его.

Очень важна чистота рта. Рот — это врата, через которые микроорганизмы проникают в тело, поэтому нужно тщательно чистить зубы два раза в день. Язык нужно чистить по утрам при помощи полоскания рта.

Ногти должны быть коротко подстрижены и чисты, иначе под ними будет скапливаться грязь и инфекция. Мойте руки перед едой. Это предотвратит попадание инфекции в организм.

Не пользуйтесь чужими расческами, щетками, постелью и т. д. Попросите парикмахера вымыть руки, бритву и прочее перед тем, как он начнет вас брить. Лучше иметь с собой свою бритву, мыло и расческу. Через грязные руки парикмахера, его бритву и расческу могут передаваться такие болезни, как чесотка и другие кожные болезни. Не спите на чужих подушках, в чужой кровати, не носите чужую одежду. Через эти предметы может передаваться инфекция.

Одежда

Вы должны предохранять свое тело от чрезмерного перегрева и охлаждения, только так вы сможете сохранить здоровье. Перегрев и переохлаждение неприятны и вредны. Вы должны одеваться по погоде. Особое внимание следует уделять тому, чтобы детская одежда защищала ребенка от крайностей климата. Одежда должна сохранять тепло зимой и давать прохладу летом. Это главная цель ношения одежды.

Основная функция одежды — изоляция. В умеренном и холодном климате одежда сохраняет тепло тела, препятствуя слишком быстрому его излучению. В тропическом климате одежда препятствует проникновению к поверхности тела жара солнечных лучей. В холодном климате при отсутствии одежды вы будете так быстро терять тепло, что, даже если вы будете поглощать невероятные количества пищи, вы все равно не сможете выработать достаточное для обогрева тепло. В тропиках и прочих жарких регионах можно получить серьезные солнечные ожоги, если не прикрывать тело одеждой. Одежда дает телу защиту от жары, холода и некоторых других внешних воздействий. Она позволяет поддерживать баланс тепла в организме. Она также используется, чтобы прикрывать наготу, то есть в эстетических целях и для украшения, но эти ее функции менее важны.

Ношение одежды — это обычай, служащий удобству человека. Если бы не было этого обычая, во многих случаях люди не стали бы носить одежду. Люди, работающие в сельском хозяйстве, носят минимум одежды. Их кожа лучше приспособилась к погодным воздействиям и лучше поддерживает баланс тепла. Многие *санньясины* ходят голыми и полуголыми даже в покрытых льдами горных районах Гималаев. Никто не закрывает одеждой лицо даже в холода. Если даже чувствительная кожа лица может противостоять холоду, то прочие участки тела при необходимости также могут это делать.

Животное царство дает нам два наилучших материала для изготовления одежды — шерсть и шелк. К ним для некоторых видов одежды может добавляться мех. Растительный мир дает нам хлопок, лен и искусственный шелк.

Белье из хлопка и льна на ощупь прохладнее, чем шерстяные одеяла, поскольку они лучше проводят тепло, чем шерсть. Шелк не так хорошо сохраняет тепло, как шерсть, но лучше, чем хлопок и лен. Лучше всего сохраняет тепло шерсть, а хуже всего — лен.

Одна и та же ткань, выкрашенная в разные цвета, по-разному отражает солнечные лучи. Черные ткани поглощают лучи солнца, а белые отражают.

Хлопок можно вываривать, не нанося ему вреда, и, таким образом, его легко стерилизовать; с этой точки зрения он более гигиеничен, чем шерсть, но хорошо проводит тепло и впитывает влагу и, следовательно, не подходит для защиты от холода. Одежда из хлопка становится холодной и мокрой, когда мы потеем.

Шерсть не так хорошо впитывает влагу, как хлопок. Поэтому люди, носящие одежду из хлопка и льна, чаще простужаются, чем те, кто носит фланелевую одежду. Когда вы потеете, шерсть впитывает влагу и сохраняет ее. Одежда на ощупь остается теплой и предотвращает простуду.

Шелк плохо проводит тепло, поэтому он его хорошо сохраняет, но он гораздо хуже впитывает влагу, чем шерсть. Он менее склонен к усадке после стирки и не раздражает кожу, как шерсть.

При крупной вязке шерстяной одежды в ней есть дырочки, заполненные воздухом. Так как воздух не является хорошим проводником тепла, такая одежда даже теплее, чем шерстяная с более мелкой вязкой. По этой же причине свободная одежда теплее, чем тесная. Воздух между двумя слоями одежды сохраняет больше тепла, чем два слоя одежды впритык. Кроме того, что будет выполнена основная задача — сохранение тепла, — такая одежда будет к тому же более удобной и дешевой, чем одежда из толстой ткани.

Одежда не должна мешать нормальной работе желез кожи. По этой причине следует носить ту одежду, которая лучше впитывает влагу.

Нужно всегда избегать ношения тесной одежды, так как она затрудняет дыхание, кровообращение, пищеварение и работу мышц.

Женщинам ни в коем случае нельзя носить подвязки, поскольку они передавливают вены, дают ощущение тяжести и ведут к варикозному расширению вен.

Одежда должна быть хорошего качества, крепкая, износостойкая и легкая. Ее должно быть легко чистить и стирать. Материал, из которого она сшита, должен радовать глаз. Такой должна быть одежда в идеале.

Гигиена глаз

Глаз — это очень важный орган. Это один из пяти органов чувств. Это окно, оставленное в теле для души, владельца этого тела. «Желание видеть» превратилось в глаза, орган зрения. Главенствующее божество, покровительствующее глазу, — Солнце.

Глазное яблоко, находящееся снаружи, — это лишь инструмент, улавливающий вибрации света и цвета и посылающий их в мозг.

Глаз состоит из роговой оболочки, прозрачного, изогнутого окна, через которое проникает свет. Белок глаза правильно называется склерой. Пространство позади склер заполнено прозрачной водянистой жидкостью. На роговице есть занавес, окрашенный круг, называемый радужной оболочкой. В его центре имеется отверстие. Оно может автоматически уменьшаться или увеличиваться, увеличивая или уменьшая поток света. Это отверстие называется зрачком. На ярком свету зрачки сужаются, в сумерках они расширяются. За зрачком находится линза. За линзой находится глазная яма, в которой расположено стекловидное тело глаза. Свет проходит через стекловидное тело и отражается на экране сетчатки позади глаза. Затем оптический нерв передает в мозг это изображение, отпечатавшееся на сетчатке. Если перерезать оптический нерв, зрение будет полностью утрачено.

Мышцы глаза передвигают глазное яблоко вверх, вниз и в стороны.

В углах глаз расположены небольшие слезные железы. Постоянное выделение слез сохраняет поверхность глаз влажной. На внутреннем конце каждой ресницы имеется небольшой канал, по которому избыток влаги выводится в носоглотку. Когда в глаза попадает пыль, они невольно начинают слезиться. Такое омовение глаз слезами позволяет смыть пыль, убрать ее в углы глаз.

Глазные яблоки надежно посажены в костяных глазницах. Они со всех сторон хорошо защищены костяными стенами. Брови служат для того, чтобы впитывать пот и препятствовать попаданию пыли в глаза. Ресницы также препятствуют попаданию в глаза инородных тел и пыли. Заметьте, сколь милосердно и мудро Мать Природа снабдила нас всеми необходимыми средствами защиты глаз от инородных тел.

За глазным яблоком находится мягкая жировая подушка, которая в случае удара смягчит его воздействие на глаз и уменьшит шансы получить травму глаза. Исчезновение этой жировой прослойки ведет к «провалу» глаз, что наблюдается у очень старых или больных людей.

Глаз подобен фотоаппарату. Он фотографирует окружающий мир на сетчатку. Он воспринимает солнечные лучи. Так же как образы отпечатываются на фотографической пластинке, образы внешнего мира отпечатываются на сетчатке глаза.

Если вы фотографируете предмет, который расположен близко к вам, вам нужно подобрать фокус, отличающийся от того, с которым вы стали бы фотографировать удаленные объекты. Так же и глаз приспосабливается для того, чтобы рассмотреть близкие объекты. Меняется форма линзы и величина зрачка. Когда вы смотрите на близкие объекты, зрачок уже, чем когда вы вглядываетесь вдаль.

Хорошее зрение необходимо для достижения успеха в жизни. Если у вас часто болит голова или ребенку трудно читать с доски в классе, нужно немедленно обратиться к окулисту. Если человек щурится, значит, ему приходится напрягать зрение. Не читайте при плохом освещении или при мигающем свете. Это очень сильно напрягает зрение и портит его. Источник света должен находиться слева, сверху и позади вас. Не читайте при свете керосиновой лампы. Это испортит вам зрение. Если вам приходится работать при таком освещении, поставьте лампу позади себя и установите зеленый абажур. Слишком долгое чтение и такая работа, как шитье, штопка, вредят зрению.

Глаз является наиболее чувствительным органом. Не принимайте на веру все советы, которые вам могут дать неспециалисты для лечения болезней глаз. Так можно испортить глаза. Всегда обращайтесь только к окулисту. (Не затягивайте с началом лечения гранулеза ресниц, прикладывайте к ним сульфат меди. Не оставайтесь в задымленных помещениях.)

Наиболее распространенные причины болезней глаз и падения зрения таковы: перенапряжение глаз из-за чтения при плохом освещении, из-за чтения книг, напечатанных мелким шрифтом на глянцевой бумаге, воспаления, попадания в глаза инородных тел, холодные сквозняки, неправильное, недостаточное питание, общее плохое состояние здоровья. Не читайте, лежа в постели.

Пользуйтесь маслом «Брахми амла». Оно освежит и успокоит усталые глаза. Если в глаза попало инородное тело, промойте их раствором борной кислоты. Поморгайте глазами или откройте их в чистой воде. На ночь закапайте по капле касторового масла в каждый глаз. Рано утром инородное тело само выйдет из вашего глаза. Если это не поможет, обратитесь к специалисту.

Познание нашей чувственной вселенной происходит в основном благодаря глазам и ушам. Все цвета и формы сосредоточиваются в центре глаза, в мозгу и в Атмане. На самом деле видит и интерпретирует образы мозг, а не глаз, который лишь принимает направленные в него лучи. То есть, если быть более точным, на самом деле видит наше сознание.

Глаз никогда не спит, он постоянно в движении. Он заставляет и сознание непрестанно бодрствовать. Если глаза остановились, бездействует и сознание. Тратак, концентрация, глубокая медитация, молитвенный ритуал и прочее останавливают сознание. Поэтому занимайтесь перечисленными упражнениями три раза в день — утром, днем и вечером.

Следующие простые упражнения для глаз помогают улучшить зрение до такой степени, что люди, занимавшиеся ими, могли вновь читать без очков. Конечно, многое зависит от характера и степени серьезности болезни глаз.

Упражнение 1. Сосредоточьте взгляд на каком-то далеком объекте. Если у вас нормальное зрение — на горизонте, а если вы видите не очень хорошо, то на самом далеком предмете, который вы еще можете четко различать. (День за днем вы будете приучать глаза видеть дальше.) Затем, не двигая глазами, вытяните руку вперед и поднимите указательный палец так, чтобы он закрыл собою этот предмет. Вы увидите все тот же далекий объект плюс два пальца — поскольку палец будет не в фокусе. Смотрите на палец, потом на далекий предмет. Повторите это пять раз. Сфокусировавшись на кончике пальца, медленно пододвигайте палец к глазам, пока он не коснется переносицы. Теперь глаза закройте. Подержите их закрытыми, пока не почувствуете легкое напряжение, затем медленно выпрямите руку, вернув палец в первоначальное положение перед далеким предметом. Как только палец отрывается от переносицы, снова сосредоточьтесь на его кончике. Когда рука выпрямится, фокусируйтесь на далеком объекте, а затем на кончике пальца. Повторите последнюю процедуру несколько раз.

Упражнение 2. Повторите первое упражнение с тем отличием, что палец вы будете подносить не ко лбу, а к кончику носа.

(При выполнении упражнения старайтесь не моргать, глаза должны быть все время открыты, таким образом вы будете практиковать одну из форм тратака и улучшать свою способность концентрировать сознание в одной точке.)

Упражнение 3. Не изменяя положения головы, поверните глаза и посмотрите как можно дальше влево, затем медленно переведите глаза направо, затем вверх, к небу, затем вниз, потом по диагонали, начиная с левого верхнего угла, медленно переведите глаза в правый нижний угол, затем в левый нижний и закончите в правом верхнем углу.

Упражнение 4. (Это упражнение улучшает концентрацию, поскольку вы одновременно должны контролировать и дыхание, и движение глаз.) Посмотрите вниз, затем медленно опишите взглядом большой круг, переведя его влево, наверх, вправо и вниз, все время глубоко дыша, стараясь завершить вдох к окончанию полного оборота. Медленно повторите упражнение, на этот раз закончив круг на выдохе. Повторите теперь оба цикла, вращая глаза в правую сторону. Круги должны быть максимально большими.

Упражнение 5. Глазами можно вычерчивать бесконечное количество фигур: буквы алфавита, квадрат, ромб, цифру восемь, сначала в обычном положении, а затем лежащую на боку (знак бесконечности).

Постоянно практикуйте эти упражнения на открытом воздухе, но не глядя прямо на солнце. Каждый раз после завершения упражнений закройте глаза руками, откройте глаза в темноте и глубоко дышите, концентрируясь на своих глазах, особенно в момент выдоха. Таким образом вы посылаете в глаза энергию *праны* вместе с притоком свежей крови. Снова закройте глаза, перед тем как отнять ладони от лица, чтобы вас не ослепил яркий свет. Вдох и выдох можете повторить трижды.

Гигиена кожи

Все тело человека покрыто кожей, которая защищает тело от повреждений, поддерживает в нем тепло и делает его красивым. Эта одежда никогда не изнашивается, поскольку Мать Природа постоянно обновляет ее. В глубоких слоях кожи постоянно формируются новые клетки. Когда они вырастают, они выталкивают старые клетки на поверхность кожи.

Кожа является органом осязания. Вы ощущаете прикосновение к нервным окончаниям, расположенным в коже, хотя на самом деле чувствует не кожа, а сознание. Кожа ощущает не только прикосновение, но и температуру, и давление. Через кожу выделяется некоторое количество углекислого газа. Мы дышим и легкими, и кожей.

Кожа состоит из двух частей — внешнего слоя, называемого эпидермисом, и внутреннего слоя, который называется дермисом или собственно кожей. Потовые железы, сальные железы и волосяные мешочки находятся в дермисе.

Эпидермис вымощен клеточками, которые видны только под микроскопом. Они плоские и очень плотно прилегают друг к другу. Клетки верхнего слоя шелушатся, если их сильно потереть. Их место занимают клетки нижнего слоя, и так повторяется все время.

Дермис, или собственно кожа, содержит массу кровеносных сосудов и нервных окончаний. Если ее уколоть булавкой, появится капля крови. Нервы посылают импульс в мозг, и вы чувствуете боль.

В коже имеются миллионы пор. Есть поры, в которых растут волосы, и поры, в которых растут тонкие волоски тела, в них открываются протоки жировых желез. (Рядом с этими волосками расположены малюсенькие мышцы. Именно они, сокращаясь, приводят к тому, что волоски на теле иногда поднимаются — появляется так называемая «гусиная кожа».)

Сальные железы выделяют маслянистое вещество, которое смазывает кожу. Оно делает кожу блестящей и гладкой и сохраняет тонкое чувство осязания. Оно предохраняет кожу от пересыхания и растрескивания.

В жарких странах кожа берет на себя часть объема работы, обычно выполняемого почками и легкими. Количество пота и выделяемых веществ там очень велико. Поэтому в жарких странах очень большое значение имеет уход за кожей. Если поры кожи забиты грязью, нарушается ее нормальная работа. Легким и почкам придется работать в усиленном режиме.

Кожа — это ворота, через которые природа пытается выбросить из организма отработанные материалы и ядовитые вещества, которые накапливаются в организме из-за неправильного питания, негигиеничных условий жизни и т. д. Здоровая пища, упражнения, свежий воздух и ежедневные купания совершенно необходимы, если вы хотите иметь хороший цвет лица. Больше оставайтесь на солнце и втирайте в кожу горчичное масло. Хорошо разотритесь. Тем самым вы разгоните кровь, мышцы лучше заработают. Вы ощутите радость и свежесть. Это сделает кожу мягкой и эластичной. Грязь будет смешиваться с маслом и легко удаляться при мытье с мылом.

Уход за зубами

Зубы являются твердыми образованиями, связанными со слизистой оболочкой рта и укрепленными в костях челюсти. Они служат для того, чтобы кусать и пережевывать пищу, а также участвуют в процессе речи.

Природа изначально дала нам зубы для того, чтобы перемалывать пищу. В этой своеобразной мельнице работает и язык, который подает пищу под «мельничные жернова».

Каждый зуб состоит из четырех материалов: дентина, эмали, цемента и пульпы. Дентин составляет большую часть зуба, как в его верхушке, где он покрыт эмалью, так и у корня, там он окружен цементом. Это покрытие защищает мягкий дентин. Если эмаль разрушается в каком-то месте, она уже не восстанавливается.

В каждом зубе есть три отдела: корень, шейка и коронка. Коронка выступает над десной в полости рта, корень утоплен в углублении в костях челюсти. То место, где соединяются корень и коронка, называется шейкой.

Внутри зуба имеется пустота, в которой находится пульпа. Дентин состоит из органической и неорганической материи, в основном известковых солей. Эмаль — это блестящее белое покрытие, облекающее зуб как бы колпачком. Цемент или зубная кость — это тонкая костяная пластина, покрывающая дентин области корня зуба. Пульпа — это одна из самых важных частей. В ней находятся кровеносные сосуды и нервные волокна, ответвляющиеся от пятого черепного нерва. В ней также находится соединительная ткань.

Зубы также подразделяются по своей форме на резцы, клыки, коренные зубы и малые коренные зубы.

Порядок появления молочных зубов таков:

Средние резцы — примерно шестой месяц.

Латеральные резцы — примерно девятый месяц.

Клыки — примерно восемнадцатый месяц.

Вторая пара основных зубов — примерно двадцать четвертый месяц.

Что касается постоянных зубов, первый коренной зуб появляется, когда ребенку исполняется шесть лет, резцы где-то в возрасте семи-восьми лет, клыки около двенадцати, малые коренные зубы где-то в тринадцать лет, а зубы мудрости часто прорезают десну только в возрасте двадцати-двадцати пяти лет.

Для роста костей челюсти необходим витамин А, а для здоровья десен нужен витамин С. Витамин D помогает накоплению кальция и укреплению зубов. Зубы состоят из кальция и фосфатов.

Вам нужно иметь отличные зубы, чтобы хорошо пережевывать пищу. Если вы не пережевываете каждый кусочек пищи, попадающей вам в рот, вы перегружаете органы пищеварения. Если это продолжается долго, органы пищеварения заболевают. Для здоровья всего организма также необходимо иметь здоровые десны.

Если вы стараетесь обрести хорошее здоровье, вы можете заниматься определенными упражнениями, специально разработанными для органов дыхания, для укрепления различных групп мускулатуры, нервов и для того, чтобы отладить работу пищеварительных органов. Данные упражнения несомненно полезны в этом смысле, но если ваши зубы и десны больны, то вы заметите, что ваше тело не реагирует на эти упражнения должным образом.

У корней зубов происходят отложения камня. Эти отложения состоят из секрета различных желез и остатков пищи. Это способствует размножению бактерий и микробов. Потом эти микробы проглатываются с пищей. От них происходят многие неприятные состояния в желудке, ухудшается общее здоровье. Десны разрушаются за счет раздражения их зубным камнем. Зубы расшатываются. Камень должен удалять дантист.

Если не удалять остатки пищи, застревающие между зубами, они раздражают и разрушают зубы. Они разлагаются и выделяют продукты брожения, десны опухают, в них скапливается гной. Эмаль съедается и обнажается дентин. Это вызывает гниение зубов и кариес.

Когда в деснах скапливается гной, такое состояние называется пиореей. Большая часть гноя проглатывается и попадает в желудок. Горло, гортань и миндалины поражаются инфекцией. Гной поражает желудок и кишечник. После этого возникают различные заболевания и расстройства желудка, происходит общее отравление организма токсинами, содержащимися в гное. Возникает много осложнений. Появляется общая слабость.

Избегайте слишком горячих и слишком холодных напитков и еды. Это вредно для организма в целом и вызывает кариес зубов и пиорею.

Рот всегда должен содержаться в идеальной чистоте. Очень полезно полоскать рот ежедневно соленой водой, после каждой еды, особенно если вы едите сладкое, необходимо дважды прополоскать рот соленой водой. Полоскание перманганатом кальция является высокоэффективным средством лечения пиореи. Очень полезно и эффективно также разжевать несколько листочков нима и подержать их сок во рту.

Ежедневное массирование десен пальцами улучшает кровообращение и питание десен. Массируйте десны горчичным маслом, смешанным со щепоткой поваренной соли. Всегда массируйте и чистите зубы или круговыми движениями, или в направлении от десен к зубам. Горизонтальные движения при чистке зубов вредны. Заканчивайте чистку зубов промыванием их подсоленной водой.

Свежее молоко, цельные зерна, злаки, свежие овощи и фрукты очень полезны для здоровья зубов. Заканчивайте еду какими-нибудь кислыми фруктами. Кислота помогает очищению зубов. Полощите рот несколько раз в день водой, а затем с силой пропускайте эту воду сквозь зубы.

Запор — причина многих болезней, которым подвержен человеческий организм. Неактивная или вялая печень — вот причина запоров. Печень теряет активность из-за несварения желудка, вызванного неправильным его функционированием. Функцией желудка является переваривание пищи, поступающей в него в пережеванном виде изо рта, и с этой целью Провидение снабдило рот мельницей, включающей по 16 жерновов в верхней и нижней челюсти. Итак, основную причину запора, матери всех недомоганий, следует искать в зубах. Отсюда и желательность, а скорее необходимость, содержать жернова — наши зубы — в безукоризненном порядке.

Зубная боль — это симптом различных заболеваний зубов или прилегающих к ним частей. Самой распространенной причиной зубной боли является кариес или разрушение одного или нескольких зубов, особенно когда дыра в зубе обнажает пульпу.

Фурункулез десен, т. е. их воспаление, связанное с корнем зуба, часто предшествующее опухоли или абсцессу, — вот еще одна причина тупой, ноющей боли.

Недостаточно эффективная чистка зубов, приводящая к оседанию на деснах и между зубами кислотных отложений, постепенно съедающих эмаль, — эта также причина очень неприятной зубной боли.

Приступ зубной боли может быть спровоцирован переохлаждением, горячим питьем или какой-нибудь сладкой или кислой пищей.

Рот — это основные ворота здоровья. Придерживаясь нижеследующих правил, вы сохраните зубы в отличном состоянии:

1. Никогда не пейте слишком холодную или ледяную воду после горячей пищи. Нарушение этого правила может привести к воспалению горла и десен.
2. Не привыкайте есть пищу лишь одной стороной челюсти. Если вы не будете следить за этим, другая сторона будет страдать от плохого кровообращения, зубного камня, а затем и разрыхления десен, что приведет к пиорее.
3. Избегайте жидкой пищи. Чем тверже она, тем крепче будут ваши зубы и десны. Жидкая пища не дает упражнения зубам. Каждый наш орган нуждается в упражнении для поддержания здоровья; иначе он вырождается и умирает.
4. Тщательно промывайте рот после еды, особенно после сладостей. Сладости, оставаясь на зубах, превращаются в кислоту, вызывающую разрушение зубов.

О пользе солнечных ванн

Солнце — единственный источник силы и энергии. Вы черпаете силу и энергию от солнца. Если солнце в течение одного-двух дней скрыто облаками, ваша жизненная энергия уменьшается и вы находитесь в плохом настроении. Цветы, растения, животные и люди радуются, как только солнце поднимается над горизонтом. Солнце снабжает энергией все растения и живые существа, и тем не менее его энергия неисчерпаема. Его энергия неисчерпаема, ибо оно берет свою энергию из неисчерпаемого источника — Атмана.

С солнечными лучами приходит к нам крепкое здоровье. *Веды* прославляют восходящее солнце. *Аюрведа* превозносит его могущество. Мудрецы всегда разными способами пели ему славу.

Стройте свой дом на западной стороне реки, озера или водоема. Тогда вы ежедневно будете наслаждаться отраженным светом, более полезным и могущественным, чем прямые лучи. Лучи восходящего солнца — это благословение Бога, они как поддерживают наше здоровье, так и излечивают от многих болезней. Солнечные лучи обладают антисептическим и противобактериальным действием. Выставляйте свои одеяла, простыни, подушки и матрацы на солнце два раза в месяц. В солнечных лучах вы найдете дешевый легко доступный тонизирующий, дезинфицирующий антисептик и мощное противобактериальное средство.

Солнце — это пища: вы можете получать витамин D, подставляя свое нагое тело лучам солнца. Кожа и нервы будут впитывать солнечную энергию. Солнечный свет дает тепло, необходимое для поддержания жизни.

Еще древние знали, что солнце лечит проказу и различные другие кожные болезни. Они воздвигали храмы, посвященные солнцу. Храм в Конараке был построен на основе легенды, по которой Самба, сын Кришны, заболел проказой, поскольку он увидел, как его отец занимается супружеской любовью. Когда он молил о прощении, Кришна велел Самбе поклоняться Солнцу для излечения от тяжелой болезни. Он повиновался и был исцелен.

Индуисты смотрят на Солнце и поклоняются ему, совершая утреннее омовение.

Надевайте легкую одежду и идите на западный берег реки, моря, озера или другого водоема каждое утро на рассвете. Побегайте там. Вы, несомненно, испытаете наслаждение от солнечной ванны. Позанимайтесь *асанами* и физическими упражнениями на солнце. Подставьте свой рот лучам восходящего солнца. Широко откройте его. Пусть солнце проникнет также в ваши ноздри. Закройте глаза, когда вы подставляете солнцу свой рот. Попрактикуйте глубокое дыхание и *пранаяму* на солнце.

Различные части тела должны регулярно получать солнечные ванны. Часто изменяйте положение тела. Грейтесь на солнце. Подставляйте тело солнечным лучам на короткое время. Лягте на землю на подстилку или на матрац. (Если солнце очень жаркое, прикройте голову большим платановым листом.) Это полезно для лечения радикулита, ревматизма и кожных болезней.

Проведите солнечное лечение глаз. У вас будет острое зрение. Вам не понадобятся очки. Сначала посидите на солнце. Закройте глаза. Медленно поворачивайте голову в разные стороны. Пусть солнце светит в ваши закрытые глаза в течение десяти-тридцати минут. Вращайте зрачками по направлению движений головы, а не против него. Затем подставьте солнцу спину или уйдите в тень. Не открывайте глаз. Прикройте их ладонями и посидите так пять-десять минут. Лечитесь солнцем с семи часов утра и с пяти часов вечера. Постепенно увеличивайте время, на которое вы подставляете глаза солнцу. Когда ваши глаза привыкнут к яркому свету, вы постепенно можете увеличивать его яркость.

Мудрецы древности, которым была известна целебная сила солнечных лучей, открывали чудеса солнца и его благодатных лучей и способы использования лучевой энергии.

Даже на Западе врачи используют солнечные лучи как мощное терапевтическое средство лечения. Они называют это гелиотерапией. В санаториях в Альпах туберкулезные больные лечатся мягкими солнечными лучами. В прошлом в Индии детей клали в колыбель и выставляли их голышом на солнце. Сейчас уже и западные люди загорают на солнце везде, где есть возможность.

Откуда же берется таинственная сила солнца, заставляющая зреть зерна и превращающая цветы в плоды? Откуда берется эта энергия солнечных лучей, которая обеспечивает крепкое здоровье, силу и мощь живым организмам? Откуда берется целебная сила? Откуда берется витальная энергия солнца, укрепляющая и тонизирующая молодых и молодящая и ободряющая стариков? Откуда берется эта вегетативная энергия, которая дает возможность растениям синтезировать витамины? Солнце черпает свою силу и энергию из Атмана, Вечного, Абсолютного, Солнца солнц, Света светов, источника всего сущего, первопричины всего, кладезя всех энергий. Брахман повелел — и солнце явилось для сохранения здоровья и счастья всех живых существ.

Повторяйте двенадцать имен восходящего солнца :

Митрайя намах, равайе намах, сурьяйя намах, бханаве намах, кхагайя намах, пушне намах, хираньягарбхайя намах, маричайе намах, адитьяйя намах, савитре намах, аркайя намах, бхаскарайя намах.

Тот, кто повторяет это в час восхода, обретет замечательное здоровье, бодрость и жизненную силу. У него не будет никаких болезней глаз. У него будет острое зрение. Молитесь солнечным лучам в час, предшествующий закату:

О, Владыка Сурьянараяна, Глаз мира, Глаз Бога, дай мне здоровье и силу, бодрость и энергию жизни.

Повторяйте молитву из *«Ишавасья-упанишады»*, *шлоки* 15 и 16:

Лик истины покрыт золотым сосудом. Сними же маску, о Солнце, чтобы я, ищущий правду, обрел ее. О Пушан (питающий все живое), единственный, кто видит, управляющий всем, Сурья, сын Праджапати, рассыпь свои лучи и собери в пучок твой жаркий свет; я принимаю твою великую форму, я есмь Он, пуруша внутри Тебя.

Хороша и молитва из *«Яджур-веды»*:

О, Солнце солнц! Ты, воплощение энергии, поделись ею со мной, ты, воплощение силы, дай мне силу, ты, воплощение власти, дай мне власть.

ПСИХОТЕРАПИЯ

В наш век технического прогресса мы уже привыкли к чудесам. Многие люди во всем мире считают, что достижения ядерной физики будут использованы для организации всевозможных удобств для простого человека, послужат ему самыми невообразимыми способами.

Ждут, что какой-нибудь передовой философ покажет миру, как всего лишь за счет психических процессов исцелять физические недуги. И если такое произойдет, то удивляться как раз не стоит, поскольку известно, что в далеком прошлом у нас в стране такая практика уже имела место.

Наши священные писания говорят нам, что весь мир является продуктом чистого мыслительного процесса, что он придуман Творцом. В них также говорится о том, что каждый в своей настоящей сущности идентичен Богу. Великая фраза из *«Упанишад»* гласит: *Ахам Брахмасми* — «Я есмь Брахман». Если все это так, если даже целая Вселенная является лишь внешним проявлением мощи одной-единственной мысли, тогда человеку ничего не стоит спроецировать мысль, обладающую мощным потенциалом, на болезнь, уничтожив ее действие, и создать процесс, который приведет к полному исцелению.

Но кто же знает, как делать это? Священные книги говорят, что йоги знают этот секрет, что йоги могут исцелять сами себя от всех болезней, а равно излечивать от них и других людей. Возможно ли в наше время обучиться этому? По всей видимости, можно. По крайней мере, убедитесь сами, что такие методы лечения вполне разумно, рационально обоснованы.

Для начала хочу внести ясность и сказать, что такое лечение не имеет ничего общего с широко рекламируемыми сеансами лечения под гипнозом. Духовные методы лечения заключается в проецировании вибрирующих сильных ярких и гармоничных мыслительных волн, которые обретают контроль над сознанием пациента не для того, чтобы подчинить его, но затем, чтобы зарядить его теми формами энергии, которые сами по себе заставят сознание функционировать эффективно, чтобы устранить дисгармоничные тенденции и импульсы, которые являются первопричиной болезни пациента.

Болезнь — это лишь последствие отсутствия мира, гармонии. Если в сознание пациента искусственно поместить ощущения мира и гармонии, они тут же проникнут в подсознание, которое сделает необходимые изменения в его сознательных установках, так что агрессия и тревога будут уравновешены дополнительным зарядом чистоты и мира. Результатом станет то, что сознание начнет воспринимать эту перемену в форме исчезновения болезни.

Духовный лекарь лишь тогда может давать пациенту мирные, гармоничные вибрации, когда он имеет их сам. Другими словами, он должен иметь значительный запас мира и гармонии в самом себе. Это возможно лишь при условии, что он прошел через длительную практику раджа-йоги, которая является способом управления сознанием и внесения в него изменений.

Теперь вопрос: найдется ли в будущем достаточное количество раджа-йогов, которые смогут воздействовать непосредственно на причину болезни — отсутствие мира в сознании больного — и применять к ней эффективное духовное лечение в виде достаточной дозы мира и гармонии? Если такое произойдет, большинство врачей потеряют свою практику и смогут обратить свои усилия на какие-нибудь другие достойные сферы деятельности. Если наука может творить чудеса, что мы и наблюдаем сегодня, то в духовной сфере они тем более возможны.

Наше тело есть передвижной храм Господа, священный алтарь Высшей Души. Оно всегда должно быть чистым, здоровым и сильным. Душа человека — это отражение Высшей Души в его сознании. Сознание подобно зеркалу. Эгоизм, похоть, ненависть, гнев и себялюбие — это та грязь, которая засоряет сознание, делает его менее чистым и прозрачным.

Высшая Душа — это источник всей жизни и разума, оживляющего вселенную. Это воплощение чистого сознания и блаженства. Это дух. Физическим телом руководит сознание, которое имеет большую силу, чем тело. Сознание берет свою силу и свет из Высшей Души.

Для многих тело есть вещь в себе, тело для них — все. Они обожествляют тело, они становятся покорными рабами тела — массы плоти и костей, сочетания пяти элементов. Они понятия не имеют о душе, тело стало их Богом. Они не могут даже управлять собой. Они не делают ни *асан*, ни обычных физических упражнений, их образ жизни беспорядочен и неуравновешен. Они набивают животы сладостями, печеньем и т. д., не давая передохнуть своим пищеварительным органам и кишечнику. Им постоянно плохо, они часто болеют. Атомы, молекулы и клетки их тела производят дисгармоничные, диссонансные вибрации. У них нет ни надежды, ни веры, ни радости, ни уверенности, ни ясности. Они несчастны. Жизненная сила не циркулирует в них так, как следует, их энергия находится на низком уровне. Их сознание переполнено страхом, отчаянием, беспокойством и тревогой.

Нужно полностью контролировать свое физическое тело. Ваше тело — всего лишь инструмент. Оно должно быть покорным слугой, всегда готовым исполнять ваши повеления. Вы всегда являетесь хозяином и владельцем вашего тела. Ведь по сути своей вы дух.

Влияние сознания на тело не до конца понимают большинство даже высокообразованных людей. Каждая мысль и каждая эмоция оказывает определенное, прямое действие на тело. Радость, ясность, вера, радость, счастье и любовь производят в физическом теле хорошие, гармоничные вибрации. Ненависть, сомнение и депрессия генерируют дисгармоничные и диссонансные вибрации в теле человека. Влияние сознания на тело превосходит все прочие методы воздействия. Психотерапия — то есть лечение при помощи сознания — более чем успешно может быть использована при лечении болезней. А при лечении нервных болезней она намного эффективнее всех прочих методов.

Здоровье и психология

Для того чтобы быть здоровыми и счастливыми, чтобы преуспеть в духовных исканиях, вам нужно иметь здоровое сознание. Большинство заболеваний тела происходит от болезненного состояния сознания. Пожалуйста, всегда помните об этом. Эмоциональный дисбаланс ведет к разного рода нервным расстройствам и физическим болезням. Вот почему настоящий санньясин, даже будучи голодным, бездомным и не имея друзей, счастлив и полон жизненной энергии. Он имеет внутреннюю силу.

Вы должны вести сбалансированную жизнь. Необходимо правильно распределять время для работы и отдыха. Только тогда вы можете иметь крепкое здоровье и мир и проводить достаточно времени в занятиях *садханой* (духовными практиками). Только тогда вы сможете добиться успеха в своих начинаниях. Ложитесь спать в 10 часов вечера и вставайте в 4 утра. У вас будут крепкие нервы.

Одной из причин нервных расстройств и депрессий является тот факт, что люди не умеют отдыхать даже по выходным и праздникам. В праздники они находят себе еще больше дел, чем в рабочие дни! Они тратят большое количество энергии в праздники, якобы затем, чтобы отдохнуть. И получается на самом деле не отдых и восстановление, а удвоенное напряжение и разрушение. По праздникам храните обет молчания. Посвятите все свое время духовной практике. Начните это делать сейчас и уже через полгода убедитесь, что я был прав.

Радость, гармония, ясность, вера, любовь и сострадание взаимодействуют с созидательными законами природы. Они приводят в состояние гармонии физические вибрации, расслабляют ткани и мышцы и открывают их потоку жизненной силы и чистоты.

Развивайте силу воли путем устранения желаний, страстей и мыслей и эмоций низкого порядка. Вы можете управлять своей жизнедеятельностью и контролировать жизненные токи в своем теле посредством сильной, чистой и непоколебимой воли. Органы и нервная система будут работать умно, гармонично и четко даже под давлением болезни и других неблагоприятных условий.

Усилием воли вы сможете обеспечить гармоничное кровообращение, сможете направлять потоки *праны* в те отделы и органы, где она нужнее всего, вы сможете удалять закупорки из определенных сосудов и органов, сможете заряжать дающей жизнь *праной* и нервной энергией больные органы, сможете подзаряжаться новой энергией и бодростью и наполнять живую оболочку энергией.

Чем больше в вас веры, ясности, любви, отваги, терпения, любви и симпатии, тем больше вы открыты потоку божественной энергии, которую несут силы, управляющие всем живым.

Постоянные мысли о болезни ведут к ее обострению. Переключитесь. Ваше сознание всегда должно быть занято той или иной интересной работой. Вы можете уменьшить силу болезни. Если сознание постоянно сосредоточено на больном сердце, например, образы болезни, слабости и вибрации страха передаются клеткам сердца по двигательным нервам. Клетки сердца ослабляются и еще больше заболевают из-за диссонансных вибраций, которые посылает им сознание. Наоборот, уверенность в собственном здоровье вытесняет болезнь. Самовнушение — это еще одна форма психотерапии. Она эффективна при лечении болезней. Путем самовнушения человек может увести мысли прочь от образа болезни. Он может порвать с привычкой думать о том, что он болен, и создать привычку думать, что он здоров. Подсознание реагирует на постоянные повторения фраз вроде: «Милостью Божьей с каждым днем мне становится все лучше и лучше».

Вы можете исцелять и болезни других людей, давая им установки на здоровье. Высший разум может влиять на низший разум. Болезни являются продуктом нездорового воображения. Болезни зарождаются в мозгу. На функции тела влияют идеи и воображение. С больным воображением нужно бороться, питая его здоровыми, гармоничными, мощными мыслями и хорошими установками. Такие установки имеют огромную силу. Введите в сознание больного установку: «ты скоро поправишься». И скоро ему станет лучше.

Тот, кто обладает большой магнитной силой или животным магнетизмом, может помогать другим людям исцелиться. Он может давать свой магнетизм слабым и больным. Лечебный эффект можно усилить, культивируя правильные мысли, занимаясь концентрацией и медитацией. Магнетизм — это нервная энергия. Она излучается или истекает от лекаря к больному, когда между сознанием того и другого устанавливается связь. Тот, чье сознание чисто, кто имеет сострадание, добрую волю, ощущение братства людей, милосердие и страх Господа, вполне может делиться своим магнетизмом с другими.

Самовлюбленность, эгоизм, страх и беспокойство сужают кровеносные сосуды, сокращают нервные волокна и преграждают путь потоку жизненной энергии или жизненным токам, понижают жизнеспособность и способность сопротивляться внешним аморальным влияниям и силам.

Психическое здоровье

Психическое здоровье гораздо важнее физического. Если сознание здорово, тело тоже обязательно будет здорово.

Психическая гигиена определяет правила и условия, необходимые для психического здоровья. Она нацелена на сохранение и улучшение психического здоровья каждого индивида и общества в целом. Она касается многих сторон жизни человека. Она представляет собой систематизированную массу знаний, которые получены в результате исследований в области психологии, психиатрии, медицины, социологии, биологии, детской психологии и теории образования.

Очень желательно понимать принципы психической гигиены. Внимательное следование этим принципам приведет к счастью, силе и радости. Каждый должен ознакомиться с основными понятиями психологии, психологической медицины или психиатрии и получить какое-то представление о принципах образования.

Человек — это сочетание трех частей. Он имеет тело, сознание и душу. Занимаясь здоровьем каждого конкретного человека, вы должны помнить: 1) о теле, которое видимо и ощутимо и которое является средством выражения того, что невидимо и неощутимо; 2) о сознании; 3) о душе.

Тело является конструкцией, созданной сознанием для собственного удовольствия. Это лишь форма тонкого, невидимого сознания. Невидимое сознание стало видимым телом.

Тело связано с сознанием. Если появляется боль в зубе, в желудке или в ухе, сознание сразу это ощущает. В нем не могут нормально протекать мыслительные процессы. Оно приходит в состояние возбуждения и беспокойства. Если сознание подвержено депрессии, то и тело не может функционировать нормально. Например, если человек получает телеграмму о том, что его единственный сын умер от воспаления легких, его лицо бледнеет, его сознание приходит в состояние возбуждения и его красные кровяные тельца разрушаются. Сначала страдает сознание.

Человек в шоке. Затем начинает реагировать тело. Заметьте, каково здесь влияние сознания на тело!

Так как физическое здоровье является важным условием психического здоровья, следует избегать перенапряжения и умственного утомления. Ваша жизнь должна быть сбалансированной и дисциплинированной, следует избегать всяческих излишеств и крайностей. Держитесь счастливой золотой середины. Отдых совершенно необходим.

Табак, алкоголь и наркотики влияют на мозг, нервы и на сознание. Тот, кто зависит от этих наркотиков, не может вкусить хорошего психического и физического здоровья. Оставьте эти наркотики раз и навсегда.

Сознание — это загадочная сила тонкого порядка. Это сила Атмана. Это продукт природы. Это несуществующее, которое проявляется как сущее. Это клубок желаний, мыслей и форм воображения. Оно созидает и разрушает наш мир. Это проявление *парашакти* (высшей энергии). Это потомок иллюзии и незнания. Оно состоит из трех компонентов: *саттвы* (чистоты, гармонии, света, добра), *раджаса* (страсти, движения) и *тамаса* (инерции, тьмы, незнания). Если в вас превалирует *саттва,* вы будете наслаждаться миром и прекрасным здоровьем. Если доминирует *раджас,* сознание будет беспокойно, озабочено, возбуждено, смущено и занято не тем, чем надо. Если доминирует инерция *тамаса,* сознание будет темным, праздным и ленивым.

Наполните сознание *саттвой.* Установите *сатсанг,* или контакт с носителями мудрости. Культивируйте в себе веру, ясность, правдивость, отвагу, милосердие, любовь, верность, радость, доверие, божественные мысли и божественные добродетели. Измените формулировки своих мыслей. Позвольте сознанию двигаться в направлении духовности, в направлении божественности. Ваше сознание обретет мир и гармонию. Вы будете иметь замечательное психическое здоровье. У вас не будет и болезней тела.

Для хорошего психического здоровья необходимо практиковать *ахимсу* (ненасилие), *сатьям* (правдивость) и *брахмачарью* (воздержание). Правдивость — это честная попытка донести до окружающих реальную картину того, что произошло или должно случиться. Бога и ваше собственное сердце способна удовлетворить правда, одна только правда и ничего, кроме правды. Правду нельзя измерить единицами веса или длины, объема или времени. Мысли должны быть в полном согласии со словами, а слова с делом. Это — мерило правдивости.

Химса (насилие), фальшь и нечистые помыслы наполняют сознание беспокойством, заботами и тревогой. Ваше сознание не может тогда обрести покой и мир даже на минуту. Как же можно иметь крепкое психическое здоровье, когда в сознании отсутствует мир?

Если вы хотите прожить успешную и полезную жизнь и иметь хорошее психическое здоровье, вам абсолютно необходимо научиться контролировать себя. Жизнь будет лишь длинным рядом тщетных усилий, неудач, нанизываемых одна на другую, если вы не можете осуществлять самоконтроль.

Психологи склоняются к мнению, что болезнь изначально зарождается не в теле, а в сознании. Они говорят, что болезнь вызывается ядами, накопляющимися в крови в результате эмоций злости, мести, ненависти, похоти и т. д.

Первопричина всех болезней — это незнание, невежество. Оно ведет к желаниям, жадности и злости. Эти чувства терзают сердце. Из них происходят чувства собственничества, ревности, зависти, злонамеренности, эгоизма, гордыни, лицемерия и ненависти.

Боли, которые ощущает тело, называются вторичными болезнями, а желания, которые воздействуют на сознание, называются первичными или психическими заболеваниями.

В книге *«Йога Васиштха»* Шри Васиштха говорит:

> Послушай теперь, о Рама, о том, как избавиться от обеих форм болезни, первичной и вторичной, за два дня. Мудрые говорят, что первичные болезни подразделяются на две части: обычную и главную. Первая из них включает те болезни, которые проявляются в теле, последняя ведет к последующим реинкарнациям человека. Если болезни, терзающие тело, вернуть к источнику их возникновения, они будут уничтожены. Поскольку их первопричиной являются (дурные) мысли, то после уничтожения таких мыслей исчезнут и болезни. Но болезнь перерождения, реинкарнации, может исчезнуть только благодаря *атмаджняне* (прямому познанию своего «Я»). Можно ли предположить, что, приняв веревку за змею, можно избавиться от этой иллюзии, кроме как обнаружив, что то, что вы видите, есть веревка? Но те болезни тела, которые не являются следствием главной причины, можно исцелить *мантрами*, лекарствами и многими другими средствами, которыми пользуются хорошо образованные в области медицины люди. Мне нет более необходимости говорить об этом предмете.

Затем Рама спросил Васиштху о том, как возникают психические заболевания и как их можно уничтожить. Васиштха на это ответил так:

> Когда сознание возбуждено, за ним следует и беспокойство в теле. А когда в теле возбуждение и беспокойство, тогда нет правильного восприятия вещей, с которыми приходится сталкиваться человеку и *прана* сбивается с дороги, как животное, пораженное стрелой и зашатавшееся от ее попадания. Из-за этого возбуждения *прана*, вместо того чтобы наполнять все тело ровно и планомерно, начнет вибрировать повсюду с неравномерной частотой. А значит, *нади* не будут сохранять устойчивость (как электрические провода), а станут дрожать и колебаться. Пища, которая усваивается телом, при таких вибрациях превращается в неизлечимые болезни. Поэтому из-за первопричины (сознания) возникают болезни тела. Если эту первопричину разрушить до основания, тогда будут уничтожены и все болезни.
>
> Теперь услышь о том, как можно уничтожить болезнь путем чтения *мантр*. Как золотая руда, помещенная в тигель, в результате алхимического процесса превращается в чистое золото, так и сознание беспрестанно очищается в результате честных, добродетельных и светлых деяний и путем приобщения к мудрости. Если таким образом сознание очистится, то придет незамутненное ничем блаженство. Весь мир переполняется радостью, когда луна начинает ронять на него свой мягкий серебристый свет, разве не так?
>
> Если сознание очищается истинной *саттва-гуной*, *прана* циркулирует свободно по всему телу, съеденная пища должным образом переваривается и не

возникают никакие болезни. Только что я описал тебе путь, идя которым можно разрушить оба вида болезней.

Если ваше сознание чисто, если ваши помыслы чисты, вы будете свободны от всех болезней, первичных и вторичных.

Если хотите иметь хорошее психическое здоровье, вы должны всегда быть веселы и радостны. Вы должны все время улучшать в себе эту способность. Проявления радости лучше всего тонизируют психику. Депрессия, мрак и безрадостность разъедают сознание. Если вы в депрессии, вы чувствуете слабость, у вас портится аппетит, вы не можете ясно и энергично говорить, вы не можете внимательно и аккуратно выполнять какую-либо работу. Если вас мучает физическая боль, вы не можете нормально думать, не можете медитировать. Это состояние известно практически всем.

Разрушение ненависти через космическую любовь, служение людям, дружбу, милосердие, симпатию и сострадание, устранение жадности путем бескорыстного служения, щедрых деяний и благотворительности, а также устранение гордыни через смирение поможет вам обрести хорошее здоровье.

Крепость, настойчивость, терпение, выносливость и уравновешенность поддерживают сознание в состоянии хорошего здоровья. Поэтому стремитесь к обретению этих божественных добродетелей.

Если вы угрюмы, раздражительны, жадны и эгоистичны, то ваши дурные качества произведут опустошительные разрушения в вашем собственном психическом и физическом здоровье и определенно повлияют на окружающих. Эти качества положительно вредны для окружающих. Во многих случаях нарушения психического и физического здоровья вызваны не злой судьбой или фатальным невезением, а жаждой знания и возникает как следствие слабых и неправильных суждений в определенных жизненных ситуациях.

Уничтожьте страх, заботы, беспокойство и тревогу, положившись на Господа. Бог — это источник энергии, мудрости и блаженства. Страх, беспокойство и тревога разъедают сознание. Они парализуют разум и наполняют его отчаянием, депрессией и унынием.

Избегайте любых психических конфликтов. Не вмешивайтесь в дела других. Выработайте у себя бесконечное терпение и способность к адаптации. Позвольте каждому человеку идти своим путем. У каждого человека свой путь, свое видение, свои суждения, свои природные возможности, темперамент и взгляды. Нет двух одинаковых людей. Постарайтесь искоренить в себе все нежелательные и антиобщественные тенденции.

Главный верховный врачеватель — это Бог. Его милость сама по себе может сделать вас крепкими, бодрыми, веселыми, радостными, поможет испытывать блаженство и наслаждаться крепким здоровьем. Ищите прибежища в Нем, ищите всем своим существом. Будьте добродетельны. Ведите сбалансированную, размеренную жизнь. Соблюдайте правила здоровья и гигиены и будьте всегда счастливы.

Джапа, распевание *мантр*, изучение священных писаний, медитация, размышления и *пранаяма* — все это суть средства достижения психического здоровья. Итак, занимайтесь *джапой* и медитируйте. Поток Господней милости, поток божественной чистоты к прилежному ученику йоги исцеляет сознание. Когда сознание здорово, тело тоже здорово. Чистота и божественная милость — это мощные духовные силы.

Не становитесь рабом какого-то заблуждения, причуды или мимолетного увлечения. Такой человек безнадежно и невероятно сильно привязан к выпестованным им самим слабым теориям и заблуждениям. Человек, изучающий йогу, аллопат, натуропат, последователь *аюрведы*, ученый и философ — каждый из них может стать рабом своей теории. И тогда они уже никогда не слушают доводов других людей, вне зависимости от того, насколько они разумны, убедительны и сильны. Такие догматики страдают фанатизмом и нетерпимостью, что делает их сознание огрубевшим и не позволяет их разуму гармонично вибрировать в резонансе с разумом других людей, не дает им познавать точку зрения окружающих.

Вечный Брахман бесконечен. Бесконечны и его проявления, воплощения. Аллопатия, гомеопатия, водолечение, хромопатия, электропатия, натуропатия, аюрведа и т. д. — все это Его проявления. Все эти системы очень важны. Темперамент у всех разный, поэтому необходимо иметь различные системы лечения, подходящие к различным типам темперамента.

Самовнушение

Каждый из вас должен заниматься самовнушением, поскольку оно приносит великолепные плоды. Все то, что не могут сделать лекарства, можно совершить с помощью самовнушения. Этот метод позволяет эффективно избавляться от болезней и добиваться отличного здоровья, силы, энергии и бодрости. Этот метод заключается в том, что человек дает себе мощные установки — такие, как: «Мне становится все лучше и лучше во всех отношениях». Все время повторяйте это про себя. Постоянно живите в этих мыслях. Что вы думаете, тем и становитесь. Если вы думаете, что слабы, вы ослабеваете. Если вы думаете, что грешите, то становитесь грешными. Если вы думаете, что вы Брахман, то становитесь Брахманом.

Сознание может превратить рай в ад и ад в рай. Сознание помогает вам заковать самого себя в цепи, и оно же помогает вам освободиться. Никогда не уступайте темным, мрачным мыслям. Гоните их прочь. Убивайте их на корню.

Даже если вы беднейший из бедных, скучнейший из скучных, никогда не отходите ни на шаг от вашего истинного положения. *Тат твам аси* — «Ты есть То» — Ты есть Брахман. Ты есть солнце. Весь мир вращается вокруг тебя. Во всем мире нет никого выше тебя. Стойте на своем. Утверждайтесь. У вас будет огромная власть и сила.

Если вы хотите избавиться от запоров (или любой другой болезни), то можете попробовать один из следующих способов:

1. Персонифицируйте болезнь. Будьте тверды с ней. Дайте ей команду: «Болезнь такая-то, убирайся вон!» Тогда болезнь умрет. Жизненная сила внутри вас восстановит организм и энергию. Для этого метода нужна большая сила воли.
2. Игнорируйте болезнь, не думайте о ней. Переключайтесь на другие мысли, если заметили, что начинаете думать о теле. Повторите так несколько раз. Болезнь исчезнет. Играя, дети не чувствуют холода. Сон улетучивается, если вы смотрите интересный фильм. Голод проходит, если вы увлечены краси-

вой музыкой. Почему? Потому что сознание переключилось и занято чем-то другим. Это легкий метод.

3. Отрицайте само наличие болезни.
4. «Метод перемирия». Заключите союз и подружитесь со своей болезнью, например с запором. Хвалите болезнь: «О запор, ты великая сила Брахмана. Ты меня уже достаточно помучил. Я знаю твою мощь. Пожалуйста, теперь оставь меня в покое». Болезнь сойдет на нет. А изношенные ткани будут восстановлены жизненной силой, циркулирующей в нас. Это тоже легкий метод. При лечении отравления от укусов кобры часто возносят хвалу Гаруде, божественному орлу, носящему на себе бога Вишну (читают так называемую *Гаруда-мантру*). Это как раз соответствует вышеописанному методу.

Вы можете добиться желаемого результата за пару дней. Вы должны какое-то время спокойно ждать. Постоянно практикуйтесь, пока у вас не образуется сознательная привычка. Тогда подсознание сделает за вас всю работу.

Самовнушение — это мощное и дешевое средство укрепления силы воли. Вы можете преодолеть любые трудности. Вы можете оставаться на коне даже в отчаянных ситуациях. Пусть три слова: ЭНЕРГИЯ — СИЛА — БОДРОСТЬ всегда горят перед вашим мысленным взором.

Двадцать четыре правила

1. Йога несет надежду отчаявшимся, радость впавшим в уныние, силу ослабевшим и знание невежественным.
2. Страх — это самая смертельная болезнь. Это причина беспокойства и тревоги. Устраняйте его, культивируя отвагу и медитируя на образе бесстрашного Атмана, или своего Бессмертного Высшего «Я».
3. Умеренность, упражнения, чистый воздух, здоровая пища, отдых, освежающий сон и повторение имени Бога — вот лучшие из всех врачей.
4. Только здоровое питание, упражнения и свежий воздух не могут надолго обеспечить вам хорошее здоровье и счастливую жизнь. Лишь духовная жизнь может дать вам настоящее здоровье и счастье.
5. Страсть и инерция, пристрастия и предубеждения, похоть, жадность, страх и ревность заставляют сознание и пять *чакр* вибрировать в диссонансе и негармонично. Как вы можете ожидать, что будете счастливы, если в организме такой разлад?
6. Психическое здоровье важнее физического. Болезни зарождаются в сознании и лишь затем проявляются в физическом теле.
7. Не думайте о болезни слишком много. Если вы слишком часто о ней думаете, ее сила возрастает. Забудьте о теле и о болезни. Пусть ваш разум займется чем-то полезным.
8. Забудьте придуманные вами страхи, ненужные тревоги, заботы и беспокойство. Просто верьте в Бога всей душой и поступайте добродетельно.
9. Когда вы были детьми, вы страдали от болей в животике и от разлития желчи. В юности вы страдаете от лихорадки эгоизма, горячки похоти, приступов злости и припадков ревности. В старости вас мучают головные боли. Очис-

тите себя от инерции, эгоизма, пристрастий и предубеждений. Познайте свое Высшее «Я» и обретите вечное здоровье и счастье.

10. Занятия *пранаямой* оказывают замечательное влияние на тело, сознание, разум и чувства.
11. *Пранаяма* регулирует дыхание, а также сознание и приносит гармоничные вибрации. Вы будете здоровы и счастливы. Так что ежедневно занимайтесь *пранаямой*.
12. Занятия *асанами* развивают тело, делают вас проворными и ловкими. Занимающиеся *асанами* имеют очень гибкий позвоночник.
13. Соблюдайте целибат *(брахмачарью)*. Культивируйте чистые, божественные мысли. Изучайте священные книги. Ищите *сатсанг*. Цените общество святых людей.
14. Кто хвастает: «Я никогда в жизни ничем не болел», тот не получил самого главного урока, потому что самая лучшая классная комната на свете, — больничная палата.
15. Болезнь — это действительно благо. Она открывает ваши глаза на жизненные реалии. Она выкристаллизовывает милосердие и сострадание в вашем сердце и обращает ваши мысли к Богу.
16. Если человек страдает от острой, невыносимой боли, его мысли покидают земную тщету и обращаются к Богу. Он становится смиренным и раскаявшимся.
17. Если вы пришли навестить больного, не говорите с ним о его болезни, скажите ему слова ободрения. Расскажите ему о святых людях, о великих *Махатмах* и их подвижничестве. Посмешите его поучительными и смешными притчами. Спойте вместе с ним *мантры*. Это мощное и безотказное укрепляющее средство.
18. Развивайте в себе божественные добродетели, такие, как чистота, великодушие, покорность, космическая любовь, умеренность, ведите размеренный образ жизни, больше бывайте на свежем воздухе, занимайтесь физическими упражнениями, дыхательными упражнениями *пранаямы*, принимайте солнечные ванны и ешьте здоровую пищу.
19. Вопрошайте: «Кто я таков?» В вездесущей, чистой, бессмертной душе не может быть места болезням. Болезнь — это принадлежность смертного физического тела, но не вечной блаженной души или духа.
20. Составляющие здоровья и долголетия — это: молитва, *джапа*, пение псалмов, медитация, ясность ума, космическая любовь, свежий воздух, регулярность физических упражнений и *пранаямы*, солнечные ванны и здоровая пища.
21. Отдайтесь Богу полностью, без остатка и каких-либо условий или ограничений. Он позаботится о вас. Расслабьтесь. Забудьте о страхах и беспокойстве. Вы будете здоровы и счастливы.
22. Старайтесь видеть Бога всюду. Узнавайте Его в каждом лице, в каждом живом существе, в каждом предмете. Увидьте его во всем.

23. Молитва, песнопения, джапа и медитация наполняют сознание чистотой. Божественная энергия течет от Господа к верующему.
24. Постоянно медитируйте в вечном блаженном Атмане. Пойте *ОМ*. Повторяйте *ОМ*. Делайте *джапу* слога *ОМ*. И вам будет даровано здоровье и счастье.

ЧАСТЬ 2

ХАТХА-ЙОГА

ХАТХА-ЙОГА

Достижение совершенства, физического и психического, благодаря практике йоги

Каждый человек имеет свои возможности и способности, о которых он может даже не подозревать. Он является вместилищем знания и силы. По мере течения жизни человек раскрывает новые возможности, новые способности, новые качества. Он может влиять на свое окружение. Он может подчинять сознание других людей. Он может исцелять людей. Он может добиться материального благополучия. Он может покорять природу, как внешнюю, так и внутреннюю. Он должен разбудить эти дремлющие в нем силы и способности путем занятий йогой. Он должен очиститься, развить силу воли, научиться управлять чувствами и сознанием и регулярно заниматься концентрацией. Тогда он станет сверхчеловеком, богочеловеком.

Йога — это чрезвычайно практичная система самосовершенствования. Занимаясь йогой, вы гармонично разовьете свое тело, сознание, интеллект и душу. Йога — это точная наука. Это система упражнений индийских *риши*, построенная на строгих принципах. Упражнения йоги подходят для мужчин и женщин, жителей Востока и Запада. Они дают каждому, кто ими занимается, определенные практические знания о средствах достижения крепкого здоровья, долголетия, силы, бодрости и жизненной энергии. Занимаясь йогой, вы можете добиться абсолютного контроля над всей природой. Йога поможет вам достичь этического совершенства и великолепной концентрации сознания, а также раскрыть в себе различные психические способности. Йога несет надежду отчаявшимся, радость впавшим в уныние, силу ослабевшим и знание невежественным. Йога — это потайной ключ, отпирающий райские врата блаженства и бесконечного покоя.

Йог всегда сохраняет спокойствие и душевное равновесие во всех жизненных ситуациях. Зрение, видение йога проникает в самые глубины, потому что он собрал воедино все рассеянные лучи сознания благодаря самодисциплине и терпеливому выполнению *садханы*. Он может все узнать о любом объекте, удаленном или находящемся рядом с ним за считанные мгновения. Его сознание подобно мощному прожектору. Так же как ловец жемчуга, опускаясь в морские глубины, выныривает с жемчужиной в руке, сознание йога глубоко проникает в объект и выныривает с жемчужиной правды, сути этого объекта. Если магнит силен, он будет притягивать даже удаленные от него железные частицы, точно так же и йог, будучи развитой личностью, оказывает влияние на всех, кто с ним сталкивается. Он может влиять даже на людей, которые живут вдали от него.

Йог умеет смеяться весело, от всего сердца, он излучает радость, силу и энергию. Он всегда выполняет задуманное, добивается успеха во всех своих начинаниях. Он выглядит очень молодо даже в возрасте шестидесяти лет. Его лицу и глазам свойственно особое сияние, его улыбке присуще особое, непохожее ни на что обаяние.

Теперь, когда вы все это поняли, вы можете, начав заниматься йогой, добиться физического и психического совершенства, разрушить слабость тела регулярной практикой йоги. Добейтесь гармонии тела, сознания, разума и души, занимаясь йогой. По праву рождения вам дается здоровье, а не болезнь, вы наследуете силу, а не слабость, работоспособность, а не ее отсутствие, смелость, а не страх, блаженство, а не печаль, мир, а не беспокойство, знание, а не невежество, бессмертие, а не смертность.

Получите то, что вам положено по праву рождения, получите ваше божественное наследство и сияйте, светитесь совершенством йога, излучайте радость, мир, блаженство и знание повсюду, где вы окажетесь.

Хатха-йога

Хатха-йога — это *пранаяма, асаны, бандхи* и *мудры*.

Ха-тха означает союз солнца и луны, единство *праны* и *апаны*. *Хатха* — это упорная практика до победного конца, до того момента, когда вы достигаете поставленной перед собой цели. *Хатха-йога* неотделима от *раджа-йоги*. Они взаимосвязаны, без одной не может быть другой. Никто не может стать настоящим йогом, не овладев обоими видами йоги. Хатха-йога готовит человека к занятиям раджа-йогой.

Занимающийся хатха-йогой — хатха-йог — начинает свои *садханы* (духовные практики) с тела и с *праны*, раджа-йог начинает *садханы* с сознания, *джняна-йог* начинает их с интеллекта и воли.

Хатха-йог обретает *сиддхи* (сверхъестественные психические способности), соединяя *прану* и *апану* и пропуская единую *прану-апану* через шесть *чакр* (центров духовной энергии) в *сахасрару, чакру* на макушке головы. Раджа-йог черпает *сиддхи* из *самьямы* — комбинации *дхараны* (концентрации), *дхьяны* (медитации) и *самадхи*. Джняна-йог проявляет *сиддхи* просто усилием чистой воли. Бхакти-йог получает *сиддхи*, отказавшись от собственной воли, предавшись Богу и ощутив снисхождение благодати.

Крийи, асаны, пранаяма, мудра, бандха, упражнения в концентрации и медитация — все эти вещи составляют хатха-йогу, которая ведет к пробуждению *кундалини-шакти* и к высшему единению с Богом в самадхи.

Крийи, или предварительные процессы очищения, — *нети, дхаути, наули, басти, тратак* и *капалабхати* — являются частью хатха-йоги. Не всем обязательно заниматься *крийями*. Однако те, у кого в теле слишком много флегмы, слизи, должны ими заниматься. Научитесь им под руководством опытного йога.

Асаны воздействуют на физическое тело и на нервные центры. Они придают телу силу и устраняют физические недостатки и инертность. *Пранаяма* нацелена на установление контроля над жизненно важной функцией дыхания. *Бандхи* относятся к *пране* (*бандха* — это то, что связывает *прану*). Они не дают *пране* подниматься вверх, а *апане* опускаться вниз. Они содержат в себе *прану* и объединяют ее с *апаной*, посылая объединенную *прану-апану* вдоль *сушумна-нади*. *Мудры* относятся к сознанию. Слово *мудра* означает «печать». Они ставят на сознании печать души Атмана. Они не дают сознанию бродить вне тела, уходить прочь, к другим объектам. Они направляют обращенное вовне сознание — вовнутрь, к Атману, в сердце, и удерживают его там. Комбинация всех перечисленных факторов чрезвычайно важна.

Хатха-йога не является целью сама по себе. Это лишь путь к цели. После того, как добьетесь хорошего здоровья, начните заниматься раджа-йогой.

Брат! Обрети хорошее здоровье. Как проживешь ты без него? Как сможешь зарабатывать на жизнь, не имея его? Без него как сможешь ты достичь успеха в йоге или любом другом начинании? Занимаясь йогой, обеспечь себе хорошее здоровье. Пей нектар *сахасрары* и вечно живи в жилище бессмертного Шивы.

О пользе *асан*

Наше тело — это передвижной храм Господа. Это лодка, в которой мы должны пересечь океан *сансары* (круговорота смертей и рождений) и достичь великого жилища бессмертия, вечного блаженства и бесконечной радости. Это лошадь, которая может принести вас на своей спине к цели вашего существования.

Поэтому тело должно быть здоровым и крепким. Необходимы соответствующие тренировки и разумный уход за телом.

Упражнения йоги, о которых пойдет речь, являются средствами профилактики и лечения. В этом их прелесть. При выполнении одних упражнений тело изгибается вперед и назад. Другие заставляют позвоночник выгибаться в стороны. Таким образом развивается и укрепляется все тело. Полный цикл упражнений можно выполнить за пятнадцать минут. За этот короткий промежуток времени вы сможете получить максимум пользы. Все органы тела зарядятся энергией и получат необходимую нагрузку. Эта система упражнений проста, точна, эффективна, не занимает много времени, ею можно заниматься самостоятельно.

Занимающийся хатха-йогой проворен и ловок. У него гибкое тело и прекрасный аппетит. При помощи *асан* он уничтожает в зародыше любые неполадки в организме.

Все мышцы, органы, нервы и скелет должны развиваться гармонично. Некоторые люди заботятся только о том, чтобы развить мышцы рук и груди, другие заботятся лишь о нижних конечностях и грудной клетке. Развивать одни части тела за счет других ненаучно и нерационально. Нужно заботиться о здоровье в целом. Все части тела должны быть симметрично развиты. Мышцы конечностей, груди, спины, шеи, брюшного пресса и т. д. должны быть одинаково развиты. Только тогда вы будете элегантны, грациозны и красивы. Еще важно заметить, что очень важно не перенапрягаться чрезмерно.

Вы должны иметь понятие об основных законах здоровья, гигиены и правилах питания, о причинах болезни, о том, как она возникает и как ее предупредить или победить. Элементарные знания в области физиологии (функций человеческого тела) и анатомии (строения тела) принесут вам неоценимую пользу.

Три самых важных органа — сердце, легкие и мозг, — а также спинномозговая система приводятся в отличное состояние благодаря практике *асан*. Мозг контролирует сердце и легкие. Работа сердца и легких стимулируется или тормозится при помощи импульсов, идущих по нервам из головного и спинного мозга. Упражнения сохраняют и увеличивают жизненные силы. *Асаны* поддерживают правильное кровообращение в артериях и венах. Кровь не застаивается ни в одной части тела. Спинной мозг тонизируется. Практикование *асан* предотвращает развитие атеросклероза, как бы «смазывая» все тело.

Эндокринные железы играют важную роль в жизнедеятельности. Практика *сарвангасаны* поддерживает нормальную функцию щитовидной железы. От здоровья щитовидной железы зависит нормальная работа всех органов тела. Надпочечные железы и гипофиз также стимулируются этими упражнениями и поддерживаются в хорошем состоянии.

Кровь в избытке приливает к голове, когда вы занимаетесь *ширшасаной* (делаете стойку на голове). Таким образом улучшаются умственные способности и память. К человеку возвращается память, которая могла быть потеряна из-за переутомления на работе. Эти упражнения превращают сексуальную энергию в духовную, в энергию *оджас-шакти*. Нервы заряжаются энергией и электризуются. Спинной мозг и окружающие его нервы получают кровь в избытке. *Ширшасана* улучшает зрение. Исчезают седые волосы. Многие неизлечимые заболевания излечиваются при помощи этой *асаны*. Прекращаются поллюции.

Диафрагма — мышечная перегородка между грудью и животом — также укрепляется определенными упражнениями, такими, как *дханурасана, маюрасана* и *пашчимоттанасана*. Движение диафрагмы массирует внутренние органы. Налаживается ежедневное опустошение кишечника по утрам. Запор, диспепсия и многие другие заболевания желудка и кишечника будут устранены.

Для тех, у кого слабо развита грудная клетка, дыхательные упражнения просто необходимы. Упражнения для пресса важны для тех, у кого имеются отложения излишнего жира в области живота. Незаменимы и те упражнения, которые рассчитаны на укрепление внутренних органов, обеспечение их нормальной работы и противостояние болезни. Тогда и только тогда здоровье, бодрость и жизненная энергия будут находиться на должном уровне.

Легкие можно развивать дыхательными упражнениями. Пранаяма снабдит верхушки легких необходимым количеством кислорода. Качество и количество крови также улучшится. Все ткани и клетки будут питаться достаточным количеством крови и лимфы. Процесс обмена веществ станет эффективным.

Если суставы двигаются свободно, связки и соединительные ткани будут здоровы. Свободное движение позвоночника предотвратит его затвердевание и сокращение. Будет остановлен процесс размягчения и дегенерации костей хребта. Утолщенные, неподвижные суставы доставляют массу неудобств и неприятностей. Занимаясь *асанами*, вы обеспечите свободное движение в локтевых суставах, в кисти, щиколотке, плечевых суставах и в области спинных позвонков. Мышцы шейного, спинного и поясничного отделов будут эластичны и расслаблены. Все тело будет в отличной физической форме.

Если мышцы не упражнять как следует, они уменьшаются. Циркуляция крови и нервной энергии будет все время ухудшаться. В результате возникнут функциональные нарушения работы органов и ухудшится тонус нервной системы. Мышцы атрофируются. Практика *асан* поддерживает мышцы, органы и нервы в очень хорошем состоянии. Нормальная работа органов зависит от здоровья нервов. По этой причине йога является самой совершенной формой физической культуры. Это царица всех упражнений. Занимайтесь йогой — и у вас будет здоровый организм. В теоретизировании нет смысла. Унция практики лучше целой тонны теории. Многие люди занимаются этими упражнениями нерегулярно, время от времени, и через несколько месяцев вообще их бросают. Поэтому они не могут извлечь максимальной пользы из этих упражнений. Очень необходима регулярность занятий.

Оборудование зала для занятий

Для того чтобы оборудовать зал для занятий йогой, вам не понадобятся ни штанга, ни гантели, ни эспандер, ни параллельные брусья. Максимум, что вам может понадобиться, — это мягкая подстилка, чтобы выполнять *асаны*.

Вы занимаетесь *асанами* и *пранаямой* не для того, чтобы нарастить большие мышцы. Наличие больших мускулов еще не означает хорошего здоровья. Здоровая и гармоничная работа эндокринных желез и внутренних органов и, что еще более важно, нервной системы и сознания — вот что вам нужно и что дадут вам регулярные занятия *асанами* и *пранаямой*.

Но для этих упражнений нужно иметь определенное внутреннее «оборудование»:

1. Всепоглощающую веру в Бога и любовь к Его имени, желание повторять его. Концентрация на образе Бога и внутреннее произнесение Его имени во время выполнения *асан* и особенно *пранаямы* намного увеличит ценность и эффективность этих упражнений.
2. Пунктуальность и регулярность. Непунктуальный и неорганизованный человек никогда ничего не добьется. То, что он приобретает, выполняя упражнения, он теряет, когда отлынивает от них, более того, он теряет саму охоту продолжать упражнения! Занимайтесь хоть пять минут в день, но каждый день. С течением времени вы станете замечать, что эти пять минут замечательно повлияют на ваше состояние в течение всего дня и вам самим захочется тогда продлить время ваших упражнений.
3. *Брахмачарья* (целибат). Холостой мужчина не должен даже в мыслях предаваться похоти, не должен даже думать о сексе. Женатый человек должен насколько возможно ограничивать себя в половых отношениях. Тогда вы извлечете максимальную пользу из *асан* и *пранаямы*. Кстати, сами занятия этими упражнениями помогут вам соблюдать *брахмачарью*.
4. Открытость, серьезный подход и горячее усердие — вот три качества, которые превратят вас в хорошего йога. Даже если вы начнете упражнения только ради здоровья и долгой жизни, вы скоро придете к Богу, если будете открыты, серьезны и усердны.

Идеально будет, если *садхак* (йог) найдет для занятий место, где его не будут слишком часто беспокоить люди, животные или насекомые и где природа благоприятствует занятиям. Там он должен построить свою хижину. Она не должна нести на себе отпечатка тревоги или беспокойства, поэтому ее следует построить там, где ее не могут разрушить оползни, пожары или наводнения. На болотистых, влажных землях будут плодиться комары и другие насекомые — переносчики болезней, так что хижину нужно строить в сухом месте. В идеальном варианте хижина должна быть построена в месте с умеренным, приятным климатом.

Хижина йога должна быть маленькой и элегантной. В ней должна быть хорошая вентиляция, но не слишком много окон. В ней не должно быть предметов или деталей интерьера, отвлекающих внимание, вообще должно быть мало вещей. В комнате должна быть идеальная чистота. Хижину можно окружить садом из красивых и приятно пахнущих цветов. Хорошим дополнением станет вырытый во дворе колодец.

Не все могут позволить себе соблюсти эти условия в выборе места для занятий йогой. Нужно лишь помнить об основных принципах. Атмосфера покоя, уединения, отсутствие отвлекающих моментов — если все это обеспечено, то ваша собственная комната может стать идеальным местом для занятий йогой.

УПРАЖНЕНИЯ НА ГИБКОСТЬ

Для того чтобы лучше делать *асаны*, начните ежедневно выполнять упражнения на гибкость, основанные главным образом на вращательных движениях в основных суставах тела. Начните со следующих упражнений:

1. Для шеи (выполняется сидя или стоя).

а. Расслабив мышцы шеи, откиньте голову как можно дальше назад. Задержите на несколько секунд, затем медленно поднимите голову. Позвольте ей опуститься на грудь, так что подбородок коснется выемки у основания горла. Задержите на несколько секунд.

б. Голову держите прямо, плечи расправлены. Медленно поверните голову налево, так чтобы заглянуть как можно дальше через левое плечо. Задержитесь в таком положении на несколько секунд, затем медленно переведите голову вправо, заглянув как можно дальше через правое плечо. Задержитесь на несколько секунд, затем поверните голову в исходное положение.

в. Голова смотрит прямо, шея расслаблена. Наклоните голову как можно ниже к левому плечу. Задержите на несколько секунд, затем медленно поднимите голову. Наклоните голову как можно ниже к правому плечу, затем, через несколько секунд, медленно поднимите ее.

г. Начните медленно вращать головой, мышцы шеи расслабьте. Делайте по три оборота подряд в каждом направлении.

2. Вращение плечами (выполняется сидя или стоя).

а. Выполните круговые движения, вращая только левое плечо в суставе, вперед, вниз, назад и вверх, сделайте три оборота. Повторите то же самое для правого плеча. Затем вращайте оба плеча вместе.

б. Повторите упражнение из предыдущего пункта, но измените направление вращения, назад, вниз, вперед, вверх.

в. Поднимите левое плечо как можно выше. Задержите на несколько секунд, затем опустите. Повторите то же упражнение для правого плеча. Затем для обоих плеч вместе.

(Все последующие упражнения выполняются стоя.)

3. Вращение руками (с концентрацией на плечевых суставах).

Рука прямая, расслабленная.

а. Опишите левой рукой плавный круг как можно большего диаметра: назад и вверх на вдохе, вперед и вниз на выдохе. Повторите три раза, затем то же самое для правой руки.

б. Повторите предыдущее упражнение, только теперь вдыхайте, поднимая руку вверх и вперед, а выдыхайте, опуская ее вниз и назад.

в. Опишите круг как можно большего диаметра, поднимая руки от бедер в стороны и вверх, так, чтобы они скрестились у вас над головой. При этом выполняйте вдох. Затем, выдыхая, продолжите круговое движение рук вниз, уже перед собой. Повторите три раза.

г. Упражнение из пункта в) выполняется в обратном порядке, руки двигаются, на вдохе скрещиваясь перед собой. Когда в области головы они начинают расходиться в стороны и опускаться, вы начинаете выдыхать.

4. Вращение предплечьями (с концентрацией на локтевом суставе).
Плечи неподвижны. Руки вытянуты в стороны, согнуты в локтях. Выпрямляйте руки в локтях и снова опускайте их. Повторите три раза.

5. Вращение кистями рук (с концентрацией на запястье).
Руки вытянуты в стороны:

а. Вперед, вниз, назад, вверх, три раза, а затем

б. В обратном направлении.

в. Поднимите кисти рук как можно выше, сохраняя неподвижность плеча и предплечья. Повторите три раза.

6. Разработка суставов пальцев.

а. Полностью вытяните руки, разведите их в стороны, затем расслабьте пальцы в суставах, позвольте пальцам свободно опуститься. Вытягивайте и опускайте пальцы три раза.

б. Руки вытянуты в стороны. Крепко сожмите кулаки, затем выпрямите пальцы. Повторите три раза.

7. Разработка локтевых суставов.
Руки вытяните в стороны, затем расслабьте их в локтях и в запястьях, позволяя рукам согнуться. Снова выпрямите руки, подержите несколько секунд, затем расслабьте их, пусть руки упадут свободно, как плети.

8. Разработка мускулатуры предплечий, плеч, груди и спины.

а. Поднимите руки на уровень плеч, одновременно делая глубокий вдох, затем сцепите согнутые пальцы, стараясь, чтобы руки были параллельны полу. Задержите дыхание и сделайте усилие, как бы стараясь разогнуть пальцы. Задержитесь на несколько секунд в таком положении, затем резко опустите руки и расслабьтесь. Упражнение делается один раз.

б. Сложите руки ладонями внутрь, как при индийском приветствии, но с руками, поднятыми над головой. Сделайте глубокий вдох и задержите дыхание. С силой прижимайте ладони друг к другу, затем медленно опустите руки, не изменяя их положения до тех пор, пока, примерно на уровне пояса, руки сами не начнут расходиться. Затем резко разожмите их с одновременным выдохом. Упражнение делается один раз.

в. Сложите кисти рук как для индийского приветствия, но держа руки за спиной. Как можно быстрее постарайтесь провести сложенными ладонями по спинному хребту. Затем с силой прижмите ладони друг к другу и опускайте их вдоль спинного хребта, по-прежнему держа ладони пальцами вверх, пока, примерно на уровне пояса, руки сами не начнут разводиться. Затем резко разожмите их с одновременным выдохом. Упражнение делается один раз.

г. Заведите левую руку как можно дальше за спину. Одновременно отведите правую руку так, чтобы вы могли сцепить пальцы обеих рук за спиной.

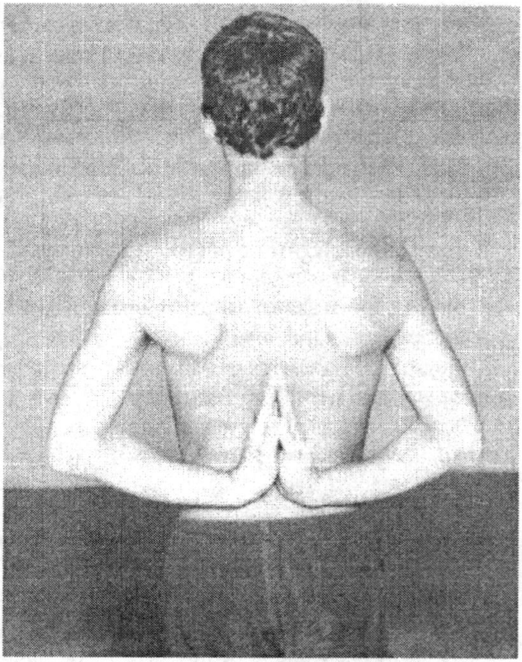

Глубоко вдохните, задержите дыхание и потяните руки. Зафиксируйте движение на несколько секунд, затем расслабьтесь. Упражнение делается один раз. Повторите то же самое с левым плечом.

9. Для гибкости поясницы и нижней части позвоночного хребта.

а. Встаньте прямо, пятки вместе. Расслабьтесь, сгибая левую ногу и перенося тяжесть тела на прямую правую. Прижимайте пятки к полу. Таз качается справа налево. Поменяйте положение ног. Таз качается слева направо. Повторите 5—6 раз, постепенно увеличивая скорость. Сконцентрируйтесь на движении таза.

б. Встаньте прямо, пятки вместе. Медленно опускайтесь на колени. Оставляя неподвижной верхнюю часть туловища, двигайте тазом вперед и назад, насколько это возможно. Из-за негибкости нижней части спинного хребта это движение вначале будет затруднено или невозможно.

в. Медленно опускайтесь на колени, как указано в б). Делайте небольшие плавные движения пятками, сочетая движения а) и б). Три раза по часовой стрелке и три раза против часовой стрелки.

г. Встаньте прямо, пятки вместе. Уводите нижнюю часть спинного хребта и таз влево как можно дальше, сохраняйте равновесие, держа голову параллельно ступням ног, т. е. выгибая тело влево. Опорная нога ровная, нога внутри изгиба согнута. Сгибайте обе ноги, уводя нижнюю часть спинного хребта и таз как можно дальше вправо. Повторите слева направо три раза.

д. Встаньте прямо, пятки вместе. Выпячивайте живот как можно дальше вперед, так, чтобы все туловище изогнулось вперед, голова остается строго параллельной ногам. Сгибая колени, уводите нижнюю часть спинного хребта и таз влево как можно дальше, пока ноги не выпрямятся и верхняя часть туловища не наклонится вперед, руки вертикально свисают вниз. Еще раз согните колени и толкните нижнюю часть спинного хребта и таз как можно дальше вперед, сквозь опущенные руки, пока тело опять не выгнется вперед. Повторить три раза.

е. Опишите как можно более широкий круг, сочетая движения г) и д), с силой изгибаясь в каждую сторону. Три раза по часовой стрелке и три раза против часовой стрелки.

ж. Встаньте прямо, пятки вместе. Не двигая ногами, наклоните туловище как можно больше влево, почувствуйте растяжение в правом боку и сокращение в левом. Поменяйте направление. Повторите три раза.

з. Выгибая тело вперед, прогнитесь насколько возможно, голова свободно отклоняется назад, руки свисают по сторонам, колени согнуты. Зафиксируйте движение на несколько секунд, затем медленно выпрямитесь и наклонитесь вперед, не сгибая ног, стараясь коснуться земли ладонями рук. Медленно выпрямитесь. Повторите три раза.

10. Комбинированное упражнение (для концентрации и гибкости мышц).
Встаньте прямо, пятки вместе. Держите левую руку точно над левой ногой, пальцы касаются ноги и по ней скользят вверх и вниз во время упражнения. Начните описывать широкий боковой круг, поднимая правую руку и фиксируя взгляд на кисти. Когда рука поднимется, сделайте вдох. Когда туловище больше не сможет отклоняться влево, наклонитесь вперед с выдохом, дополняя круг правой рукой, кисть руки касается земли прямо перед собой. Немедленно начинайте поднимать левую руку и наклонять туловище вправо, вдох. Продолжайте до полного выпрямления туловища, затем начните делать рукой второе вращательное движение вперед. Повторите еще три раза правой рукой, затем четыре раза левой. Сконцентрируйтесь на дыхании и на движении поясницы.

11. Упражнения для скручивания позвоночника.
Следующие упражнения растягивают ножные мышцы и увеличивают гибкость поясницы:

а. Ноги врозь, колени прямые, руки вытянуты в стороны во время всего упражнения. Вдохните. Голова и туловище прямые. Поворачивайте поясницу как можно более влево (пока вы не заглянете себе за спину), затем выдохните во время наклона влево, не меняя рук, коснитесь земли за левой ногой пальцами правой руки, локти не сгибайте. Вдохните, выпрямитесь так, чтобы руки опять были параллельны земле. Задержав дыхание, повернитесь в пояснице как можно больше вправо (пока вы не увидите, что у вас за спиной). Затем все повторите в правую сторону. Проделайте упражнение по три раза в каждую сторону, затем станьте прямо и опустите руки.

б. Ноги врозь, колени прямые во время всего упражнения. Вдохните. Голова и туловище прямые. Поворачивайте поясницу как можно более влево, пока голова не окажется над левой ногой. Наклоняйте туловище в сторону левой ноги на выдохе, колени не сгибайте, руки скользят вдоль левой ноги, пока не коснутся земли. Выпрямитесь, вдыхая воздух и все еще глядя влево. Задержите дыхание и повернитесь направо в пояснице, пока голова не окажется над правой ногой. Все повторите в правую сторону. Проделайте упражнение по три раза в каждую сторону.

12. Для внутренней стороны бедер и задней стороны ног.
(Также придает гибкость спине.)

Разведите ноги в стороны как можно шире, туловище прямое. Ноги прямые во время всего упражнения. Наклонитесь, коснитесь ладонями земли перед собой, близко к туловищу. Согните локти и положите всю руку до локтя на землю. Коснитесь земли макушкой головы. Зафиксируйте положение на несколько секунд. Поднимите голову. Выпрямите руки, не снимая ладоней с земли. Зафиксируйте положение на несколько секунд. Выпрямитесь. Дышите спокойно. Сконцентрируйтесь на внутренней стороне бедер и задней стороне ног. Упражнение делается один раз.

13. Для улучшения равновесия и гибкости бедренных суставов.

а. Ноги поставьте в стороны пошире, руки вытягивайте в стороны во время всего упражнения. Выпрямите ноги, затем сделайте выпад влево, сгибая левое колено и отрывая пятку от пола, правая нога отведена в сторону, а туловище как можно более ровное. Туловище выпрямлено, таз как можно ниже к земле, двигайтесь медленно вправо, сгибая правое колено и отрывая пятку от земли, левая нога отведена в сторону. Повторите трижды в каждую сторону, затем вернитесь в исходное положение. Дыхание спокойное. Сосредоточиться на бедренных суставах.

б. Встаньте прямо, пятки вместе. Оставляя верхнюю часть туловища неподвижной, производите левой ногой возвратно-поступательные качающиеся движения назад и вперед, совершенно свободно, постепенно приподнимаясь. Подъем не так важен, как неподвижность верхней части туловища. Повторить 4—5 раз каждой ногой.

в. Так же, как а), но махните левой ногой в левую сторону и опустите ее. То же самое проделать правой ногой. Повторить 4—5 раз каждой ногой.

14. Для достижения максимальной гибкости бедренных суставов.

а. Встаньте прямо, ноги вместе. Поднимайте левую ногу, согнув колено, пока бедро не окажется в горизонтальном положении. Отведите ногу подальше

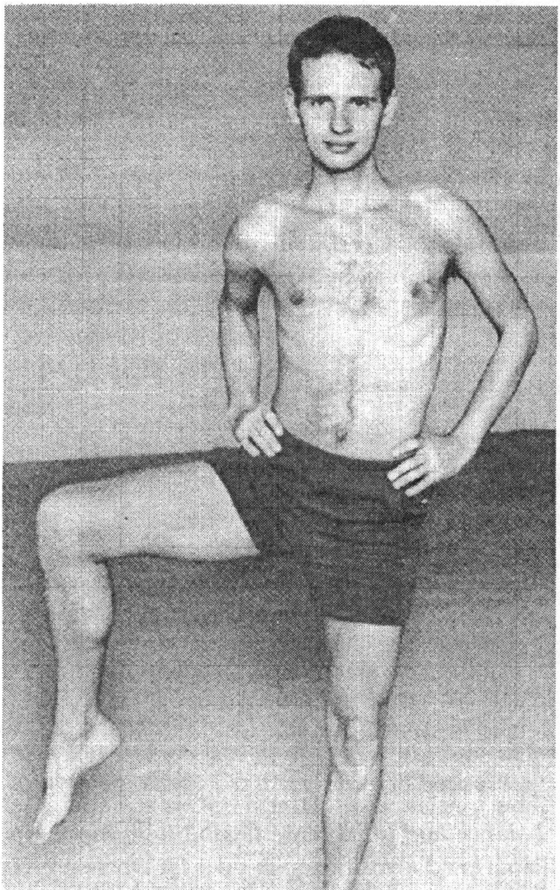

влево, концентрируясь на бедренном суставе. Опустите ногу. Повторите три раза. Затем проделайте то же самое правой ногой.

б. Упражнение а) выполняется в обратном порядке. Вначале поднимите левую ногу как можно больше в сторону, пока бедро не окажется в горизонтальном положении. Затем переведите ногу вперед, концентрируясь на бедренном суставе. Опустите ногу прямо перед собой. Повторите три раза.

15. Вращение нижней частью ноги.

Здесь нужно концентрироваться на колене.

Вытяните левую ногу вперед. Ногу в бедре держите неподвижно, ногой от колена опишите круг, внутренний, внешний, выпрямите ногу, трижды; затем в обратном направлении. Повторить правой ногой.

(Упражнения 16, 17 и 18 следует сначала выполнять левой ногой, затем правой.)

16. Вращение ступней.

Сосредоточиться на лодыжке, левая нога вытянута вперед. Движение только лодыжкой. Опишите круг, внутренний, внешний, выпрямите ногу, трижды; затем в обратном направлении.

17. Движения ступней вверх и вниз.

Ступней следует двигать как можно дальше. Концентрация на лодыжке, левая нога вытянута вперед. Движение только в лодыжке, делать три раза.

18. Сжимание и разжимание пальцев ноги.

Поочередно двигайте большим пальцем ноги вверх, затем вниз. Повторить три раза.

Таким образом суставы расслабляются и все тело становится гибким и готово к занятиям *асанами*. Когда порядок упражнений будет заучен, выполнение их будет занимать от двадцати до тридцати минут. Большинство из них доступно для выполнения семейным человеком; их, в сочетании с *пранаямой*, на первое время вполне достаточно, а потом постепенно можно добавлять некоторые *асаны*.

Сурья-намаскар

Несколько *сурья-намаскаров* перед началом занятий раскрепостят «зажатые» мышцы и суставы и облегчат последующее выполнение *асан*.

В *сурья-намаскарах* сочетается польза от различных поз йоги, дыхания, сильных движений тела, солнечных ванн (так как упражнения обычно выполняются утром лицом к солнцу) и молитвы, обращенной к Богу, воплощенному в солнце. Солнцу как божеству поклоняются, называя его следующими двенадцатью «именами», которые суть *мантры*:

Ом Митрайя намах
Ом Равайе намах
Ом Сурьяйя намах
Ом Бханаве намах
Ом Кхагайя намах
Ом Пушне намах
Ом Хираньягарбхайя намах
Ом Маричайе намах
Ом Адитьяйя намах
Ом Савитре намах
Ом Аркайя намах
Ом Бхаскарайя намах

Эти *мантры* следует повторять при выполнении каждой позы (12 *мантр* для 12 поз), или можно после каждой *мантры* проделать все 12 поз.

Ниже перечисляются двенадцать поз *сурья-намаскара:*

1. Встаньте прямо. Сложите ладони рук на уровне груди, как для традиционного индийского приветствия.
2. Поднимите руки вверх, вытяните их над головой, глубоко вдыхая.
3. Качнитесь вперед. Не сгибая коленей, постарайтесь положить ладони рук плашмя на землю, пальцы вытянуты прямо вперед, параллельно ступням ног. Коснитесь лицом колен. Выдох.
4. Отставьте правую ногу назад, коснувшись коленом земли. Согните левую ногу в колене и прижмите бедро к туловищу. Посмотрите вверх. Вдох. (При следующем повторе всего упражнения отставьте левую ногу назад и согните правую.)
5. Отставьте назад также и левую ногу. Распрямите спину. Выпрямите руки. Задержите дыхание.
6. Согните локти. Коснитесь земли лбом, грудью, ладонями, коленями и пальцами ног. Другие части тела не должны касаться земли. Выдох.
7. Прогнитесь назад, приняв позу кобры. Вдох.
8. Поднимите таз вверх, приняв позу, похожую на букву Л, пятки и ладони прижаты к земле. Выдох.
9. То же, что 4. Шагните вперед правой ногой (в следующий раз, соответственно, левой). Вдох.
10. То же, что 3. Выдох.
11. То же, что 2. Вдох.
12. То же, что 1.

Затем примите нормальную стойку, опустив руки вдоль туловища.

1 & 12

2 & 11

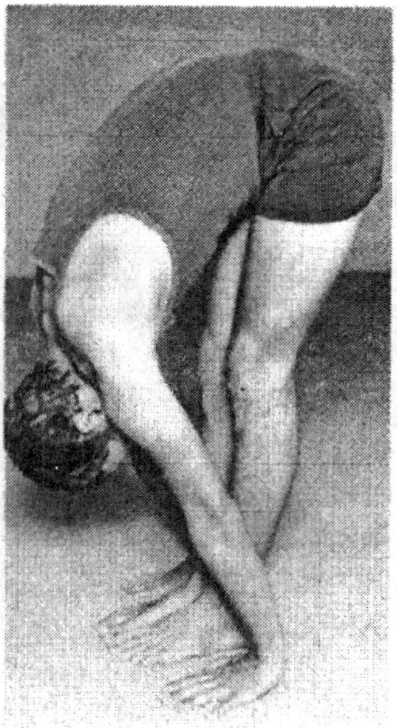

3 & 10

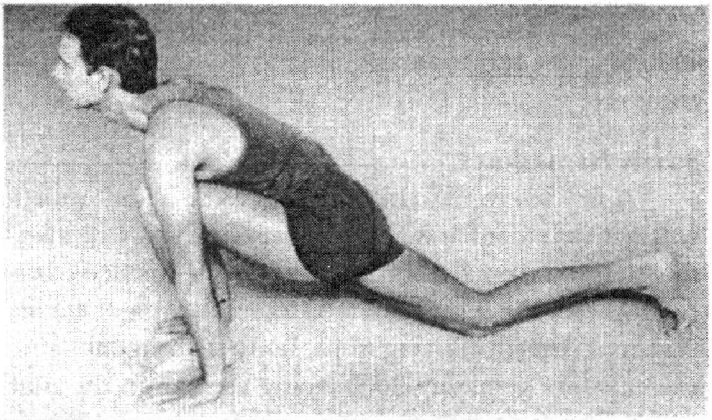

4

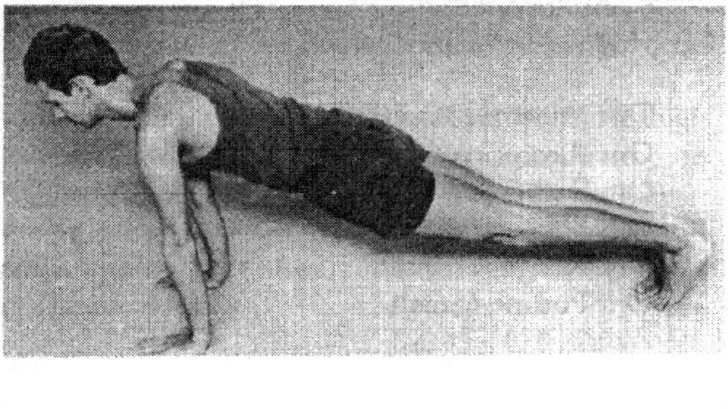

5

6

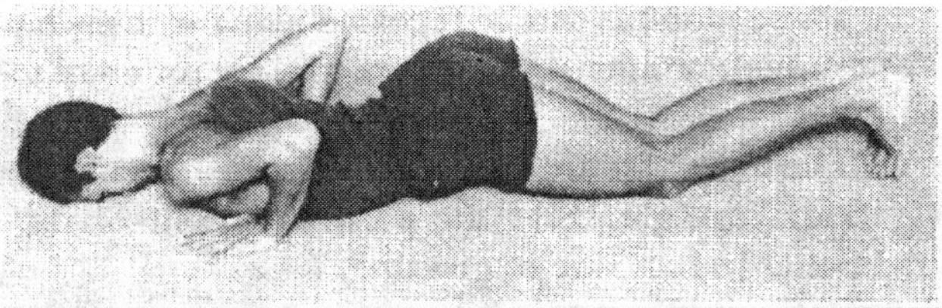

7

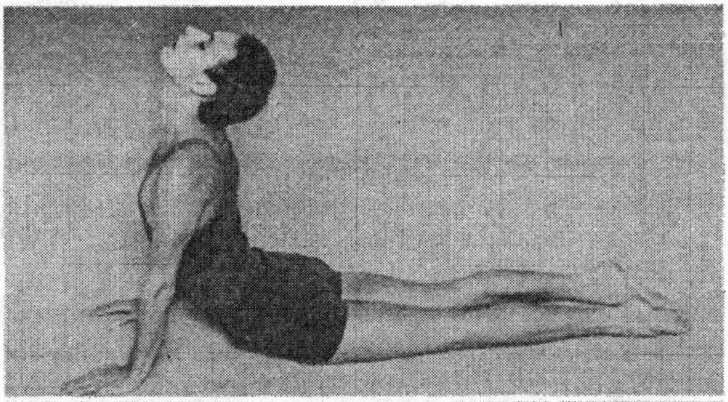

8

9

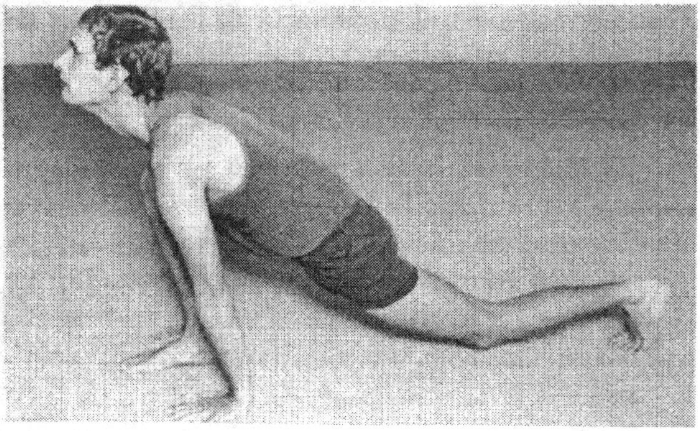

АСАНЫ ДЛЯ МЕДИТАЦИИ

Четыре *асаны* рекомендуются для *джапы* и медитации. Это *падма, сиддха, свастика* и *сукха*.

Вы должны уметь просидеть в любой из этих четырех *асан* полных три часа подряд, не двигаясь. Только тогда вы можете считать, что добились «победы над *асаной*» *(асана-джайя)*; только тогда вы сможете начать практиковать *пранаяму* (управление дыханием) и *дхьяну* (медитацию). Не добившись устойчивой позы, вы не сможете по-настоящему погрузиться в медитацию. Чем устойчивее будет ваша поза, тем легче вам будет сосредоточиться и сориентировать мысль в одном направлении. Если вы можете просидеть в устойчивой позе хотя бы один час, то сможете научиться и удерживать разум в одном положении. И таким образом ощутите бесконечный покой и блаженство Атмана.

Когда вы сидите в определенной позе, думайте: «Я непоколебим, как скала. Ничто не может пошатнуть меня». Мысленно повторяйте это себе десятки раз. Тогда ваша поза быстро укрепится. Вы должны стать живой статуей, когда вы садитесь для медитации, только тогда вашей позе будет придана нужная устойчивость. В течение одного года, при регулярной практике, вы добьетесь успеха и сможете просидеть неподвижно три часа подряд. Начните с получаса и постепенно увеличивайте время.

Если по прошествии какого-то времени вы почувствуете сильную боль в ногах, выпрямите ноги, помассируйте их пять минут и потом примите прежнюю позу. С течением времени вы перестанете ощущать боль; напротив, вы ощутите огромную радость. Тренируйтесь утром и вечером.

Приняв сидячее положение, закройте глаза и сосредоточьтесь на точке между бровями (*аджня-чакра*) или на лотосе в сердце. Так как *аджня* — это местонахождение сознания, его легко контролировать, если вы сосредоточитесь на этой точке. Однонаправленность сознания выработается очень скоро. Концентрация на кончике носа (*насикагра-дришти*) имеет такие же преимущества, но в этом случае фокусирование сознания происходит медленнее. Те, кому не удастся сосредоточиться ни на точке между бровями, ни на кончике носа, могут сконцентрировать внимание на любой другой точке или на внутренней *чакре* сердца, головы, шеи и т. п.

Держите голову, шею и туловище на одной прямой. Примите какую-то позу — *падму, сиддху, свастику* или *сукху* — и добейтесь, чтобы она была неподвижной и совершенной путем многократных повторений. Никогда не меняйте ее. Упорно придерживайтесь одной и той же позы. Присоситесь к ней, как пиявка. Осознайте всю пользу сохранения одной позы для медитации.

Падмасана

Падма означает «лотос». Когда выполняется эта *асана*, она как бы изображает лотос. Отсюда и ее название: *падмасана*. Другое ее название — *камаласана*.

Из четырех поз, рекомендуемых для *джапы* и *дхьяны* (медитации), *падмасана* является главной. Это самая лучшая *асана* для созерцания. *Риши* — такие, как Гхеранда, Шандилья и другие, — очень высоко отзываются об этой жизненно важной *асане*. Она очень благоприятна для обычных людей, домохозяев. Даже женщины могут сидеть в этой *асане*. *Падмасана* подходит как пожилым, так и молодым людям.

Техника: Сядьте на землю, вытянув ноги вперед. Затем положите правую стопу на внутреннюю часть левого бедра и левую стопу на внутреннюю часть правого бедра. Положите руки на коленные суставы.

Вы можете сделать замок из пальцев и держать замкнутые кисти над левой лодыжкой. Некоторые люди находят это очень удобным. Или вы можете положить кисть левой руки на левое колено и кисть правой руки на правое колено, ладонями вперед, указательные пальцы должны касаться середи-

Вирасана

ны большого пальца руки (это называется *чинмудра*).

Варианты

1. *Ардха-падмасана.*

Если вам с самого начала не удается положить обе стопы на бедра, просто подержите одну стопу на бедре какое-то время, а затем другую стопу на другом бедре какое-то время. Через несколько дней практики вы сумеете держать обе стопы на бедрах. Это «половинная *падмасана*», или *ардха-падмасана*.

2. *Вирасана.*

Сядьте удобно. Положите правую ногу на левое бедро, а левую ногу под правое бедро. Сам Господь Гауранга обычно медитировал в такой позе. Это удобная *асана*. *Вирасана* означает «поза героя».

3. *Парватасана (поза горы).*

Сделайте обычную *падмасану*. Встаньте на колени и поднимите руки над головой. Это *парватасана*. Положите толстое одеяло на землю и делайте эту *асану* так, чтобы не поранить колени. Вначале, первые несколько дней, держитесь за табуретку или за скамью, пока вам не удастся достичь равновесия. Позже вы научитесь поднимать руки в таком положении.

Некоторые называют *парватасаной* другую позу: когда садятся в *вирасану*, а потом поднимают руки над головой.

4. *Самасана (поза равновесия).*

Положите левую пятку на начало правого бедра и правую пятку на начало левого бедра. Сядьте

Кармукасана

свободно. Эта поза называется *самасана*.

5. *Кармукасана*.

Сядьте в обычную *падмасану*. Возьмитесь за палец правой ноги правой рукой и левой ноги левой рукой, таким образом ваши руки перекрестятся в локтях.

6. *Уттхита-падмасана*.

Сядьте в *падмасану*. Положите ладони на землю по бокам вашего туловища. Медленно поднимайте туловище. Избегайте рывков. Тело не должно дрожать. Задержите дыхание на время, пока вы находитесь в этом приподнятом положении. Когда опуститесь, можете выдохнуть. Люди, которым не удается исполнить *куккутасану*, могут выполнять это упражнение. Руки в этой *асане* находятся по обе стороны туловища, в то время как в *куккутасане* — между бедром и икрой ноги. В этом вся разница.

Сиддхасана

Следующая за *падмасаной* по важности поза — *сиддхасана*. Некоторые люди восхваляют *сиддхасану*, считая, что она даже больше, чем *падмасана*, подходит для медитации. Если вы овладеете ею, то приобретете многие *сиддхи* (сверхъестественные способности). Эту позу практиковали многие знаменитые *сиддхи* (совершенные йоги). Отсюда и название *сиддхасана*.

Даже полные люди с большими бедрами могут легко выполнять ее. Она действительно больше подходит для некоторых людей, чем *падмасана*. Ее следует практиковать молодым *брахмачари*, старающимся утвердиться в целибате. (*Сиддхасана* известна также как *стхирасана* и *муктасана*.)

Техника: Положите одну пятку под анус. Прижмите другую пятку к основанию детородного органа. Ступни или ноги следует расположить очень аккуратно, так, чтобы суставы лодыжек соприкасались. Положение рук такое же, как в *падмасане*.

Варианты

1. *Гуптасана (скрытая поза).*

Левую пятку поместить сверху детородного органа. Туда же, сверху, поместить правую пятку. Обе лодыжки находятся рядом или соприкасаются. Пальцы правой ноги подвернуты в промежуток между левым бедром и икроножной мышцей левой ноги. Пальцы левой ноги прикрыты правой ногой. Гупта означает скрытый. Так как эта асана хорошо закрывает детородный орган, она называется *гуптасана*.

2. *Ваджрасана (поза алмаза).*

Левую пятку поместить под детородный орган. Правую пятку поместить над ним. *Ваджра* означает «алмаз».

3. *Кшемасана.*

Если, сидя в *сиддхасане*, вы поднимете обе руки на уровень груди, эта поза будет называться *кшемасана*. Это означает, что вы молитесь о *кшеме* (благополучии) общества. Ладони должны быть обращены друг к другу.

Польза *падмасаны* и *сиддхасаны*

Книги по хатха-йоге превозносят достоинства и преимущества *падмасаны* и *сиддхасаны*. Человек, который сидит в одной из этих поз хотя бы 15 минут ежедневно с закрытыми глазами, сосредоточившись на Боге — лотосе в сердце, уничтожает все грехи и быстро достигает *мокши*. Эти *асаны* улучшают пищеварение и аппетит, дают здоровье и счастье. Они излечивают ревматизм и поддерживают правильное соотношение трех гуморальных секреций: газа, желчи и слизи. Они очищают и укрепляют икроножные и бедренные мышцы ног. Они благоприятствуют поддержанию целибата.

Свастикасана

Свободная сидячая поза с выпрямленной спиной называется *свастикой*. Вытяните ноги перед собой. Подверните левую ногу и поместите стопу поближе к мускулам бедра правой ноги. Точно так же подогните правую ногу и протолкните ее в пространство между левым бедром и икроножными мускулами. Тогда обе ваши стопы окажутся между мышцами бедра и икроножными мышцами. Это очень удобно для медитации. Руки держите как в *падмасане*.

Сукхасана

Любое комфортное положение для выполнения *джапы* и для медитации является *сукхасаной* («удобной позой»). При этом важно, чтобы голова, шея и туловище находились на одной прямой. Людям, начинающим практиковать *джапу* и медитацию после 30—40 лет, обычно не удается просидеть в *падме, сиддхе* или *свастике* длительное время.

Я опишу легкую форму *сукхасаны*, в которой немолодые люди могут сидеть и медитировать длительное время. Но ее могут практиковать и молодые люди.

Техника: Возьмите кусок ткани длиной в пять локтей. Аккуратно складывайте его несколько раз в длину, пока его ширина не окажется равной половине локтя. Сядьте на пол и скрестите ноги, разместив стопы под бедрами. Поднимите оба колена на уровень груди так, чтобы расстояние между ними составляло от 8 до 10 дюймов. Теперь возьмите сложенную ткань. Держите один ее конец возле левого колена; наматывайте ее в левую сторону через спину, коснитесь правого колена, вернитесь в исходную точку и свяжите края узлом. Обратите ладони внутрь и поместите их на ткань между коленями. В этой *асане* руки, ноги и позвоночник имеют поддержку, поэтому вы никогда не почувствуете усталости. Если вам не удается выполнять другие *асаны*, сидите хотя бы в этой *асане*, занимаясь *джапой* и медитацией.

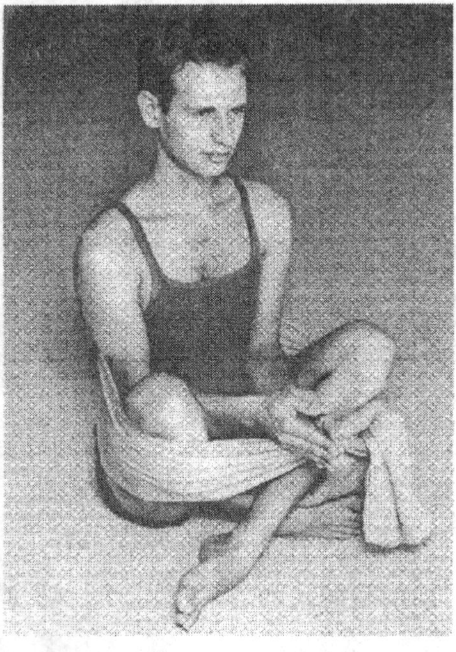

МУКХЬЯ-АСАНЫ

Ширшасана

Ширшасана известна также под другими названиями: *капалаясана, врикшасана* (поза дерева), *випарита-карани* и просто «стойка на голове». Это царица всех *асан*.

Техника: Положите на пол простыню, сложенную вчетверо. Сядьте на оба колена. Соедините пальцы рук, сделав замок. Прижмитесь руками к земле вплоть до локтей. Затем обоприте макушку головы об этот замок из пальцев или поставьте ее между рук. Медленно поднимайте ноги, пока они не примут вертикальное положение. (Сначала продержитесь в таком положении 15 секунд, постепенно увеличивайте время на 15 секунд еженедельно, чтобы достичь конечного результата в 20—30 минут.) Затем медленно опустите ноги. Сильные люди могут научиться за два-три месяца стоять в этом положении полчаса. Делайте это упражнение медленно. Не нервничайте. Будьте спокойны. Будьте хладнокровны. Перед вами вечность. Не забывайте о необходимости постоянной практики. Делайте эту асану на пустой желудок. Если у вас есть время, делайте ее дважды, утром и вечером. Выполняйте эту *асану* очень-очень медленно, избегая рывков. Стоя на голове, медленно дышите через нос, никогда не дышите ртом.

Вместо того чтобы соединять руки в замок, вы можете положить руки на землю, по обе стороны головы, образовав равносторонний треугольник. Если у вас лишний вес, вам легче будет пользоваться этим приемом. Научившись сохранять равновесие, вы сможете перейти к замку из пальцев. Выполнение этой *асаны* — пустяк для тех, кто умеет балансировать на параллельных брусьях. Попросите друга помочь вам держать ноги ровно во время тренировки или сначала делайте ее возле стены.

Вначале некоторые люди могут испытывать неприятные ощущения во время выполнения упражнения, но они скоро проходят.

Оно приносит вам радость. После выполнения упражнения отдохните пять минут, затем выпейте стакан молока. Те, кто практикует эту *асану* длительное время, например 20 минут или полчаса, должны после ее окончания выпить легкий прохладительный напиток, молоко или что-нибудь другое. Это очень важно. Летом не делайте эту *асану* слишком долго. Зимой же вы можете ее делать сколько захотите.

Некоторые люди делают эту *асану* по два-три часа подряд. Пандит Рагхунатх Шастри из Бадринараяна очень любил эту *асану* и держал ее в течение двух-трех часов. В Варанаси жил один йог, который во время выполнения этой *асаны* входил в *самадхи*. Шри Джаспат Раи, П. В. Ачарьяджи Махарадж и другие держали эту *асану* каждый день в течение часа и более.

Польза: Это очень полезно для людей, соблюдающих целибат. Эта *асана* делает вас *урдхваретасом*. Энергия семени трансформируется в духовную энергию. Это также называется «сублимацией сексуальной энергии». У йога-*урдхваретаса* энергия семени вливается в мозг и накапливается там в виде духовной силы, используемой для созерцания (*дхьяны*). Когда вы делаете эту *асану*, представляйте себе, как энергия семени превращается в энергию духа и течет вдоль спинного хребта в мозг, накапливаясь там. *Ширшасана* укрепляет, бодрит и дает жизненную силу.

Ширшасана — это подлинное наслаждение. Слов не хватает, чтобы описать всю ее пользу. Только в этой *асане* мозг может получить достаточное количество *праны* и крови. Она направлена против силы тяжести и поставляет большое количество крови к сердцу. Память улучшается невероятно. Юристы, оккультисты и мыслители дожны оценить эту *асану*. Она сама по себе приводит к естественной *пранаяме* и *самадхи*. В начале ее выполнения могут ощущаться легкие затруднения дыхания. С течением времени они полностью исчезают. Вы испытаете полное удовольствие и подъем духа в этой *асане*.

После *ширшасаны* ваша медитация будет особенно удачной. Вы сможете услышать совершенно отчетливо звуки *анахата**. Молодые, сильные люди должны выполнять эту *асану*. Ее преимуществам несть числа. Практикующие ее должны избегать частых половых сношений.

Это панацея, лекарство от всех бед, от всех болезней. Она обостряет психические способности и пробуждает *кундалини-шакти*, излечивает различные болезни желудочного и пищеварительного тракта и увеличивает силу разума. Это мощное средство, очищающее кровь и тонизирующее нервную систему. Эта *асана* излечивает все болезни глаз, носа, головы, горла, желудка, мочеполового тракта, печени, селезенки и легких, а также почечные колики, глухоту, гонорею, диабет, астму, туберкулез, геморрой, сифилис и т. д. Она улучшает пищеварение. Исчезают морщины и седина. «Тот, кто практикует ее в течение трех часов ежедневно, покоряет время», утверждает *«Йогататтва-упанишада»*. Многие болезни матки и яичников тоже излечиваются, исчезает и бесплодие.

Асана, *пранаяма* и *джапа* должны идти рука об руку. Повторяйте *мантры* избранного вами божества или *мантры* вашего гуру во время выполнения этой *асаны*.

---

* То есть мистические звуки безмолвия. В отличие от обычных звуков они не рождаются в результате удара о вибрирующую поверхность, поэтому и называются «невыбитыми» (санскр. *анахата*).

Шри Пракаш Джунг страдал от отеков ног и болезни сердца. Мускулы его сердца не были в состоянии правильно сокращаться и расширяться, перекачивая кровь. Таков был диагноз врачей. Он практиковал эту *асану* регулярно в течение нескольких дней. Отеки исчезли. Сердце стало функционировать нормально. Боли исчезли. Он стал делать эту *асану* по полчаса в день.

Пандит Сурья Нарайян делал эту *асану*. Его память значительно улучшилась, боли в спине и в плечах (хронический ревматизм) полностью прошли.

Варианты

1. *Ардха-врикшасана.*

Стоя в *ширшасане*, просто согните ноги в коленях и подержите их так.

2. *Мукта-хаста-врикшасана.*

Вместо того чтобы делать замок из пальцев, расположите кисти рук по обе стороны головы.

3. *Хаста-врикшасана.*

В этой *асане* вы должны стоять на руках. Сначала забросьте ноги на стену, стоя только на руках. Медленно попытайтесь оторвать ноги от стены. Через несколько дней вы научитесь держать равновесие.

4. *Экапада-врикшасана.*

Выполнив *ширшасану*, медленно согните одну ногу в колене и прижмите пятку к бедру другой ноги.

5. *Урдхва-падмасана.*

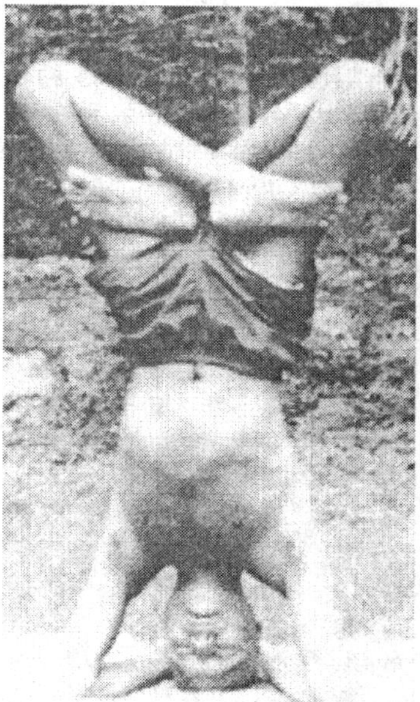

Исполните *ширшасану*, как указано выше. Медленно согните правую ногу и прижмите ее к левому бедру, затем левую ногу прижмите к правому бедру. Вы должны проделать это медленно и осторожно. Если вы умеете стоять в *ширшасане* более 10—15 минут, тогда можете попытаться это проделать. В противном случае вы упадете. Гимнаст, умеющий балансировать на параллельных брусьях или на земле, сделает это очень легко. Занятия этой *асаной* требуют определенной силы. Дышите медленно носом, никогда не дышите ртом. Оставайтесь в таком положении пять-десять минут для начала, постепенно увеличивайте время.

Некоторым людям легче сначала сделать *падмасану*, а потом медленно поднять ноги. Опытные люди могут опуститься из этой стойки в *падмасану* и снова перейти в первоначальное положение, подняв ноги. Практикующим эту *асану* рекомендуется слегка подкрепиться, выпить чашку молока или фруктового сока после выполнения этой *асаны*. Те, кто практикует *ширшасану* или *урдхва-падмасану*, должны соблюдать *брахмачарью*. Тогда они получат максимальную пользу.

Польза: Когда во время выполнения *асаны* читается любая молитва или *джапа*, это уже *тапас*. Вы обретаете *сиддхи*. В давние времена *тапасвины* простаивали на голове двенадцать лет, повторяя *мантры* избранного божества или гуру. Вы найдете многочисленные упоминания об этом в *«Махабхарате»*. *Джапа* или медитация в *урдхва-падмасане* или *ширшасане* глубоко трогает сердце Творца. Он без промедления начинает изливать на вас Свою милость. Практикующий *урдхва-падмасану* может достичь абсолютного контроля над своим телом.

Сарвангасана

Это мистическая *асана*, чрезвычайно полезная. Ее название переводится как «поза для всех членов». Поскольку все части человеческого тела вовлекаются в работу во время ее исполнения.

Техника: Положите на пол толстое одеяло и делайте на нем это упражнение. Лягте на спину очень ровно. Медленно поднимайте ноги. Поднимите туловище, бедра и ноги абсолютно вертикально. Поддерживайте спину двумя руками с двух сторон. Локти касаются пола. Прижмите подбородок к груди и образуйте подбородочный замок (*джаландхара-бандху*). Пусть ваши плечи и шея тесно прижмутся к полу. Следите за тем, чтобы ваше тело не раскачивалось вздвперед. Ноги ровные. Здесь вес тела переносится на плечи. Вы на самом деле стоите на плечах с помощью локтей. Сосредоточьтесь на щитовидной железе, расположенной в нижней части шеи. Постарайтесь задержать дыхание так долго, как можете, без ощущения дискомфорта, затем медленно выдыхайте через нос. Закончив *асану*, опустите ноги очень-очень медленно, элегантно, без рывков. Делайте это очень плавно.

Практикуйте эту *асану* сначала по две минуты, постепенно доведите время выполнения до получаса. Вы можете делать ее дважды в день, утром и вечером. За ней должна немедленно следовать *матсьясана* («поза рыбы»). Это облегчит боль в нижней части шеи и увеличит пользу от *сарвангасаны*.

Польза: Щитовидная железа, играющая важную роль в обмене веществ, росте, питании и структуре, получает правильное питание. Здоровая щитовидная железа означает правильное функционирование системы кровообращения, респираторной, пищеварительной, мочеполовой и нервной системы. Эта железа действует в сочетании с другими железами внутренней секреции: гипофизом, шишковидной железой в мозгу, надпочечниками, печенью, селезенкой и яичками. Если щитовидная железа больна, страдают и другие железы. Образуется порочный круг. *Сарвангасана* поддерживает здоровье щитовидной железы, а это означает правильное функционирование всех внутренних органов.

Халасана (поза плуга)

При исполнении этой позы создается фигура, в точности напоминающая плуг. *Хала* на санскрите означает «плуг».

Техника: Расстелите на земле одеяло. Лягте ровно, на спину. Положите руки по обе стороны туловища, ладонями к земле. Соедините обе ноги и поднимите их очень медленно, не сгибая коленей. Руки оставьте на полу, туловище не сгибайте. Создайте тупой угол. Затем тихонько опустите ноги, пока пятки ног не коснутся земли у вас за головой. Колени не сгибайте, прижмите их друг к другу. Прижмите подбородок к груди. Медленно дышите через нос, не дышите ртом.

А вот другой вариант этой *асаны*. Проделав вышеуказанную позу, медленно сделайте круг руками и ухватите ими пальцы ног. Не допускайте рывков. Это еще лучшее упражнение. Закончив *асану*, очень медленно поднимите ноги и переведите их в первоначальное положение, снова ровно лягте на полу.

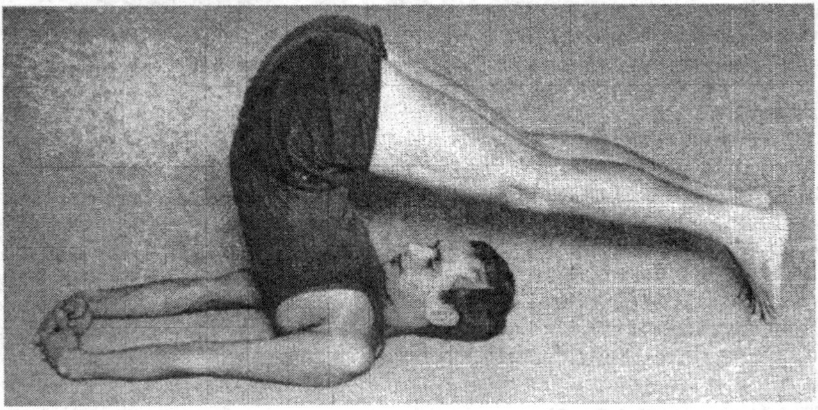

Польза: эта *асана* тонизирует спинальные нервы, мышцы спины, позвонки и симпатическую нервную систему, проходящую по обе стороны позвоночного хребта. *Халасана* реализует и дополняет *сарвангасану*. Большое количество крови приливает к спинальным основаниям нервов, к спинному мозгу, к симпатическим узлам, к симпатическим нервам и к мускулам спины. Они все хорошо насыщаются. Мускулы спины поочередно сокращаются, расслабляются, а затем растягиваются. Эти разнообразные движения вызывают большой прилив крови, и они хорошо ею снабжаются. Различного типа миальгии (мускульный ревматизм), радикулит, растяжение связок и невралгия излечиваются этой *асаной*. Она также предохраняет от раннего окостенения позвонков. Старость быстро наступает из-за окостенения, кости становятся жесткими и ломаются в процессе вырождения. Те, кто практикует эту *асану*, всегда гибки, ловки и полны энергии. Человек, практикующий *халасану*, никогда не будет лениться.

Спинной хребет становится гибким и эластичным. Он скручивается и сжимается, как будто это кусок холста. Позвоночник — это очень важная структура. Он поддерживает все тело. Он содержит спинной мозг, спинальный нерв и симпатическую систему. Поэтому вы должны позаботиться о его здоровье, силе и эластичности, практикуя *халасану*. Мускулы брюшной полости, ректальные мышцы и бедренные мышцы также тонизируются и питаются. Ожирение, хронический запор, застои, расширение печени и селезенки излечиваются с помощью этой *асаны*.

Варианты

1. *Карнапидасана.*

Выполняте *халасану*, держа руки на полу за спиной. Затем медленно согните ноги в коленях и коснитесь коленями плеч. Ноги от колен до носков стоп должны лечь на землю.

2. *Уттана-падасана.*

Лягте на пол. Ноги ровные, руки по бокам туловища, ладонями к земле. Поднимите обе ноги примерно на два фута над землей, не сгибая коленей. Медленно опустите их. Повторите шесть раз. Так снимаются запоры, боли в пояснице и в бедрах. (Это упражнение, подготавливающее к *сарвангасане*.)

Матсьясана (поза рыбы)

Так как эта *асана*, в сочетании с *плавини-пранаямой*, помогает легко и свободно плавать по поверхности воды, ее называют «позой рыбы», или *матсьясаной*.

Техника: Расстелите одеяло на земле и сядьте на него, вытянув ноги. Согните правую ногу и поместите пятку под сустав левого бедра. Согните также левую ногу и поместите пятку под сустав правого бедра. Это *падмасана*, или ножной замок.

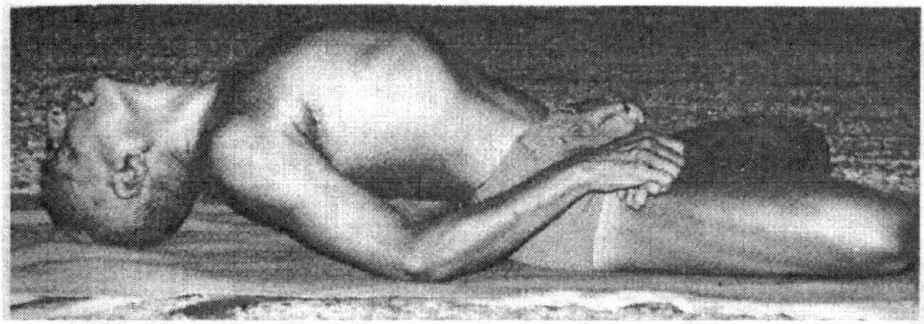

Полные люди с толстыми бедрами, которым трудно выполнять *падмасану*, могут сесть в удобной для них позе.

Затем лягте на спину. *Падмасану* нужно делать, не отрываясь от земли. Обоприте локти или ладони о землю. Затем поднимите туловище и голову. Обоприте макушку головы о землю, выгибая спину и шею далеко назад. Затем ухватитесь за пальцы ног. Для начала делайте это в течение 10 секунд, доведя постепенно до 10 минут.

Закончив *асану*, тихонько высвободите голову с помощью рук и встаньте. Затем разомкните ножной замок.

Сначала вам надо попрактиковаться в *падмасане*. Сделайте эту позу устойчивой, легкой и прочной. Затем переходите к *матсьясане*. Ее нужно делать вскоре после *сарвангасаны*. Она избавит вас от неподвижности шеи и от спазмов затылка, вызванных длительной практикой *сарвангасаны*. Она обеспечит собой естественный массаж шеи и плеч. И даст возможность извлечь из *сарвангасаны* максимальную пользу.

Польза: Матсьясана уничтожает многие болезни. Она снимает запор. Она переносит накопившуюся фекальную массу в прямую кишку. Так как гортань и трахея широко открываются, эта *асана* помогает глубокому дыханию. Она полезна при астме, чахотке, хроническом бронхите и т. п. Верхушки легких, расположенные как раз над ключицей, получают достаточно чистого воздуха и в достаточном количестве снабжаются чистым кислородом. Ключичный и верхнеспинной нервы снабжаются большим количеством крови и хорошо укрепляются. Эндокринные железы, расположенные в мозгу, — гипофиз и шишковидная железа — также стимулируются и тонизируются. Эти железы играют жизненно важную роль в физиологическом функционировании различных систем человеческого организма.

Пашчимоттанасана

Сядьте на землю, вытяните ноги вперед и держите их ровно, как палки. Ухватитесь за пальцы ног большим, указательным и средним пальцами. При этом вам придется наклонить туловище вперед. Полным людям будет трудно согнуться. Выдохните и медленно сгибайтесь, без рывков, пока не коснетесь лбом коленей. Вы также можете спрятать лицо между колен. Во время наклона втягивайте живот. Это облегчит наклон вперед. Наклоняйтесь медленно и постепенно. Не торопитесь, вы никуда не спешите. Когда вы наклонитесь, спрячьте голову между предплечий. Поддерживайте ее на одном уровне с ними. Молодым людям с гибким позвоночником удастся коснуться коленей лбом уже с первой попытки. Взрослым, с негибким

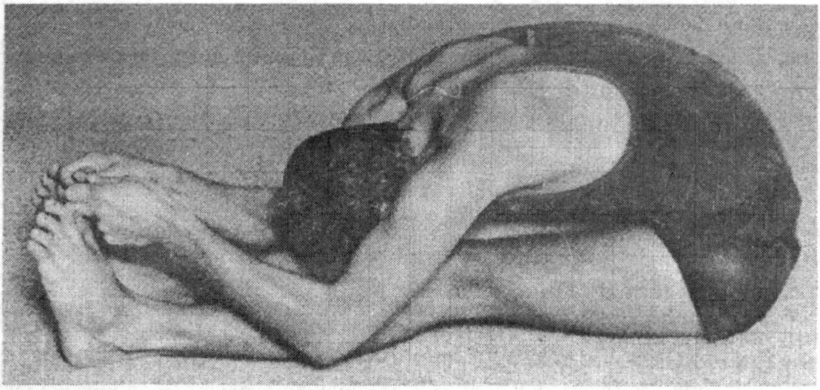

позвоночником, придется тренироваться две недели, а то и месяц, прежде чем они достигнут желаемого результата в этой позе. Задержите дыхание, возвращаясь в прежнюю позицию, не дышите, пока не выпрямитесь. Тогда начните дышать.

Задержитесь в этой позе на пять секунд. Затем постепенно увеличивайте время до десяти минут.

Тем, кому трудно будет выполнить полную *пашчимоттанасану*, рекомендуется половинная поза, сначала с одной ногой и рукой, потом с другой ногой и рукой. Это выполнить легче. Через несколько дней, когда спинной хребет станет гибче, они смогут попытаться выполнить полную позу. Вам нужно будет руководствоваться своим здравым смыслом при выполнении *асан*. (Перед ее выполнением почитайте инструкции к *джануширшасане*.)

Польза: Это отличная *асана*. Она заставляет дыхание проходить через *сушумну* и улучшает пищеварение. Она снимает жир с брюшной полости. Она особенно полезна при полноте или ожирении, а также при расширении печени или селезенки. Хатха-йоги очень ценят эту *асану*. *Сарвангасана* стимулирует эндокринную железу, а *пашчимоттанасана* — внутренние органы, такие, как почки, печень, поджелудочную железу и т. п. Она улучшает перистальтику. (Перистальтика — это волнообразное движение кишок для проталкивания пищевой, а затем фекальной массы.) Эта *асана* облегчает запор, излечивает вялость печени, диспепсию, отрыжку, гастрит. Лечатся также радикулит или жесткость спины, разного типа миальгии и другие заболевания мышц. Она также лечит геморрой и диабет. Поясница, мышцы брюшины, солнечное сплетение, надчревное сплетение, мочевой пузырь, простата, поясничные нервы и симпатические связки тонизируются и поддерживаются в крепком и здоровом состоянии. Воздадим же хвалу *пашчимоттанасане* и *риши*, которые впервые показали эти замечательные *асаны* изучающим хатха-йогу!

Джануширшасана (поза «голова — колено»)

Техника: Сядьте на пол. Прижмите область промежности левой пяткой, вытянув правую ногу во всю длину. Сидите очень прямо. Обеими руками схватитесь за ступни ног. Выдохните. Втяните живот. Медленно наклоните голову и коснитесь правого колена лбом. Задержитесь в этом положении на 5—10 секунд. (Постепенно увеличивайте время. При постоянной практике вы можете довести его даже до получаса.)

Затем медленно верните голову в прежнее нормальное положение. Отдохните несколько минут. Повторите эту *асану* 5—6 раз. Поочередно меняйте стороны. Во время выполнения поджимайте мышцы заднего прохода. Почувствуйте, как энергия семени вливается в мозг в виде *оджас-шакти* (духовной энергии). Используйте *бхавана-шакти* (эмоциональную энергию) вашего сознания. Тем, кто практикует эту *асану*, будет легче делать *пашчимоттанасану*.

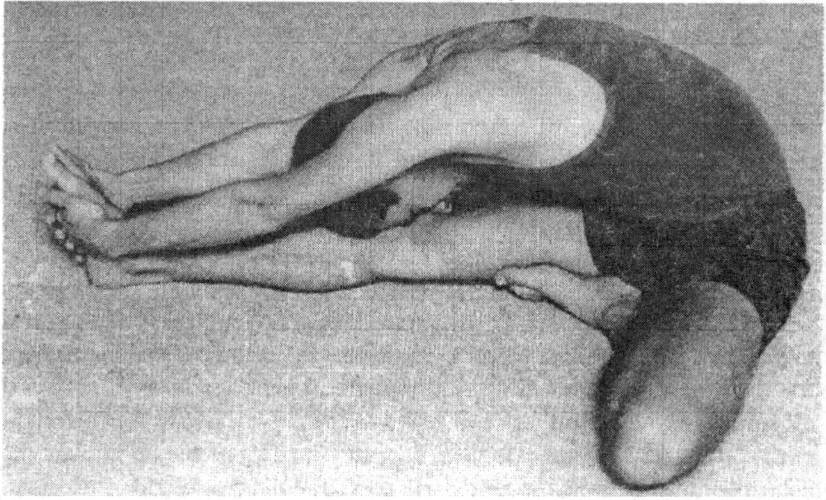

Вместо того чтобы положить пятку под промежность, вы можете положить ее на бедро. Это будет несколько сложнее. Практикуйте эту *асану* после очистки кишечника.

Польза: Эта *асана* улучшает пищеварение. Она стимулирует солнечное сплетение и помогает соблюдать целибат. Исчезают все проблемы с мочеиспусканием. Она также очень полезна при кишечных коликах. Пробуждается *кундалини*. Улетучиваются лень и слабость. Укрепляются ноги. Все прочие преимущества, описанные в разделе о *пашчимоттанасане*, относятся также и к этой *асане*.

Маюрасана (поза павлина)

Маюр на санскрите означает «павлин». Исполняющий эту *асану* похож на павлина, расправившего свой хвост. Она несколько сложнее, чем *сарвангасана* и *матсьясана*. Она требует физической силы. Ее легко выполнять спортсменам. Она более или менее соответствует упражнениям на параллельных брусьях.

Техника: Опуститесь на колени и сядьте на корточки, опираясь на пальцы ног. Поднимите пятки вверх. Соедините предплечья. Обопритесь ладонями обеих рук о землю. Оба мизинца должны или соприкасаться, или лежать рядом. Большие пальцы должны касаться земли и быть обращены к ногам.

Теперь вы должны зафиксировать и укрепить предплечья, чтобы они смогли удержать все тело при последующем подъеме туловища и ног. Медленно приблизьте живот к сомкнутым локтям. Тело поддерживается локтями, которые теперь касаются пупка. Это первая стадия. Выпрямите ноги и поднимите ступни точно на уровень головы, параллельно земле. Это вторая стадия.

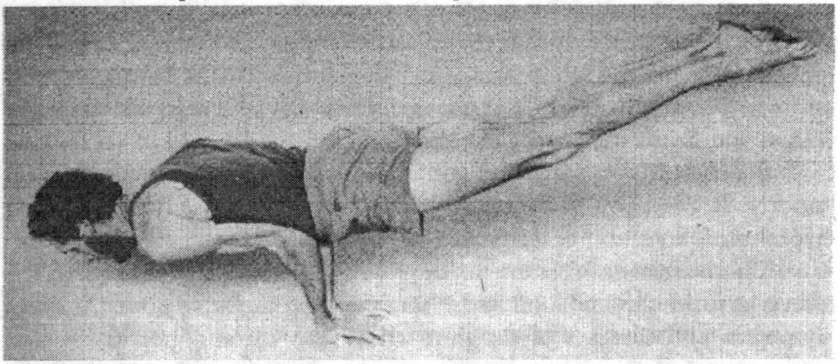

Новичкам бывает трудно сохранить равновесие, оторвав ноги от земли. Положите перед собой подушку. Иногда вы можете падать вперед и слегка ударяться носом. Постарайтесь, теряя равновесие, падать на бок. Если вам будет трудно одним движением распрямить ноги, медленно выпрямите сначала одну ногу, потом другую. Если вы возьмете за правило наклонять тело вперед, а голову назад, ваши ноги будут сами отрываться от земли и вам будет очень легко распрямить их. Если *асана* выполнена полностью, голова, туловище, ягодицы, бедра, ноги и ступни образуют одну прямую линию, параллельную земле. Эта поза очень красива.

Новички могут учиться ее делать, ухватившись руками за края кровати. Так это намного легче. Если вы поняли технику исполнения этой *асаны* и мобилизовали свой здравый смысл, для вас не составит никакой трудности поддерживать равновесие. Полным людям надо соблюдать осторожность, чтобы не упасть и не поскользнуться. При выпрямлении ног избегайте рывков.

Практикуйте эту *асану* сначала в течение 5—20 секунд. Достаточно сильные люди могут держать ее 2—3 минуты.

Поднимая туловище, задерживайте дыхание. Это придаст вам огромную силу. Затем, приняв нужную позу, тихонько дышите. Закончив *асану*, медленно выдохните.

Польза: Маюрасана обладает сама по себе большим очарованием. Она очень быстро вас укрепляет. За несколько секунд вы получаете полную нагрузку. Она действует как подкожная инъекция адреналина или дигиталина.

Это мощная *асана* для улучшения пищеварения. Она разрушает влияние нездоровой пищи и увеличивает возможности пищеварительной системы. Она излечивает диспепсию и болезни желудка — такие, как хронический гастрит, — и сокращает расширенную селезенку или печень, увеличивая внутрибрюшное давление. Вялость печени проходит. Она тонизирует кишки, лечит запоры (обычные и хронические) и пробуждает *кундалини*. Она дает великолепный аппетит, уносит все болезни, вызванные излишком газов, желчи или мокроты, лечит диабет и геморрой, укрепляет мышцы рук. Одна эта *асана* может предоставить вам максимальный физический тренинг за минимальное количество времени.

Варианты

1. *Хамсасана.*

Это довольно легкая *асана*, которая является подготовительным этапом для *маюрасаны*. *Хамсасаной* называется такое положение, когда ноги уже вытянуты, но еще не оторвались от пола при выполнении *маюрасаны*.

2. *Лоласана.*

Сложите ноги в *падмасану* и сделайте упор для *маюрасаны*. Вся тяжесть вашего тела переносится на колени и на кисти рук. Затем медленно поднимайте нижнюю часть туловища, образующую *падмасану*. Получается как бы смесь *маюрасаны* и *падмасаны*. Это и есть *лоласана*.

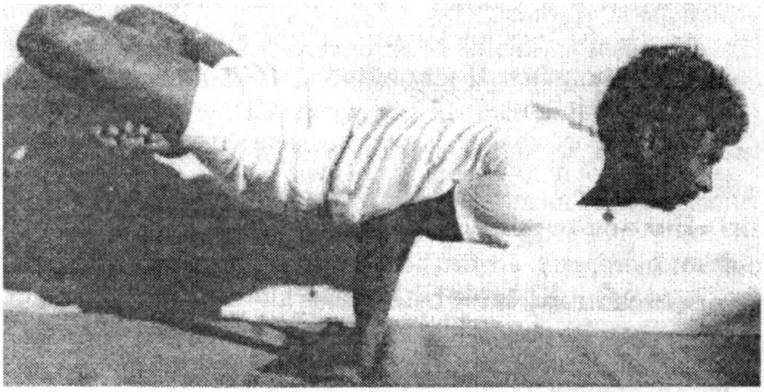

Ардха-матсьендрасана

Ардха — это «половина». В названиях *асан* это слово означает, что поза «половинная», неполная.

Данная *асана* названа в честь мудреца Матсьендры, который первым ввел ее в практику хатха-йоги. Матсьендра, как говорят, был учеником Бога Шивы. Однажды Шива отправился на пустынный остров. Там он обучил Парвати тайнам йоги. Рыба, которая плавала недалеко от берега, услышала учение Бога Шивы. Шива узнал об этом. В своем безграничном милосердии он брызнул водой на эту рыбу-йога. Тут же, благодаря милости Бога Шивы, рыба превратилась

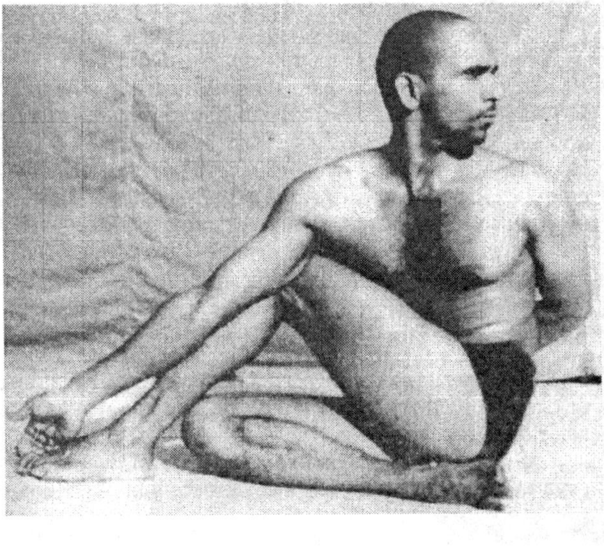

в сиддха-йога с божественным телом. Его назвали Матсьендрой.

Пашчимоттанасана и *халасана* изгибают позвоночник вперед. *Дханурасана, бхуджангасана* и *шалабхасана*, наоборот, изгибают его назад. Этого недостаточно. Позвоночник нужно скручивать и изгибать в стороны — только так можно обеспечить гибкость спинного хребта. *Матсьендрасана* хорошо служит этой цели, скручивая спинной хребет. Некоторые хатха-йоги начинают именно с этой *асаны*, когда дают ученикам практические уроки йоги.

Техника: Поместите левую пятку возле заднего прохода, ниже мошонки. Она может касаться промежности. Следите, чтобы ваша пятка оставалась все время на этом месте. (Промежность — это пространство между задним проходом и внешним детородным органом.) Согните правое колено и поставьте правую лодыжку у основания левого бедра, правая стопа должна крепко стоять на земле, около сустава левого бедра. Поместите левую подмышку на чашечку вертикально стоящего согнутого правого колена. Затем отведите колено чуть назад, так, чтобы оно касалось задней части подмышки. Левой ладонью возьмитесь за левое колено. Затем, перенося тяжесть на левый плечевой сустав, медленно скрутите позвоночник и повернитесь как можно дальше вправо. Лицо также поверните, насколько возможно, в правую сторону. Голова должна быть на одной линии с правым плечом. Правое предплечье оттяните к спине. Возьмитесь правой рукой за левое бедро. Зафиксируйте позу на 5—15 секунд. Держите спину прямо. Не наклоняйтесь. Таким же образом скрутите позвоночник в левую сторону. Это дополнит изгиб спинного хребта.

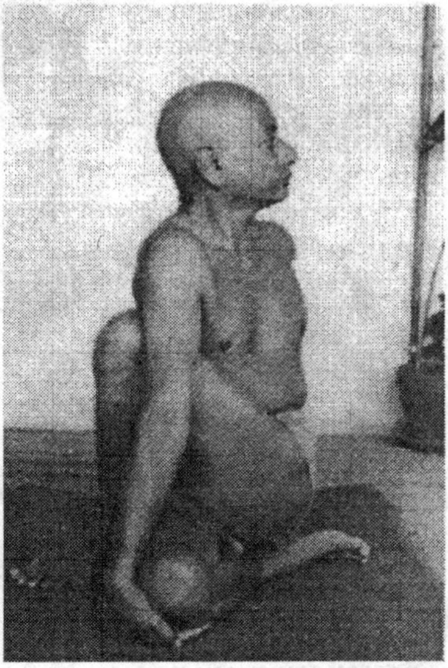

Польза: Эта *асана* усиливает аппетит, улучшает пищеварение. Она убивает страшные болезни, поднимает *кундалини* и делает плавным лунный поток *чандра-нади*. (Считается, что луна расположена над нёбом. Из нее сочится прохладный божественный нектар, который обычно утрачивается, смешиваясь с желудочным огнем. Но *матсьендрасана* не дает им смешиваться.)

Она поддерживает гибкость позвоночника и хорошо массирует брюшину. Излечивается радикулит и все виды мускульного ревматизма спинных мышц. Тонизируются нервные окончания позвоночника и симпатической системы. Они получают хороший приток крови. Эта *асана* дополняет *пашчимоттанасану*.

Бхуджангасана (поза кобры)

Бхуджанга на санскрите означает «кобра». Когда выполняется эта поза, приподнятые голова и туловище напоминают поднятую голову кобры. Поэтому ее называют *бхуджангасана*.

Техника: Расстелите одеяло на земле. Лягте лицом вниз, прижав подбородок к груди. Расслабьте все мышцы. Лежите удобно. Положите ладони на землю, чуть

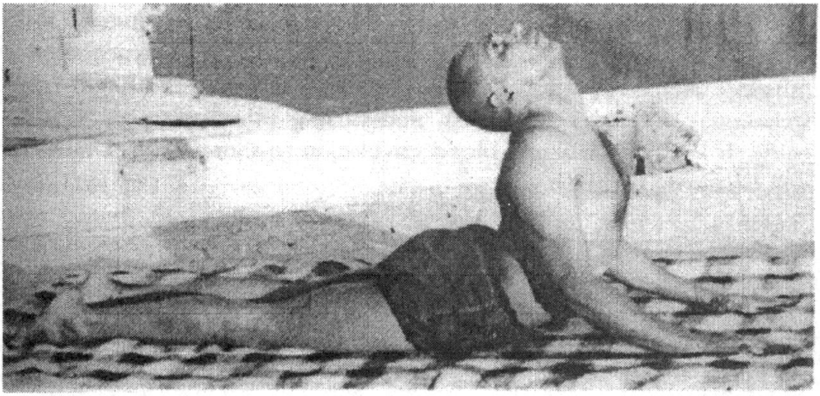

ниже плеч. Тело от пупка до пальцев ног должно касаться земли. Медленно поднимайте голову и переднюю часть тела, так, как кобра поднимает свою голову. Позвоночник выгните назад. Теперь все мышцы спины и поясницы хорошо сокращены. Увеличилось также внутрибрюшное давление. Затем медленно переведите голову в исходное положение. Образовался *подбородочный замок*. Повторите без перерыва поднимание головы и откидывание ее назад раз двенадцать. Дышите медленно через нос. Поднимая голову и выгибая позвоночник, задержите дыхание. Затем можете медленно выдохнуть. Откидывая голову назад, опять задержите дыхание. Как только голова коснется земли, опять начинайте медленно дышать.

Польза: Бхуджангасана сгибает позвоночник назад, в то время как *сарвангасана* и *халасана* выгибают его вперед. Это снимает сутулость, боли в спине, радикулит и миальгию спины. Она увеличивает внутрибрюшное давление и опускает вниз накопившуюся фекальную массу, переводя ее из поперечной кишки в прямую кишку. Это излечивает запор. Она поднимает температуру тела и уничтожает массу болезней, пробуждает *кундалини*, спящую глубоким сном в *муладхара-чакре*. Улучшает аппетит.

Бхуджангасана особенно полезна для женщин, она тонизирует яичники и матку. Это мощное тонизирующее средство. Она лечит аменорею (отсутствие менструации), дисменорею (болезненную или осложненную менструацию), левкорею (бели) и многие другие болезни матки и яичников. Она обеспечивает хорошую циркуляцию крови в этих органах. Роды будут проходить нормально и легко.

Шалабхасана (поза саранчи)

Человек в этой позе напоминает саранчу (*шалабха* — на санскрите «саранча»).

Техника: Лягте на землю лицом вниз. Руки вытяните по бокам, ладонями вверх. Можете разместить руки под животом — это другой вариант. Тихонько вдохните. Напрягите все тело и поднимите ноги на один локоть вверх. Поднимите голову как в *бхуджангасане*. Пальцы ног, ноги и бедра должны быть сомкнуты. Подошвы ног поверните вверх. Поднимите ноги, бедра и нижнюю часть тела. Зафиксируйте эту позу от 5 до 30 секунд. Медленно опустите ноги. Задержите дыхание, заканчивая эту *асану*, затем медленно выдохните.

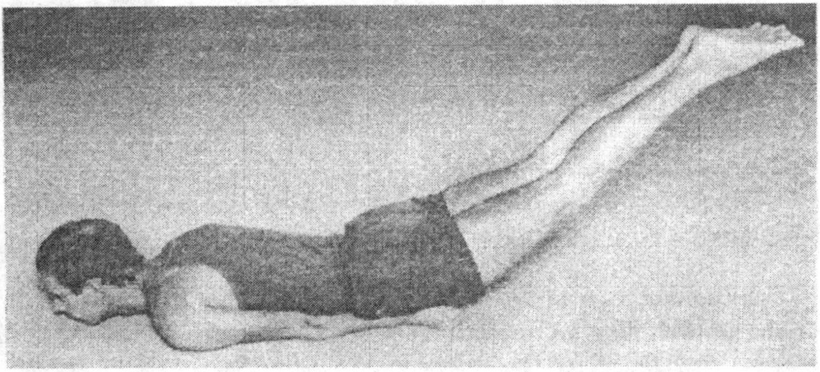

Ее можно повторять 5—7 раз.

Польза: Эта *асана* выгибает позвоночник назад. Как и *маюрасана*, она увеличивает внутрибрюшное давление. Она дополняет *бхуджангасану*. *Бхуджангасана* развивает верхнюю часть тела, а *шалабхасана* развивает нижнюю часть тела, а также нижние конечности. Она укрепляет мышцы живота, спины, бедер и ног. Она спускает вниз накопившуюся массу в восходящую кишку, оттуда в поперечную, затем в нисходящую и оттуда в прямую кишку. (Почитайте любую книгу по основам физиологии. Это вам очень поможет.)

Эта *асана* является хорошим упражнением для живота. Она снимает запор, тонизирует внутренние органы — печень, поджелудочную железу, почки и т. п. — и излечивает различные болезни желудка и кишок. Она излечивает вялость печени и сутулость. Укрепляются пояснично-крестцовые кости, снимается радикулит. Увеличивается способность пищеварения и снимается диспепсия. У вас значительно улучшается аппетит.

Дханурасана (поза лука)

При выполнении этой *асаны* тело напоминает натянутый лук (санскр. *дханура*). Вытянутые руки и ноги от колена напоминают тетиву лука. Она выгибает позвоночник назад. Она дополняет *бхуджангасану*. Можно сказать, что это сочетание *бхуджангасаны* и *шалабхасаны*, с добавлением еще одного элемента: руки держат лодыжки. *Бхуджангасана, шалабхасана* и *дханурасана* образуют ценное сочетание. Они всегда идут вместе. Это одна серия *асан*, противоположная позам *халасаны* и *пашчимоттанасаны*, которые выгибают позвоночник вперед.

Техника: Лягте на грудь лицом вниз. Расслабьте все мышцы. Руки лежат по бокам. Потихоньку согните ноги, как бы пытаясь достать ими затылка. Поднимите руки назад и схватитесь за лодыжки пальцами. Поднимите грудь и голову. Расправьте грудь. Ваши предплечья и ноги от колен должны быть прямыми и напряженными. Образовалась выпуклая дуга. Если вы распрямите ноги, вы сможете приподнять грудь. Вы должны ловко проделывать эти манипуляции. Слегка задержите дыхание, выдыхайте медленно. Проделайте упражнение 5—6 раз. Удерживайте эту позу столько, сколько вам будет удобно. Колени держите сомкнутыми.

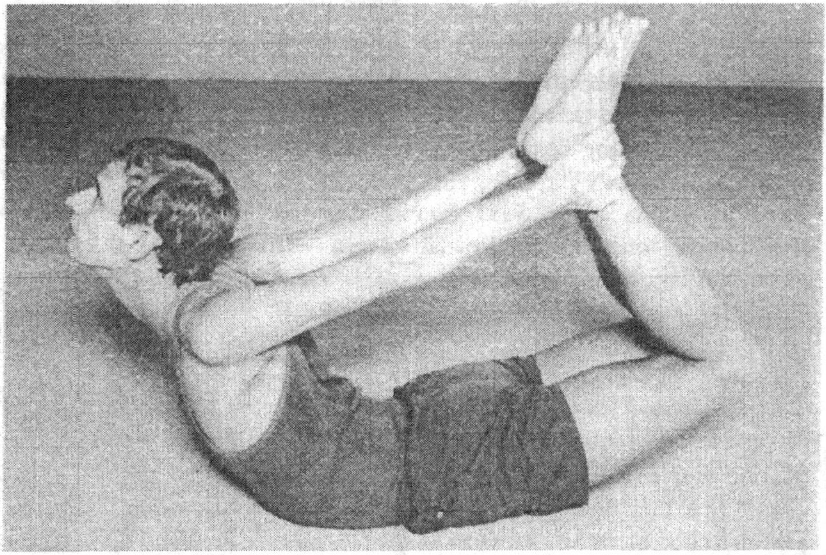

Все тело опирается на брюшную полость. Эта *асана* хорошо ее массирует. Вы должны делать ее на пустой желудок. Вы можете хорошо раскачивать тело из стороны в сторону и вперед и назад. Это обеспечит тщательный массаж брюшной полости. Раскачивайтесь и наслаждайтесь. Про себя повторяйте: *ОМ, ОМ, ОМ*.

Польза: Это полезно при хроническом запоре, диспепсии и вялости печени. Снимает сутулость, ревматизм ног, коленных суставов и рук. Эта *асана* сжигает жир, стимулирует пищеварение, улучшает перистальтику, аппетит, снимает воспалительные процессы в органах кишечника и тонизирует их.

Дханурасана — это большое благо для людей, страдающих желудочно-кишечными болезнями. Как и *халасана*, она поддерживает гибкость позвоночника. Она предупреждает преждевременное окостенение. Тот, кто делает *халасану*, *маюрасану* и *дханурасану*, никогда не будет лениться. Он будет полон энергии, силы и жизнерадостности.

Вариант

1. *Уштрасана (поза верблюда)*.

То же, что *дханурасана*, но бедра остаются прижаты к земле.

Гомукхасана (поза коровьей головы)

Эта поза напоминает коровью голову. Отсюда ее название (*гомукха* означает «коровья голова»).

Техника: Разместите пятку левой ноги под левой частью ануса. Переместите правую ногу таким образом, чтобы правое колено было над левым коленом и правая ступня тесно соприкасалась по всей длине с левым бедром. Путем длительной практики вам удастся правой пяткой коснуться ягодиц. Сидите абсолютно прямо. Теперь вам нужно сделать замок из пальцев за спиной с помощью двух указатель-

ных пальцев, это потребует ловкости. Конечно, вначале сделать это будет трудно. Заведите левую руку за спину, поднимите вверх левый указательный палец. Заведите правую руку за правое плечо и опустите ее по спине, указательный палец должен быть повернут книзу. Крепко схватитесь за левый указательный палец. Теперь сделайте замок из пальцев. Если он распадется, попытайтесь еще раз, задержите замок на две минуты. Дышите спокойно. Теперь *асана* похожа на морду коровы. Делая замок из пальцев, не поворачивайте туловище, не сгибайте пятки и грудь. Туловище должно быть выпрямлено. Меняйте руки и ноги. Полным людям трудно будет выполнить эту *асану*, правильно расположить пятки и бедра и сделать замок из пальцев; но постоянная практика им поможет.

Если вы чувствуете небольшой застой крови в бедрах, помассируйте их руками после выполнения позы.

Польза: Эта *асана* избавляет от ревматизма ног, ишиаса, геморроя, невралгии ног и бедер, несварения желудка, диспепсии, боли в мускулах спины и растяжения предплечий. Она помогает сохранять *брахмачарью* и хорошее здоровье. Сама собой приходит и легко сохраняется *мула-бандха*. Поэтому эта *асана* подходит для практики *пранаямы*. Кроме того, вы можете любое время сесть в эту *асану*, не делая замка из пальцев.

Вы можете сесть в эту *асану* и для длительной медитации. Худым людям с тонкими бедрами и ногами она очень понравится. Йог Свами Сварупананда из Джвалапура был поклонником этой *асаны*. Он всегда садился в нее. Это была его любимая поза.

Вариант

1. *Вама-джанвасана.*

Держите ноги, как в *гомукхасане*, а руки можно прижать к груди или положить на колени.

Ваджрасана (поза алмаза)

У тех, кто сидит в этой *асане*, будет прямая, ровная спина. Их нелегко будет сдвинуть с места. Колени твердеют. Спинной хребет становится крепким и прочным. Эта *асана* напоминает позу, которую мусульмане принимают для намаза.

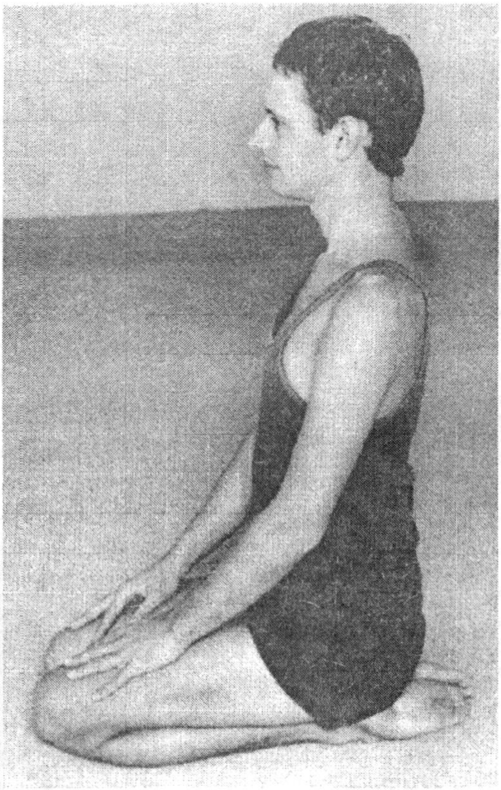

Техника: Сядьте на пятки, ступни ног по обе стороны заднего прохода. Часть туловища от пальцев ног до колен касается земли. Вся тяжесть тела переносится на колени и лодыжки. Сначала вы можете испытывать легкую боль в коленях и в суставах лодыжек, но это быстро пройдет. Помассируйте обеими руками части тела, которые болят, и оба сустава. Можно их растереть «йодексом» или «амританджаном». Зафиксировав ступни ног и колени, положите обе руки на колени. Сомкните колени. Посидите так, следя за тем, чтобы туловище, шея и голова находились на одной прямой. Это самая простая *асана*. Вы можете сидеть в ней долгое время, не испытывая неудобств. Йоги обычно сидят именно в этой *асане*.

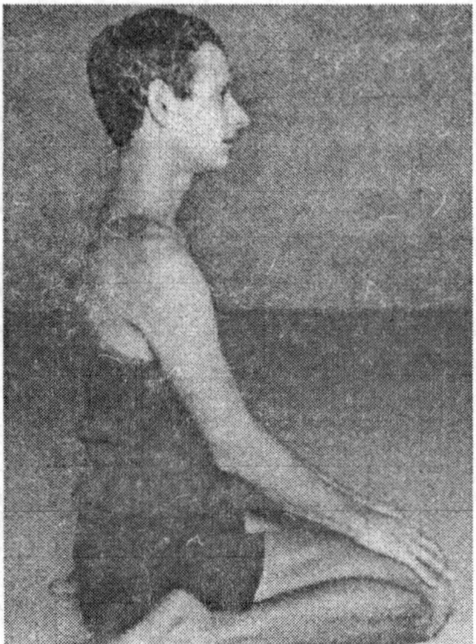

Польза: Если вы просидите в этой *асане* около получаса сразу после еды, пища хорошо переварится. Это очень помогает страдающим диспепсией. Укрепляются нервы и мышцы голеней и бедер. Исчезает миальгия коленей, голеней, пальцев ног и бедер. Улетучивается ишиас. Снимается метеоризм. Желудок энергично работает. Практика *ваджрасаны* оказывает стимулирующее, благоприятное влияние на *канду* (см. раздел о *кундалини*), расположенную ниже заднего прохода, от которой ответвляются 72 000 *нади*.

Варианты

1. Некоторые люди предпочитают держать пятки совершенно раздельно, при

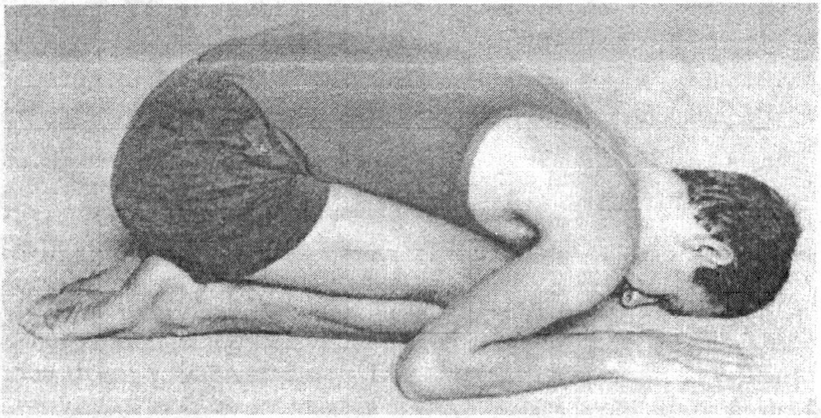

этом задний проход и ягодицы размещаются между пятками, а голени по обе стороны бедер.

2. *Ардха-курмасана.*

Сядьте в ваджрасану и вытяните руки на уровень лица, затем медленно наклонитесь вперед так, чтобы грудь опиралась на бедра, а лицо касалось земли, руки также касаются земли.

3. *Мандукасана (поза лягушки).*

Отведите ступни ног назад. Пальцы ног должны соприкасаться. Разведите колени. Положите руки на колени. Эта поза называется *мандукасана*.

4. *Парватасана.*

Сядьте в *ваджрасану*. Поднимите туловище и медленно поднимите руки над головой.

Эта поза называется *парватасана*.

5. *Ананда-мандирасана.*

Сядьте в *ваджрасану* и ухватитесь за пятки обеими руками.

6. *Ангуштхасана.*

Эта *асана* важна для поддержания *брахмачарьи*. Сидя в *ваджрасане*, медленно поднимите колени.

7. *Супта-ваджрасана.*

Это сочетание «позы спящего» и *ваджрасаны*. Ее иногда еще называют *ардха-шавасана*. Сначала вы должны научиться безукоризненно выполнять *ваджрасану*. Затем вы можете перейти к этой *асане*. Она требует большего натяжения и силы, чем *ваджрасана*. Сядьте в *ваджрасану*, потом лягте на спину. Сделайте замок из пальцев. Положите голову на ладони или можете разместить предплечья вдоль тела. Сначала вся спина не должна касаться земли. Ее нижняя часть должна так и оставаться приподнятой. Через несколько дней практики вам удастся вполне удовлетворительно выполнять эту *асану*.

Практика этой *асаны* поможет вам быстрее освоить *чакрасану*.

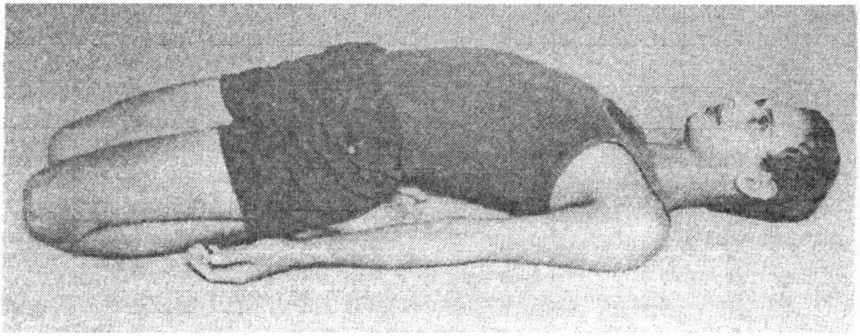

Гарудасана (поза орла)

Эта *асана* названа в честь Гаруды, мифического царя орлов.

Техника: Сначала станьте совершенно прямо. Поднимите левую ногу и заведите ее за правую ногу. Левое бедро должно скреститься с правым бедром. Как лиана вьется и обвивает дерево, так левая нога должна обвиться вокруг правой ноги. Точно так же и с руками, одна рука должна обвиться вокруг другой. Ладони рук

должны соприкасаться. Пальцы должны напоминать клюв орла. Держите кисти рук точно на уровне лица. Поочередно меняйте руки и ноги.

Когда вы станете в описанную позу, постепенно наклонитесь и постарайтесь коснуться земли пальцами обвившейся ноги. Только тогда вы извлечете максимальную пользу из этой *асаны*. Можете попросить кого-нибудь помочь вам наклониться. Обе ноги должны быть согнуты. Вы можете сделать *басти* (промывание кишок водой) в этой *асане*.

Польза: Укрепляются сухожилия и мышцы ног и рук. Руки и ноги удлиняются. Практикуя эту *асану*, человек может значительно подрасти. Укрепляются также нервные окончания почек. Излечиваются ишиас, ревматизм ног и рук. Кости спинного хребта развиваются и укрепляются. Лечатся водянка и опухание яичек. Развиваются икроножные мышцы. Укрепляются сухожилия ног и рук.

Падангуштхасана

Полным людям будет довольно трудно выполнить эту *асану*. Они будут раскачиваться, то ли из стороны

в сторону, то ли взад-вперед. Однако упорная практика все поставит на свое место. *Риши* древности предписывали эту *асану* всем *брахмачари* наряду с *ширшасаной* и *сарвангасаной* — для сохранения жизненной энергии.

Техника: Поставьте левую пятку под анус или промежность, в место между задним проходом и внешним детородным органом. Перенесите всю тяжесть тела на пальцы ног, особенно на большой палец левой ноги. Поставьте правую ступню на левое бедро ближе к колену. Осторожно сядьте, сохраняя равновесие. Если вам будет трудно выполнить эту асану самостоятельно, возьмите скамью и обопритесь о нее обеими руками или сядьте у стены. Положите руки на пояс. Задержите дыхание настолько, насколько вам удобно. Затем дышите спокойно. Смотрите на какую-нибудь черную или белую точку перед собой. Выполняя эту *асану*, повторяйте *мантру* своего гуру или *Рам Рам*.

Польза: Промежность имеет четыре дюйма в ширину. Под ней находится семенной канал, проводящий семя или жизненную энергию от яичек. Регулярная практика этой *асаны* снимает ночные выделения спермы, или сперматорею, и превращает человека в *урдхваретаса*, или йога, чье семя течет в мозг и накапливается там в виде *оджас-шакти*, или духовной силы. Сочетание таких *асан*, как *ширшасана, сарвангасана, сиддхасана, бхуджангасана* и *падангуштхасана*, очень благоприятствует поддержанию *брахмачарьи*. Каждая из них оказывает свое специфическое действие. *Сиддхасана* и *бхуджангасана* действуют на яички и их клетки, препятствуя образованию семени. *Ширшасана* и *сарвангасана* помогают оттоку семени в мозг. *Падангуштхасана* эффективно воздействует на семенной канал.

Триконасана (поза трех углов)

Техника: Встаньте прямо. Ноги держите врозь. Затем широко разведите руки в стороны, поставьте их на линию плеч. Руки должны быть абсолютно параллельны земле. Теперь медленно наклоняйтесь вправо. Колени должны быть прямые и напряженные. Это важно. Коснитесь пальца правой ноги пальцами правой руки. Медленно наклоните шею вправо. Она должна коснуться правого плеча. Теперь вытяните левую руку над головой. Оставайтесь в этом положении две-три минуты. Дышите спокойно. Проделайте то же самое в левую сторону. Пусть пальцы левой руки коснутся пальцев левой ноги. Поднимите левую руку над головой. Проделайте упражнение от трех до шести раз в каждую сторону.

Польза: Эта *асана* сообщает очень хорошие боковые движения позвоночнику. Она дополняет *ардха-матсьендрасану*. Она расширяет и завершает *матсьендрасану*. Если у вас будет здоровый позвоночник, вы сможете медитировать в одной *асане* в течение многих часов, не испытывая усталости. Для йога позвоночник чрезвычайно важен, так как он соединен со спинным мозгом и с симпатической системой. Именно в позвоночнике находится *сушумна-нади*, играющая жизненно важную роль в движении *кундалини*. Эта *асана* тонизирует нервы позвоночника и органов брюшины, улучшает перистальтику кишок и усиливает аппетит. Снимается запор. В теле появляется легкость. Для людей, у которых одна нога оказалась укороченной в результате перелома бедра или тазобедренной кости, эта *асана* будет настоящим благословением. Она удлиняет ноги.

Баддха-падмасана (замкнутая поза лотоса)

Это вариант *падмасаны* (позы лотоса).

Техника: Сядьте в *падмасану*, скрестив ноги. Пятки должны касаться нижней части живота. Отведите правую руку за спину. Ухватитесь за палец правой ноги средним и безымянным пальцами правой руки. Затем заведите левую руку за спину и ухватитесь средним и безымянным пальцами левой руки за пальцы левой ноги. Затем прижмите подбородок к груди. Смотрите на кончик своего носа (*насикаградришти*). Дышите спокойно.

Некоторым людям покажется трудно схватить одновременно пальцы на обеих ногах. Для начала в течение месяца они могут практиковать *ардха-баддха-падмасану* (половинную позу). После этого они смогут перейти к *пурна-баддха-падмасане* (полной позе). Практикуйте половинную позу в правую сторону. Затем попробуйте ее сделать в левую сторону. Ухватитесь сначала за один носок ноги одним пальцем руки. Затем поменяйте стороны. Половинная поза — это подготовительный этап для выполнения полной позы. Во время выполнения полной позы, примените небольшую хитрость. Ухватитесь сначала за один носок ноги, а затем, когда вы попытаетесь схватить другой носок, слегка наклоните туловище вперед. Так вам легче будет его ухватить.

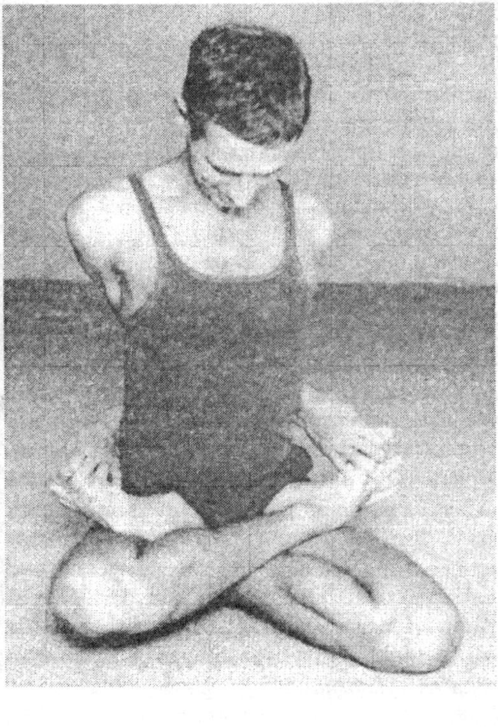

Эта *асана* не предназначена для медитации. Она главным образом направлена на значительное улучшение здоровья, силы и жизнеспособности организма. Польза от *падмасаны* в невероятной степени увеличивается в этой *асане*. Эту *асану* надо регулярно практиковать хотя бы в течение шести месяцев, тогда только вы получите от нее максимальную пользу. Вы не можете ждать, что она принесет вам пользу, просто посидев в ней пару минут. Вы должны в ней оставаться по меньшей мере полчаса. Если вы сможете делать ее в течение часа-полутора, вы несомненно получите от нее огромную пользу. Есть люди, которые могут ее делать целых три часа. Какие же они упорные и терпеливые! Они сохраняют отличное здоровье и силу, а также высочайшую жизнеспособность.

Многие болезни излечиваются с помощью этой *асаны*. Хронические заболевания желудка, печени, селезенки и кишечника, которые врачи-аллопаты и аюрведисты объявили неизлечимыми, лечатся постоянной практикой этой асаны. В этом нет никаких сомнений. Такие болезни желудка, как хронический гастрит, диспепсия, метеоризм, колики, дизентерия, асцит, запор, отрыжка и хронический радикулит, проходят. Так как она поддерживает спинной хребет, снимается сутулость. Очищаются нервы поясницы, бедер, ног и ступней. Излечивается расширение печени и селезенки. Исчезает вялость печени. Эта *асана* оказывает мощное воздействие на *сурья-чакру* (солнечное сплетение нервов) за пупком и стимулирует ее. Вы получите от этого большой заряд энергии.

Делая эту *асану*, втягивайте и выпячивайте живот. Мысленно повторяйте *ОМ* или *Рам*. Представьте себе, что семенная энергия течет в мозг и накапливается там как *оджас-шакти*. Практикуйте это по десять минут в день. Этот процесс очень помогает сохранять *брахмачарью*.

Падахастасана

Ее можно назвать «стоячей *пашчимоттанасаной*», так как техника их исполнения одна и та же. Единственная трудность — та, что эту *асану* вам придется выполнять стоя. Некоторые называют эту позу *хастападасаной*.

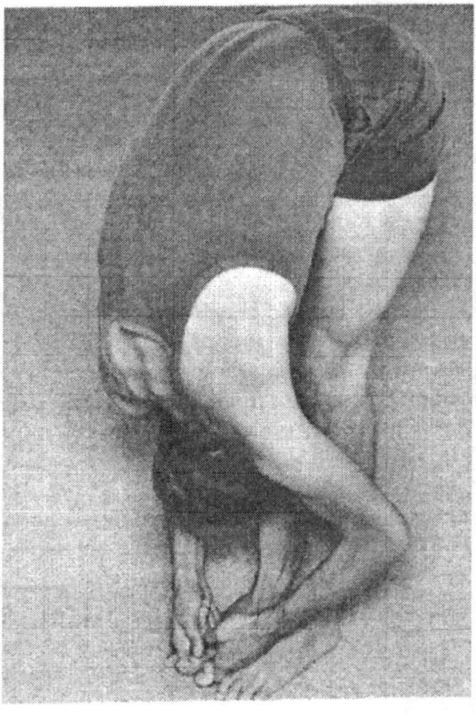

Техника: Встаньте прямо. Руки опустите и прижмите к телу. Пятки сомкнуты, носки врозь. Поднимите руки над головой. Медленно наклоните туловище вперед. Колени прямые и напряженные. Не сгибайте ноги в коленях. Медленно опустите руки, не сгибая их в локтях, и большим, указательным и средним пальцами ухватитесь за носки. Наклоняясь, медленно выдыхайте и втягивайте живот. Поместите лоб между коленями. Все лицо спрятано в пространство между коленями, или же голову можно протолкнуть дальше, в межбедерное пространство.

(Можно варьировать эту *асану*, меняя по очереди руки и ноги. У меня нет возможности дать здесь детальное описание, да оно и не нужно.) Держите позу от 2 до 10 секунд. Полным людям вначале будет трудно выполнить эту асану. Терпение и упорство помогут им очень быстро справиться с трудностями. Втягивая живот, вы сокращаете мышцы живота и прямой кишки.

Если, из-за негибкости мышц бедер и излишка жира на животе, вам будет трудно ухватиться за носки ног, слегка согните при этом колени. Это будет разумно. Перед выполнением этой *асаны* можно выпить немного воды.

Польза: достоинства этой *асаны* многочисленны. После выполнения упражнения вы почувствуете себя более крепким. Тело становится легким , так как рассеивается много тамаса. Исчезает ожирение. Так можно исправить укорочение ноги после перелома ноги или бедра. Вы слегка удлините ногу, практикуя эту *асану* в течение примерно трех месяцев, а также растирая бедра и ноги горчичным маслом с небольшим количеством соли. (Соль увеличивает впитывание масла.) Эта *асана* способствует свободному проходу вниз *апана-вайю*. Очищается и укрепляется *сушумна-нади*. *Падахастасана* дает такие же преимущества, как и *пашчимоттанасана*.

Варианты

1. *Падахастасана (второй вариант)*.

Встаньте прямо. Медленно поднимите ногу и возьмитесь пальцами одноименной руки за носок ноги. Противоположную руку держите на бедре. Не сгибайте ноги. Иногда *падахастасаной* называют эту *асану*.

2. *Тадасана (поза дерева)*.

Стойте на одной ноге, а другую ногу, согнув в колене, заведите на противоположное бедро.

Матсьендрасана (полная поза скручивания позвоночника)

Попрактиковавшись в *ардха-матсьендрасане*, вы подготовитесь к выполнению полной позы. Полная поза несколько труднее, чем половинная. Но, например, покойный Шри Мадхавадасджи Махарадж из Гуджарата, знаменитый хатха-йог, сразу же обучал своих учеников этой позе.

Техника: Сядьте прямо, скрестив ноги. Положите левую ступню на сустав правого бедра, пятка касается пупка. Правая нога должна касаться земли рядом с левым коленом. Поместите кисть левой руки с наружной стороны правого колена и прижмите колено к левой стороне. Ухватитесь за носок правой ноги пальцами (большим, указательным и средним) левой руки. Правая стопа должна крепко опираться о землю. Заведите правое предплечье за спину и схватитесь за левую пятку. Лицо и туловище повернуты назад вправо. Скрутите позвоночник. Смотрите на кончик своего носа. Дышите спокойно. Зафиксируйте позу на 20 секунд. С практикой вы сможете довести время выполнения до двух-трех минут. Повторите это действие несколько раз.

Для извлечения максимальной пользы из этой *асаны* ее следует практиковать поочередно в правую и левую сторону. Сначала в течение 2—3 недель делайте половинную позу, а потом попробуйте сделать полную. Тогда ваши мышцы и суставы станут гибче и эластичнее. Если вам будет трудно сохранять равновесие, вместо того, чтобы заводить руку за спину, вы можете упереться ладонью о землю. Это даст вам поддержку и облегчит дело. Постепенно вы научитесь заводить руку за спину.

Польза: Все преимущества половинной позы увеличиваются в полной. Увеличивается количество синовиальной жидкости в суставах, они становятся более подвижными. Снимаются все спайки суставов, вызванные ревматизмом. Эта *асана* дает великолепное здоровье. Она увеличивает *прана-шакти* (жизненную силу) и благодаря этому излечивает многочисленные болезни. Давление пятки на пуп проталкивает кровь к спине, что питает все сухожилия спины и *прана-нади* (см. раздел о *кундалини*) спины. Это пробуждает *кундалини* и успокаивает сознание. Слава, слава йогу Матсьендре, который впервые ввел эта *асану* в практику хатха-йоги!

Чакрасана (поза круга)

Многие акробаты демонстрируют эту *асану* на улицах. Она напоминает круг. Отсюда и ее название (*чакра* — «колесо, круг»). Хотя на самом деле она больше похожа на дугу, чем на круг. Мальчикам легко делать эту *асану*, так как у них очень гибкий позвоночник. Когда с возрастом кости становятся жесткими и негнущимися, такой изгиб позвоночника становится трудновыполнимым.

Техника: Встаньте прямо. Поднимите руки над головой. Медленно наклоняйтесь назад, телом образуя дугу. Когда руки сзади достигнут уровня поясницы, слегка согните ноги в коленях. Это поможет вам больше прогнуться и коснуться земли руками. Не торопитесь. Делайте упражнение медленно, стараясь сохранить равновесие, иначе вы упадете. Практикуйте эту *асану* на толстом сложенном в несколько раз одеяле. Вначале вы можете делать ее у стены или попросить кого-нибудь крепко держать вас за поясницу, а затем произвести наклон.

Есть другой вариант, более подходящий для пожилых людей. Здесь нет опасности упасть. Лягте на спину. Ступнями прижмитесь к земле. Ладони следует держать на уровне головы, локти направлены вверх. Теперь переместите пятки к бедрам на земле и поднимите туловище, образуя дугу. Постоянно практикуясь, вы можете сделать свой позвоночник очень гибким. Делая эту *асану*, вы можете ухватиться руками за пятки. Если вам трудно долго оставаться в таком положении, повторите *асану* пару раз, с небольшим перерывом между ними. Когда вы становитесь в эту *асану*, в теле появляется легкость. Вы сразу испытаете радость духа. Вы будете готовы к активной работе. Если после практики *сарвангасаны* вы чувствуете боль в шее и в плечах, немедленно в течение нескольких минут проделайте эту *асану*. Она снимет боль, так как выгибает шею назад и, таким образом, является позой, противоположной *сарвангасане*.

Польза: Тот, кто практикует эту *асану*, будет иметь полный контроль над своим телом. Он будет ловким и проворным. Он сможет сделать больше работы за меньшее время, и это будет благотворно влиять на все части его тела. Все достоинства *бхуджангасаны, шалабхасаны* и *дханурасаны* свойственны также этой *асане*.

Толангуласана (поза весов)

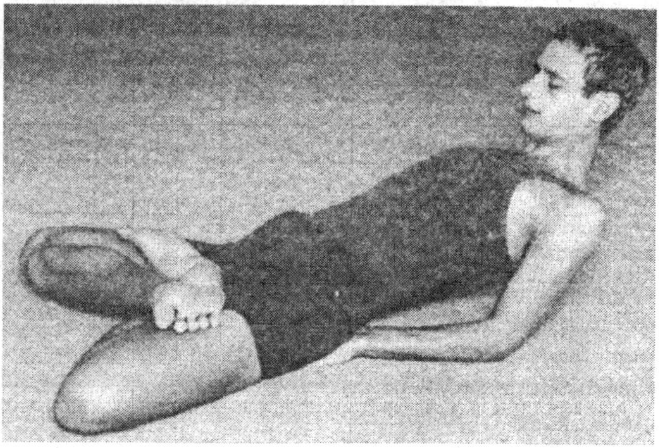

Эта *асана* своей формой напоминает коромысло весов. Отсюда и ее название.

Техника: Лягте на спину с ногами, сложенными в *падмасану*, как вы делаете при выполнении *матсьясаны*. Ладони разместите под ягодицами. Опускайтесь постепенно, опираясь на локти. Только голова и верхняя часть туловища должны быть приподняты над землей. Все тело опирается на ягодицы и на предплечья. Подбородок прижмите к груди (*джаландхара-бандха*). Задержите дыхание настолько, чтобы не испытывать при этом неудобств, затем медленно выдохните. Эту *асану* можно делать в течение пяти-шести минут.

Польза: Эта *асана* снимает метеоризм. Растягивается и развивается позвоночник. Вследствие давления на брюшную полость фекальная масса проталкивается из толстой кишки в прямую кишку. Так как грудь значительно расширяется, постепенно исчезает «куриная грудь», у вас будет прямая красивая грудная клетка. Вы получите все преимущества *падмасаны*. Мускулы и сухожилия рук получают дополнительную порцию крови. Поэтому они становятся очень сильными.

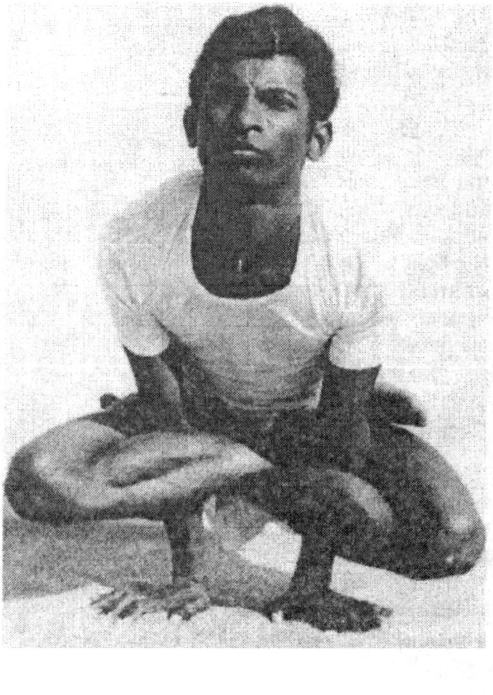

Куккутасана (поза петуха)

Куккута на санскрите означает «петух». Эта поза напоминает петуха.

Техника: Сначала сделайте *падмасану*. Постепенно введите оба предплечья, одно за другим, вплоть до локтевых суставов, в промежуток между икрами ног и бедрами. Ладони рук разместите на земле, пальцы направлены вперед. Оторвите туловище от земли. Ножной замок должен дойти до локтевых суставов. Если вы немного поднимете *падмасану*, вам легко будет ввести кисти рук. (Полным людям будет трудно ввести руки между бедром и икроножными мускулами.) Оставайтесь в этой *асане* столько, сколько сможете.

Польза: Все преимущества *падмасаны* содержатся в этой *асане* в максимальной степени. Лень проходит. Нади очищается. Хорошо развиваются бицепсы рук, дельтовидная мышца плеч, большая и малая грудные мышцы и т. п. Грудная клетка становится широкой.

Гарбхасана (поза зародыша)

Эта *асана* напоминает положение плода в чреве матери. Отсюда и название (*гарбха* — «зародыш»).

Техника: Как было описано в куккутасане, введите обе руки в промежуток между икрами ног и бедрами. Выведите локти сквозь голени ног наружу. Правой рукой схватитесь за правое ухо, а левой рукой — за левое. Вы должны очень осторожно выполнять заключительную стадию этой *асаны*, так как, пытаясь взяться руками за уши, вы можете упасть назад. Поскольку ваши руки не будут поддерживать туловище, вы окажетесь беспомощными. Однако практикуя эту *асану*, вы можете слегка раскачивать тело на ягодицах. Через несколько дней практики тело будет устойчивым. Если вам будет трудно выполнять эту *асану*, вы можете ее делать без *падмасаны*. Схватитесь за уши или за шею, введя предплечья за бедра. В этой позе нога будет вытянута вниз. Оставайтесь в этой *асане* две-три минуты. Повторите ее пять раз.

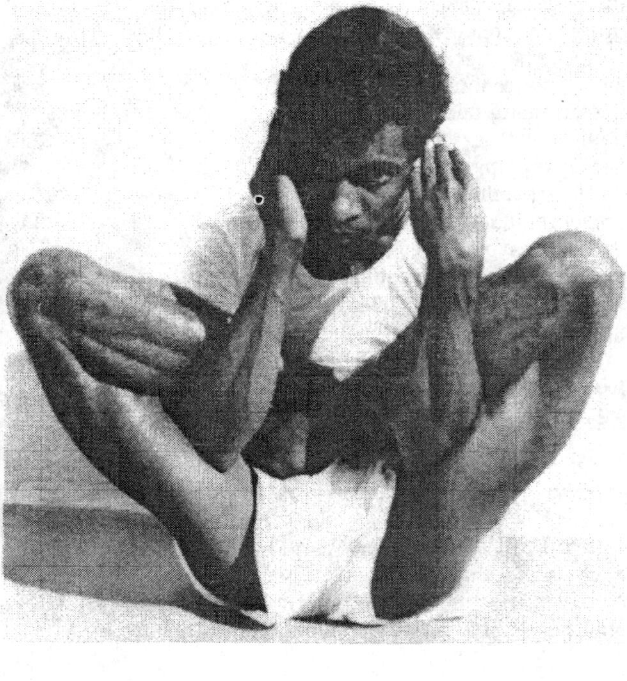

Польза: Увеличиваются возможности пищеварения. Растет аппетит. Кишки полностью очищаются. У вас будут четкие движения. Излечиваются многие болезни кишечника. Укрепляются руки и ноги.

Сасангасана

Согните ноги и опуститесь на носки и колени. Ладони расположите по обе стороны ступней. Красиво изогните спину ду-

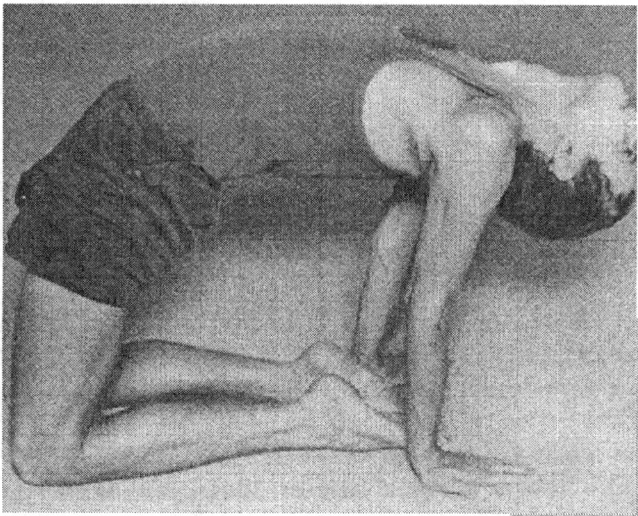

гой, пусть ваша голова будет отклонена назад, к земле. Не сгибайте руки. Они должны быть прямые. Это напоминает дханурасану. Эту *асану* можно назвать *«дханурасаной* на коленях». Она так же полезна, как и *дханурасана*.

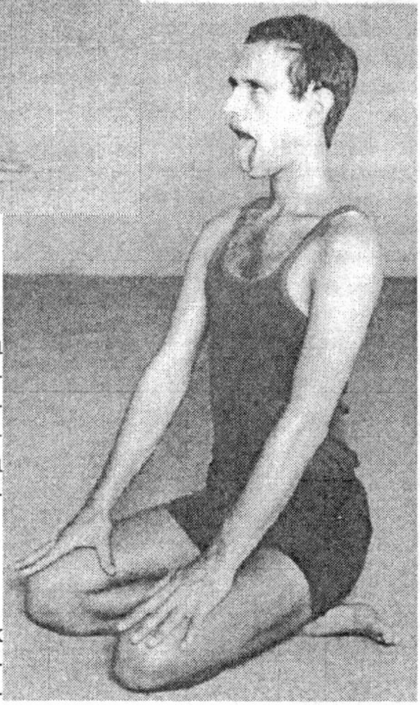

Симхасана (поза льва)

Разместите обе пятки под мошонкой или между задним проходом и мошонкой, левая пятка будет справа, а правая пятка слева. Руки держите на коленях. Пальцы растопырьте. Откройте рот. Эта *асана* уничтожает болезни. Все йоги обязательно выполняют ее. В этой *асане* хорошо делать *бандхи*.

Горакшасана

Поверните ступни ног вверх и спрячьте их между бедром и икроножными мускулами. Накройте пятки руками. Сделайте *джаландхара-бандху*. Проделайте *насикагра-дришти*. Эта *асана* приносит йогам успех.

Кандапиданасана

Техника: Эту *асану* довольно трудно выполнять людям с толстыми бедрами и икрами. Зато худые люди могут выполнить ее великолепно. Сядьте на землю, ступни ног должны быть обращены друг к другу. Медленно согните ступни и поставьте пятки на промежность, а носки по направлению к спине на задний проход. Теперь все тело опирается только на оба колена и на боковые стороны ступней. Руки держите на коленях. Сидите прямо.

Эту *асану* можно делать и иначе. Сядьте на землю, ступни ног поставьте рядом друг против друга. Они должны смотреть друг на друга. Затем возьмитесь двумя руками за пальцы одной ноги и осторожно постарайтесь поднести ступню к животу. Таким же образом переместите другую ступню к животу. Когда вы научитесь выполнять эту *асану* отдельно для каждой ноги, затем попытайтесь проделать ее одновременно двумя ногами. Практикуйте ее постепенно и очень осторожно. Если вы будете делать ее быстро, прилагая большое усилие, у вас будут болеть ноги. Когда *асана* выполнена полностью, подошвы ног должны расходиться в стороны, а задние части ног должны смотреть друг на друга.

Польза: Излечиваются всякого рода заболевания колен, ревматизм ног, ишиас, подагра. Укрепляются сухожилия икр и голеней.

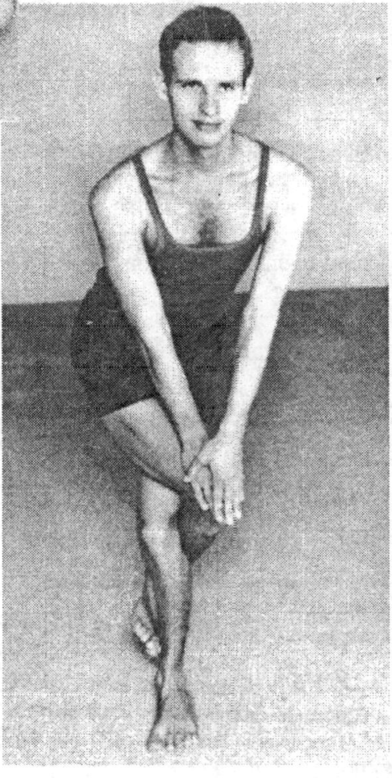

Санкатасана

Встаньте на левую ногу. Поднимите правую ногу и обвейте ее вокруг левой ноги. Руки держите на коленях. Это *санкатасана*, вариант *гарудасаны*.

Йогасана

Держите правую ступню на левом колене и левую ступню на правом колене, подошвы ног повернуты вверх. Положите руки на землю по обе стороны, ладонями вверх. Пристально смотрите на кончик своего носа и медитируйте длительное время.

Уттkatасана

Йогасана

Встаньте прямо. Ноги вместе. Руки на бедрах. Затем медленно опускайтесь вниз, сгибая ноги. Поначалу будет немножко трудно. Вы можете ухватиться за две половинки двери на уровне поясницы и затем, с такой поддержкой, опустить туловище. Вы можете также взяться за две ручки кресла. Тем, кто практикует *пранаяму*, легко будет выполнить эту *асану*. Она не требует большой силы. Нужно только уметь сохранять равновесие тела. Замечательно сможет это сделать худой человек с гибким телом. Опуская туловище, вы можете поначалу терять равновесие, однако через несколько дней практики вам удастся закрепить нужную позу. Когда вы научитесь отлично выполнять ее, ваши ноги от пальцев до колен и часть туловища от ягодиц до головы будут параллельны земле. Вначале, практикуя эту *асану*, вы можете сидеть на стуле. Медленно поднимите туловище на два-три дюйма над стулом и постарайтесь сохранить равновесие. Затем сядьте на носки. Вся тяжесть тела перенесена только на носки ног. Ягодицы касаются пяток. Так излечивается радикулит. Укрепляются запястья и носки ног. Позже вы сможете опускать туловище; эта поза используется для *басти-крийи*.

Бхадрасана (благословенная поза)

Сядьте удобно. Туловище держите прямо. Крепко прижмите обе пятки к краям промежности или к заднему проходу. Это разрушает все болезни, а также нейтрализует действие ядов.

Вришчикасана (поза скорпиона)

Те, кто умеет выполнять *ширшасану* или *хаста-врикшасану* хорошо и длительное время, могут попытаться сделать эту *асану*. Кисти рук и локти прижмите к полу. Вначале выполняйте ее, стоя у стены. Забросьте ноги на стену, затем попытайтесь сохранить равновесие, отодвинув ступни на два дюйма от стены. Практикуйте это в течение нескольких дней. Когда вы сможете держать равновесие, осторожно согните ноги в коленях, бедра должны быть направлены назад, поставьте подошвы ног или носки ног себе на голову. Все достоинства *ширшасаны*, *чакрасаны* и *дханурасаны* проявляются в этой *асане* в максимальной степени.

Йога-нидрасана

Лягте на спину. Затем возьмитесь руками за ноги и заведите ступни за шею. Медленно поднимите ягодицы и положите ладони на пол под ягодицы. Полные люди не могут выполнить эту *асану*. Они могут даже и не пробовать.

Физкультура в постели

Существует неправильное мнение о том, что физкультурой может заниматься только молодежь, а взрослым мужчинам и женщинам остается только беспомощно смотреть, как приходит старость. Нет. Даже люди пожилого возраста получают пользу от регулярной практики *асан* и *пранаямы*. Постоянно тренируясь, человек может научиться делать все важные *асаны* и *пранаямы*. Требуется терпение и упорство. Можно начать со следующих простых упражнений, которые можно ре-

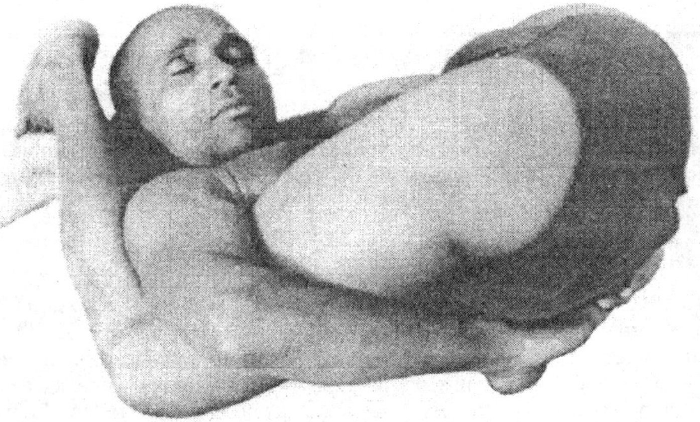

гулярно делать в постели, сразу после утреннего пробуждения. Весь набор упражнений займет не более пятнадцати минут; эти пятнадцать минут окажут огромное влияние на их способность заниматься повседневными делами, а также на их долголетие.

Сядьте в постели, скрестив ноги.

Упражнение 1. Возьмитесь правой рукой за левое запястье у себя за спиной. Теперь наклоняйтесь вперед и постарайтесь коснуться постели лбом.

Отпустите левое запястье и одним движением откиньтесь назад, держа обе ладони на постели.

Оставьте левую ладонь на постели и качните туловище направо, коснитесь постели справа также левой ладонью. Поверните туловище в левую сторону и положите обе ладони на кровать слева. Сделайте это в обе стороны.

Упражнение 2. Вытяните ноги вперед. Ухватитесь руками за носки ног. Постарайтесь наклониться вперед и коснуться коленей лбом, не сгибая колени.

Упражнение 3. Опять сядьте, скрестив ноги. Выдохните медленно и полно. Втяните живот (*уддияна-бандха*). Ослабьте брюшную полость. Дышите нормально.

Упражнение 4. Теперь втяните живот и быстро расслабьте его. Не задерживайте дыхание. Не дергайте сильно туловище. Это упражнение для живота. Оно называется *агнисара*.

Упражнение 5. Сожмите кулаки и поднимите предплечья, сгибая руки в локтях. Выбросьте руки вперед; затем опять отведите назад предплечья, сгибая локти. Повторите три-четыре раза. Вытяните руки в стороны и вернитесь в исходное положение. Подобным же образом выбросьте руки вперед и вернитесь в исходное положение.

РЕЛАКСАЦИЯ

Практика расслабления мышц тела дает отдых не только телу, но и духу. Снимается напряжение. Люди, владеющие наукой релаксации, не теряют времени даром. Они могут хорошо медитировать.

Шавасана (поза трупа)

Это *асана* для релаксации всех мышц, нервов и т. д. Ее нужно делать в самом конце выполнения *асан*. (Иначе эта поза называется *мритасана*.)

Техника: Лягте на мягкое одеяло. Лежите на спине. Руки положите свободно по обе стороны туловища. Ноги вытяните. Носки ног должны слегка отклоняться наружу. Закройте глаза и спокойно дышите. Освободите все мышцы, нервы, внутренние органы и пр. Начинайте процесс релаксации с пальцев ног. Затем перейдите к икроножным мускулам, мускулам спины, груди, рук, предплечий и кистей рук, шеи, лица и т. д. Проследите, чтобы органы брюшины, сердце, грудь и мозг также расслабились. Освободите солнечное сплетение. Теперь повторяйте *ОМ, ОМ, ОМ*. Думайте об Атмане. Медитируйте спокойно, с ощущением чистоты. Не засыпайте. Продолжайте релаксацию в течение 15 минут. Вы ощутите чудесный покой, удобство, комфорт и релаксацию. Каждый из вас может насладиться этим. Слова несовершенны, они не могут адекватно описать это ощущение.

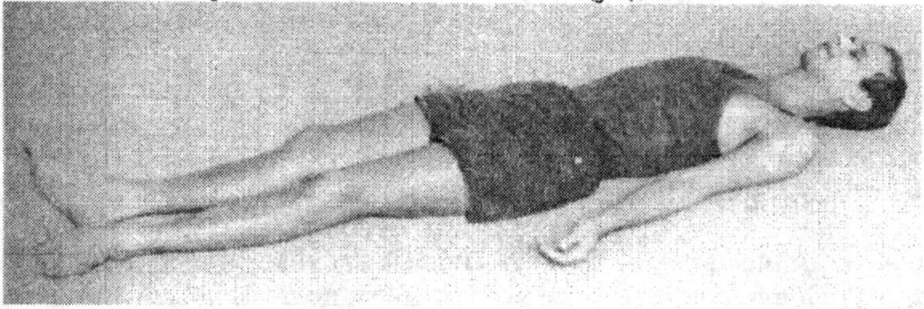

Польза: Шавасана объединяет в себе *асану* и медитацию. Она дает освобождение, комфорт и удобство. После пятнадцатиминутной релаксации вы почувствуете себя удивительно свежим и омоложенным. Вы более эффективно и результативно сможете заниматься любым делом.

Релаксация — это очень важный элемент физических упражнений. Мускулы, подвергающиеся безжалостному растяжению, нуждаются в расслаблении и отдыхе. Именно *шавасана* быстро и эффективно обеспечивает полную релаксацию и отдых. В *аласане, сарвангасане, пашчимоттанасане, дханурасане* и *ардхаматсьендрасане*, как вы отлично знаете, активно задействуются мышцы спины, груди, живота, рук и бедер. Во время интенсивной физической активности увеличивается обмен веществ (метаболизм). Метаболизм — это анаболические и катаболические изменения, происходящие в организме. Анаболические изменения конструктивны, а катаболические — деструктивны. Во время обмена веществ все мускульные ткани снабжаются свежей, обогащенной кислородом кровью. Ткани забирают у крови кислород, а возвращают двуокись углерода. Это называется тканевым дыханием. Взаимообмен кислорода и двуокиси углерода происходит в легких, и такой же процесс происходит во всех тканях. Оцените совершенство творения и функционирования внутренних органов человеческого организма! Как замечателен этот механизм! Может ли ученый создать хоть один атом, хоть одну клетку, хоть один орган человеческого тела? Склонитесь, сложив руки, перед Творцом этого замечательного механизма — человеческого тела. Повторяйте *ОМ, ОМ*. Храните молчание. Медитируйте. И мистерия мироздания будет вам открыта благодаря Его милости.

Варианты

1. *Джештхикасана.*

Это упражнение на релаксацию похоже на *шавасану*. Его нужно делать после выполнения всех *асан*. В этом упражнении руки держите на земле по обе стороны головы, в то время как в *шавасане* руки следует расположить вдоль туловища.

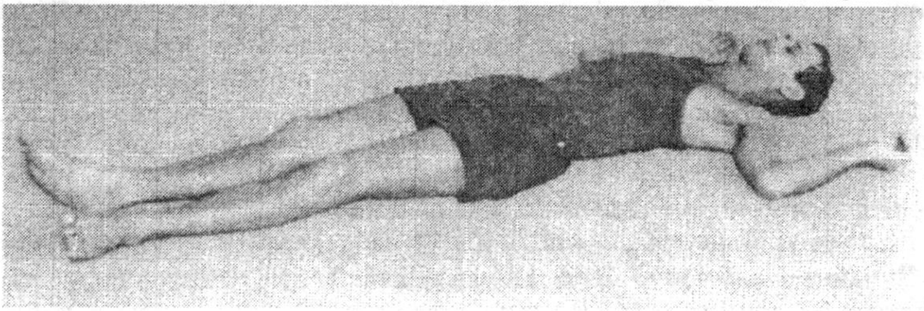

2. *Адхвасана.*

Лягте на землю ничком, касаясь животом и грудью земли. Кисти рук расположены по бокам туловища, ладони повернуты вверх. Хорошо распрямите тело. Это поза, обратная *шавасане*, но она приносит такую же пользу. На какое-то время прижмитесь к земле правой щекой, а потом левой.

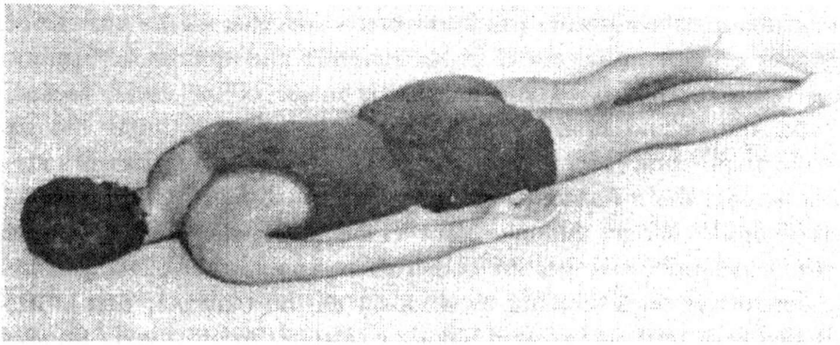

3. *Макарасана (поза дельфина).*

Лягте на землю лицом вниз, как в *адхвасане*. Положите лоб на сложенные запястья.

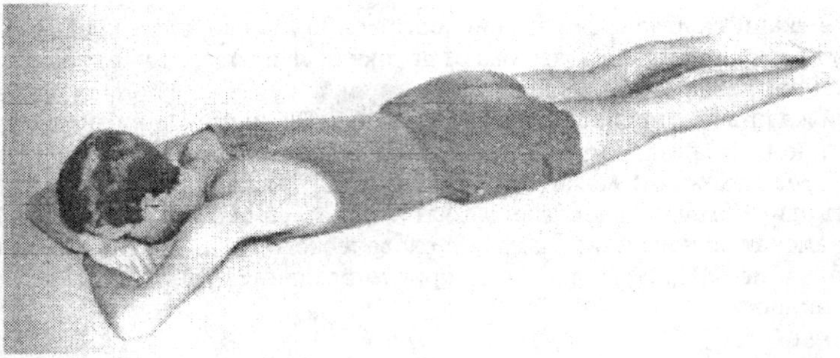

Ментальная релаксация

Душевное равновесие и спокойствие можно обрести, только вырвав с корнем беспокойство и гнев. Под обоими этими чувствами скрывается страх. Ничего нельзя достичь с помощью беспокойства и гнева, и, наоборот, множество энергии растрачивается даром на такого рода низкие чувства. Если человек часто испытывает беспокойство и раздражение, он действительно очень слабый человек. Будьте осторожны и разумны. Следует избегать всех ненужных волнений. Релаксация мышц действует на сознание и приносит отдых также и сознанию. Тело и сознание тесно связаны.

Посидите 15 минут в расслабленной, удобной позе. Закройте глаза. Отвлеките свой ум от посторонних предметов. Успокойте свое сознание. Устраните пустые мысли. Думайте о том, что ваше тело похоже на кокон, и вы совершенно отличны от вашего тела. Думайте о том, что тело — это только инструмент в ваших руках. Отождествите себя со всеобъемлющим духом, или Атманом. Представьте себе, что весь мир и ваше тело качаются, как соломинка, на поверхности необъятного океана духа. Почувствуйте, что вы связаны с Высшей Сущностью. Почувствуйте, что жизнь всего мира пульсирует, вибрирует и бьется, проходя через ваше тело. Почувствуйте, что океан жизни нежно укачивает вас в своем широком лоне. Затем откройте глаза. Вы испытаете невероятное душевное спокойствие, силу и крепость духа.

ВАЖНЫЕ БАНДХИ И МУДРЫ

Есть различные виды *мудр* и *бандх*: *джаландхара-бандха, уддияна-бандха, мула-бандха* и *маха-мудра; маха-веддха;* различные *мудры* — *набха, кхечари, випарита-карани, йони, джамбхави, ашвини, пасини, матанги, каки, бхуджангини* и *йога*.

Я также дам вам краткое описание наиболее важных из них. Вы можете выбрать то, что вам подходит, и практиковать регулярно. Излечиваются при этом кашель, астма, расширение селезенки и печени, венерические болезни, проказа и множество других «неизлечимых» болезней. Достигается сексуальная сублимация. Эти *мудры* и *бандхи* даруют вам все, чего вы только пожелаете. Нет в мире ничего лучше *мудр* и *бандх* для достижения успеха.

Мула-бандха

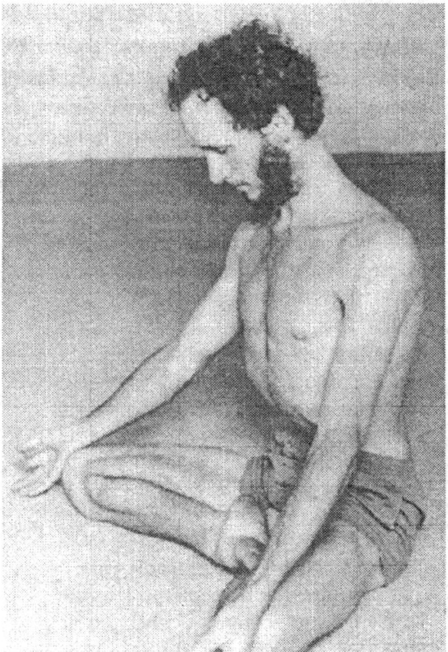

Прижмите промежность левой пяткой. Сожмите задний проход. Положите правую пятку на детородный орган. Медленно с усилием поднимайте *апана-вайю* вверх (см. раздел о *пранаяме*). Это требует большой практики. Это и есть *мула-бандха*, разрушитель увядания и смерти.

Прана управляет физическим телом и наполняет всю физическую оболочку. Она всегда течет и делает сознание неустойчивым.

Йога учит методам управления *праной* для достижения блаженного союза с Творцом. Занимаясь *пранаямой* и *бандхами*, вы можете взять *прану* под свой контроль. *Сиддхи*, или совершенство в практике *пранаямы*, достигается с помощью *бандх*. Практика *мула-бандхи* помогает соблюдать целибат, укрепляет нервы, снимает запоры и улучшает пищеварение. Тот, кто практикует *мула-бандху*, сохранит вечную молодость. У него никогда не будет седины в волосах.

Мула-бандха — это йогическая *крийя*, помогающая людям, обучающимся йоге, переместить *апану* и сексуальную энергию вверх. Обучающийся йоге садится в *сиддхасану* и переносит *апану* и сексуальную энергию вверх, сокращая задний проход и делая *кумбхаку*, или задержку дыхания. При длительной практике семя прекращает свое движение вниз и сублимируется в *оджас-шакти*, или духовную энергию, помогающую созерцанию. Вот почему эта *бандха* помогает поддержанию *брахмачарьи*.

Апана-вайю, функция которого — удаление отработанных шлаков, имеет природную тенденцию двигаться вниз. При практике *мула-бандхи апана-вайю* вынужден двигаться вверх в результате сжатия заднего прохода и сильного проталкивания его вверх. *Прана-вайю* соединяется с *апаной*, и эта объединенная *прана-апана* входит в *сушумна-нади*, или *Брахма-нади*. Тогда йог достигает совершенства в йоге. Это тайна йоги. Йог тогда умирает для окружающего мира. Он пьет нектар бессмертия. Он обретает божественную славу и могущество.

Когда *апана* соединяется с *праной*, слышны мистические внутренние звуки *анахата*, или *нада*. Йог слышит их совершенно отчетливо, поскольку стихают все внешние шумы. Он находится в состоянии глубокой концентрации. *Прана, апана, нада* и *бинду* (точка-источник творения) тогда объединяются. Йог достигает совершенства в йоге.

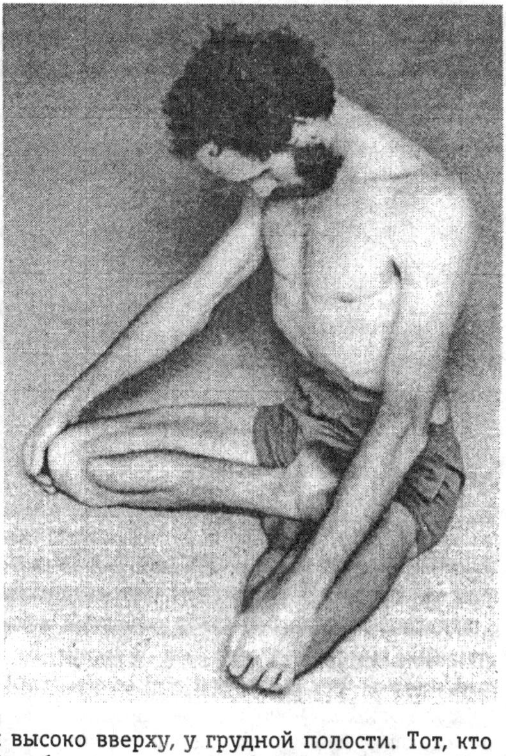

Джаландхара-бандха

Сожмите гортань. Крепко прижмите подбородок к груди. Эта *бандха* выполняется в конце *пураки* (вдоха) и начале *кумбхаки* (задержки дыхания). Во время этой *бандхи прана* направляется по правильному пути. Она объединяется с *апаной*. *Ида* и *пингала* закрываются. Желудочный огонь, расположенный в области пупка, поглощает нектар, выделяемый *сахасрарой* через нёбное отверстие. Обучающийся йоге должен практиковать эту *асану* для того, чтобы не допустить такого поглощения нектара. Йог пьет этот нектар и достигает бессмертия.

Уддияна-бандха

Опустошите легкие сильным и долгим выдохом. Теперь сожмите и с силой подтяните вверх кишечник, пупок втяните внутрь, так, чтобы брюшная полость коснулась спины высоко вверху, у грудной полости. Тот, кто постоянно занимается этой *бандхой*, побеждает смерть и обретает молодость. Это очень помогает в поддержании *брахмачарьи*. Все *бандхи* пробуждают *кундалини*. *Уддияна* делается в конце *кумбхаки* и начале *речаки*. Когда вы делаете эту *бандху*,

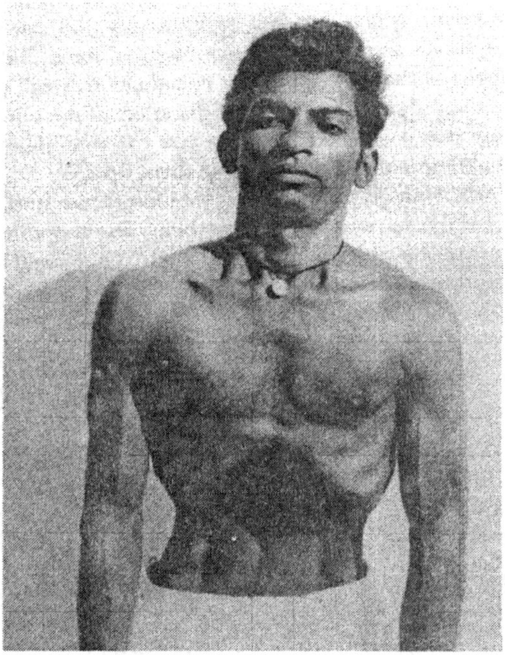

диафрагма — мышцы, находящиеся между грудной впадиной и брюшной полостью, — поднимается, брюшная стенка отодвигается назад. Наклоните туловище вперед, делая *уддияну*. Ее можно делать сидя или стоя. Если вы делаете ее сидя, положите руки на колени или чуть выше колен. Голени слегка разведите в стороны.

Уддияна — это благословение для человечества. Она дает чудесное здоровье, силу, мощь и жизнерадостность тому, кто ее практикует. В сочетании с *наули-крийей*, заключающейся во взбалтывании содержимого брюшной полости, она является мощным желудочно-кишечным тонизирующим средством. С помощью всего лишь этих двух упражнений йоги вы можете управлять и массировать все органы кишечника и тонизировать их.

Те, кто хочет заниматься *наули*, должны начинать с *уддияны*. Она удаляет жир с живота. Для тренировки живота нет ничего лучше, чем *уддияна* и *наули*. Они остаются непревзойденными и не имеющими аналогов упражнениями во всех системах физической тренировки — как на востоке, так и на западе.

Маха-бандха

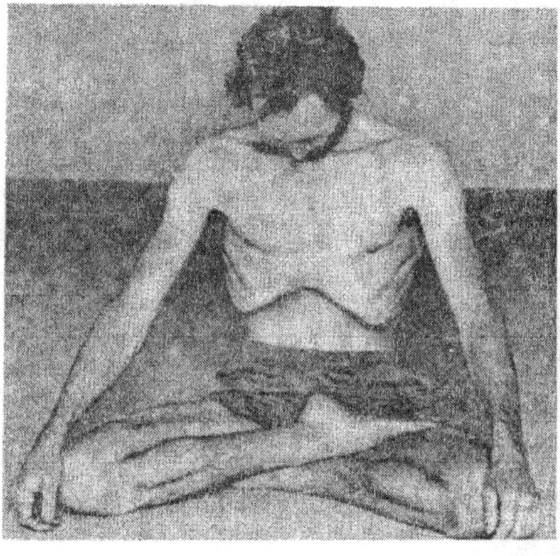

Прижмите левую пятку к заднему проходу. Положите правую пятку на левое бедро. Сожмите задний проход и мышцы промежности. Протяните вверх *апана-вайю*. Медленно вдохните и задержите дыхание с помощью *джаландхара-бандхи* (прижав подбородок к груди). Затем медленно выдохните. Сосредоточьте мысли на *сушумне*. Практикуйте эту *бандху* сначала в левую сторону, а затем в правую. Обычно йог делает вместе *маха-мудру, маха-бандху* и *маха-ведху*. Это хорошее сочета-

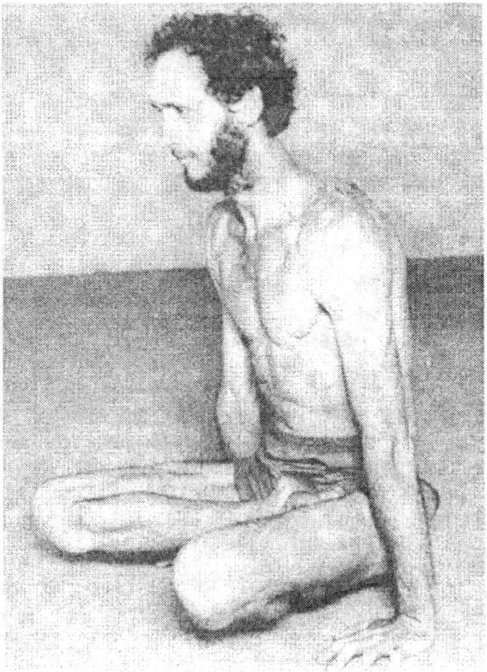

ние. Только тогда вы можете извлечь максимальную пользу. Йог отбрасывает все желания и обретает *сиддхи*.

Маха-ведха

Сядьте в позу *маха-бандхи*. Медленно вдохните. Задержите дыхание. Прижмите подбородок к груди. Положите ладони на землю. Перенесите тяжесть тела на ладони. Медленно поднимайте ягодицы и осторожно касайтесь ими земли. *Асана* не должна нарушаться, когда вы поднимаете ягодицы. Эта *крийя* противодействует увяданию и смерти. Йог обретает контроль над своим сознанием и побеждает смерть.

Маха-мудра

Осторожно прижмите левой пяткой задний проход. Вытяните правую ногу. Возьмитесь двумя руками за носок ноги. Вдохните и задержите дыхание (*кумбхака*). Крепко прижмите подбородок к груди в *джаландхара-бандхе*. Сосредоточьте взгляд на пространстве

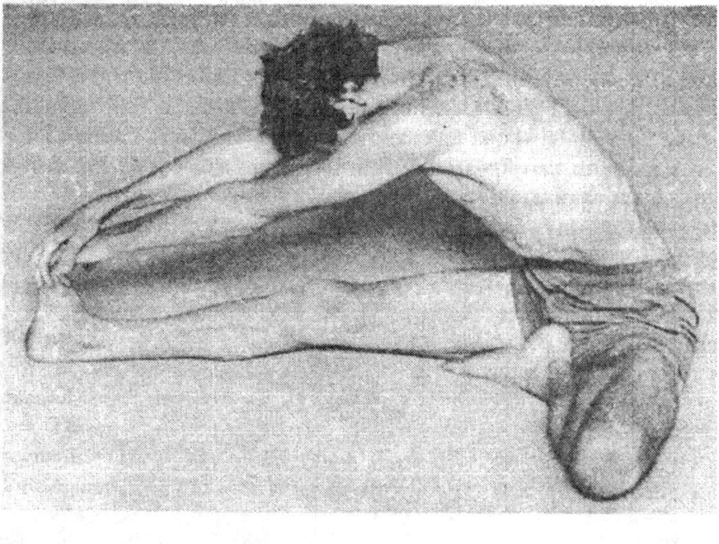

между бровями. Оставайтесь в этой позе столько, сколько сможете. Делайте ее сначала в правую сторону, потом в левую. Это лечит запор, геморрой, расширение селезенки, несварение желудка, хронический гастрит, проказу, лихорадку и т. д. Увеличивается продолжительность жизни. Практикующий эту *мудру* получает *сиддхи*. Когда вы делаете эту *мудру*, поза должна напоминать *джануширшасану*.

Йога-мудра

Сядьте в *падмасану*. Положите ладони на пятки. Медленно выдохните и наклонитесь вперед, коснитесь земли лбом. Если вам удастся задержаться в этой позе на длительное время, мы можете дышать как обычно или же вернуться в исходное положение и сделать вдох. Вы можете не держать руки на пятках, а разместить их за спиной. Правой рукой возьмитесь за левое запястье. Эта поза устраняет все неполадки в животе.

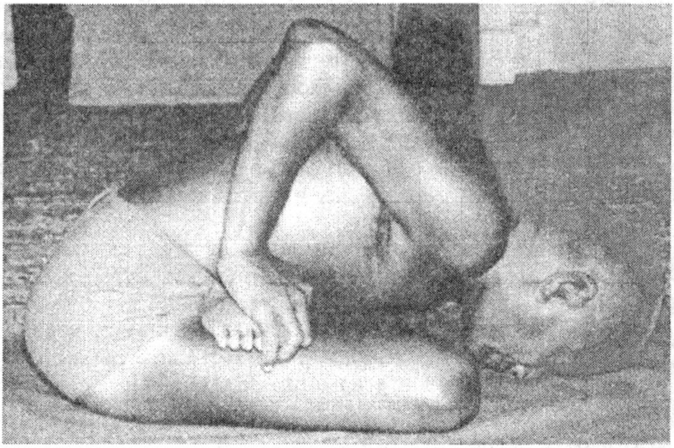

Кхечари-мудра

Кхе означает «в небе», а *чари* — «двигаться». Отсюда и название *кхечари-мудра*.

Эту *мудру* сможет выполнить только тот, кто проделал предварительные упражнения под непосредственным руководством гуру, практикующего *кхечари-мудру*. Подготовительный этап заключается в удлинении языка настолько, чтобы кончиком языка можно было коснуться пространства между бровями. Гуру будет подрезать нижнее сухожилие языка острым чистым ножом постепенно, неделя за неделей. Впрыскивание соли и порошка *куркумы* не позволит подрезанным краям сомкнуться. Язык натирается свежим маслом и вытягивается наружу. Затем он поддерживается пальцами и раскачивается вперед-назад. Его берут в руки и оттягивают, так, как оттягивает вымя коровы человек, доящий ее.

Подрезание сухожилия языка следует делать регулярно, раз в неделю, в течение периода от шести месяцев до двух лет. Всеми этими способами язык можно удлинить так, что он сможет коснуться лба. Это предварительный этап *кхечари-мудры*.

Затем, сидя в *сиддхасане*, поднимите язык вверх и выверните его назад, так, чтобы коснуться нёба и закрыть языком вход в носовую полость. Взгляд следует зафиксировать на промежутке между бровями. Дыхание будет приостановлено.

Язык будет находиться во рту колодца, содержащего нектар. Это и есть *кхечари-мудра*.

Практикующий эту *мудру* йог освобождается от обмороков, голода, жажды и лени. Ему не страшны болезни, увядание, старость и смерть. Эта *мудра* делает человека *урдхваретасом*. Так как тело йога наполнено нектаром, он не умрет даже от сильного яда. Эта *мудра* дает йогам *кайя-сиддхи. Кхечари* — лучшая из всех *мудр*.

Ваджроли-мудра*

Это важная йогическая *крийя* в хатха-йоге. Тому, кто хочет практиковать ее, придется много потрудиться. Через серебряную трубочку (специально сделанный катетер), введенную в уретру (мочеточник) на 12 дюймов, йог вводит себе сначала воду, затем молоко, растительное масло, мед и т. п. В конце концов он вводит себе ртуть. Позднее он сможет вводить эти жидкости прямо в уретру без помощи трубки. Эта *крийя* является прекрасной помощью для поддержания *брахмачарьи*. В первый день вводят катетер в уретру только на один дюйм, во второй день на два, в третий день на три дюйма и т. д. Практикуются, пока не удастся ввести катетер на 12 дюймов.

Ни единой капли семени не проливается наружу у йога, практикующего эту мудру. (А даже если это случается, он может втянуть его назад с помощью этой же *мудры*.) Йог, втягивающий свое семя и сохраняющий его, побеждает смерть. Все его тело источает благоухание. (Господь Кришна великолепно выполнял эту *мудру*. По этой причине его называли *нитья-брахмачари* («вечным *брахмачари*»), хотя его окружали обожавшие его пастушки-*гопи*.)

Випарита-карани-мудра

Лягте на землю. Не сгибая ног, слегка поднимите голени и бедра над землей. Поддерживайте ягодицы руками. Локтями упирайтесь в землю. Останьтесь в таком положении. Первый день делайте это одну минуту, постепенно увеличьте время до трех часов. После шести месяцев практики у вас исчезнет седина и морщины на лице. Йог, практикующий это в течение трех часов ежедневно, побеждает смерть. Так как усиливается огонь пищеварения, после длительного выполнения *мудры* рекомендуется перекусить, например выпить молока. (*Ширшасану* также иногда называют *випарита-карани-мудрой*.)

Шакти-чалана-мудра

1. Сядьте в *сиддхасану* в уединенном месте. С силой втяните в себя воздух и соедините его с *апаной*. Делайте *мула-бандху* до тех пор, пока *вайю* не войдет в *сушумну*. В результате задержки дыхания *кундалини*, задыхаясь, просыпается и

---

* Издатель категорически не рекомендует читателям пытаться выполнять эту и предыдущую методики. Все остальные йогические техники, особенно *бандхи*, *мудры* и *пранаяма*, должны осваиваться только под руководством квалифицированного инструктора и после консультации с врачом.

находит себе путь через *сушумну* в *брахмарандхру*. Практикующий эту *мудру* может стать *сиддхой*.

2. Сядьте в *сиддхасану*. Ухватитесь за ногу возле лодыжки и тихонько бейте *канду* ногой. Это *тадана-крийя*. Этим способом также можно пробудить *кундалини*.

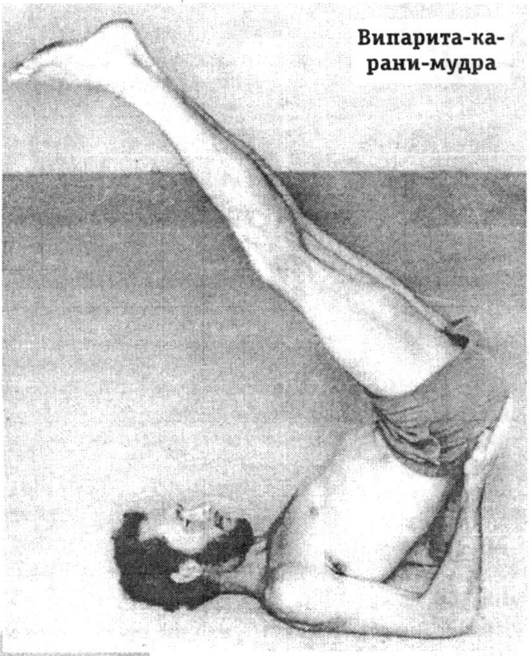

Випарита-карани-мудра

Йони-мудра

Сядьте в *сиддхасану*. Закройте уши большими пальцами рук, глаза указательными пальцами, верхнюю губу безымянными пальцами и нижнюю губу мизинцами.

Низко наклоняйтесь и медитируйте на *чакрах* и *кундалини*. Эта *мудра* труднее, чем другие. Вам нужно много упражняться

для того, чтобы ее выполнить. Вы должны очень прочно утвердиться в *брахмачарье*, если вы хотите успешно выполнить эту *мудру*. Считается, что ее «очень трудно исполнять даже *дэвам* (богам)». Однако осознайте всю важность этой *мудры*. Упражняйтесь в ней очень старательно.

ШАТ-КРИЙЯ

Флегматичным, вялым людям следует начинать с практики *шат-крийя* (шести *крий*), чтобы подготовить себя к *пранаяме*.

Успеха добиться легко. Эти шесть *крий* называются так:

1. Дхаути
2. Басти
3. Нети
4. Тратак
5. Наули
6. Капалабхати

Дхаути

Возьмите чистый кусок муслина шириной в 4 пальца и длиной в 15 футов. Края ткани должны быть со всех сторон аккуратно подрублены, нитки нигде не должны торчать. Смочите ткань теплой водой. Начните ее потихоньку заглатывать, а затем вытаскивать. В первый день проглотите один фут и каждый день понемножку увеличивайте длину. Это называется *вастрадхаути*. Вначале у вас могут наблюдаться легкие позывы к рвоте. На третий день это прекратится. Этой практикой излечиваются болезни желудка, такие, как гастрит, диспепсия и отрыжка, лихорадка, радикулит, астма, болезни селезенки, проказа, кожные болезни и выделения мокроты и желчи. Не нужно заниматься этим ежедневно. Можно это делать раз в неделю или раз в две недели. Стирайте ткань мылом и заботьтесь о ее чистоте. После выполнения этого упражнения выпейте стакан молока, иначе у вас будет ощущение сухости во рту.

Басти

Это можно практиковать с помощью бамбуковой трубки или без нее, но лучше с трубкой. Сядьте в лохань с водой. Вода должна прикрывать ваш пуп. Примите позу *уттткатасана* — сядьте на корточки, перенесите вес тела на переднюю часть ступней ног, пятки прижать к ягодицам. Возьмите маленькую бамбуковую трубочку, длиной в 6 пальцев, и введите ее на 4 пальца в задний проход, предварительно смазав трубку вазелином, мылом или касторовым маслом. Это заставит задний проход сократиться. Медленно втяните воду в кишки. Хорошо потрясите ее там, а затем выпустите воду. Это называется *джала-басти*. Излечивает болезни мочевого пузыря, диспепсию, миальгию, водянку, болезни, связанные с избытком газов, желчи и мокроты. Эту крийю нажну делать утром на пустой желудок. Выпейте после этого чашку молока или позавтракайте. Можно выполнять, стоя в реке.

Есть другой способ выполнить *басти*, без помощи воды. Он называется *стхала-басти*. Сядьте в *пашчимоттанасану* на землю и медленно, движением снизу вверх, перемещайте внутренности брюшной полости и кишечника. Сократите мышцы сфинктера. Это устраняет запор и все кишечные расстройства. Но это не так эффективно, как *джала-басти*.

Нети

Нети — это очищение ноздрей. Ноздри всегда следует содержать в чистоте. Нечистые ноздри приводят к нарушениям дыхания.

Возьмите тонкую навощенную нить примерно 12 дюймов длиной. На ней не должно быть ни единого узелка, она также не должна быть слишком тонкой и быстро рвущейся. Введите один конец ее в правую ноздрю, крепко держась за другой конец. С силой многократно вдыхайте воздух и втягивайте нитку. Затем медленно вытяните ее. Таким же образом введите нитку в левую ноздрю и медленно вытяните ее. Старайтесь не повредить ноздрей слишком энергичными движениями. После нескольких дней практики введите нитку в одну ноздрю и выведите ее через другую ноздрю. Сначала вы начнете сильно чихать, вводя нитку в ноздрю. Но после трех-четырех попыток это пройдет. Это можно практиковать, когда ваши ноздри заложены в результате простуды.

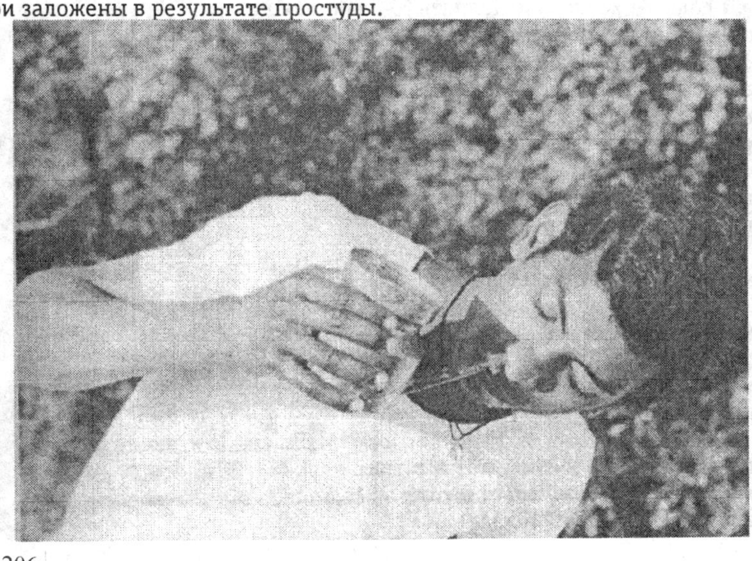

Существует и более легкий способ очищения ноздрей. Наберите немного воды в ладонь или в широкую чашку. Медленно втягивайте воду в нос, а затем с силой выпускайте ее. Или вы можете взять «чайничек для *нети*» и медленно закапывать воду сначала в более чистую ноздрю, а потом в другую. Голову при этом наклоните так, как показано на фотографии. Многим людям легко удается сделать это. После одной-двух попыток у некоторых может проявиться легкий насморк и кашель. Как только недомогание пройдет, можно опять учиться практиковать *нети*.

Эта *крийя* очищает череп и обеспечивает ясность и остроту зрения. Излечиваются риниты.

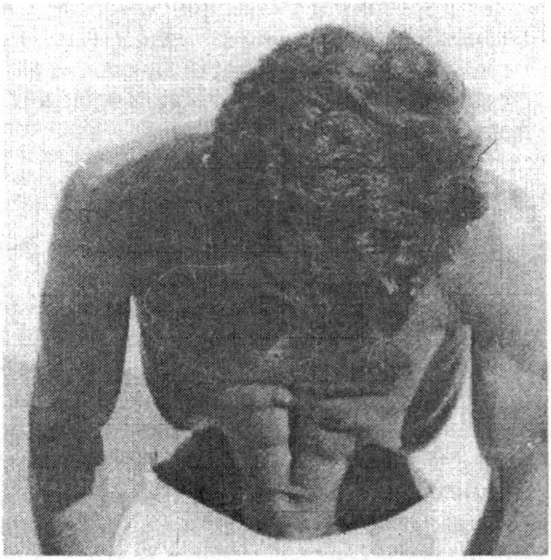

Тратак (пристальный взгляд)

Пристально, не мигая, сконцентрировав сознание, смотрите на любой маленький предмет, пока у вас не потекут слезы. Такой практикой устраняются все болезни глаз. Исчезает рассеянность. Достигается *самбхави-сиддхи*. Развивается сила воли. Стимулируется ясновидение.

Наули

Это «взбалтывание» органов брюшной полости при помощи прямой мышцы живота. Для исполнения этого вы должны искусно исполнять *уддияна-бандху*.

Техника: Встаньте прямо, ступни врозь на расстоянии одного фута друг от друга. Руки положите на бедра, таким образом слегка прогнувшись. Затем сделайте *уддияна-бандху*. Тренируйтесь так неделю, а потом переходите к следующей стадии.

Сожмите брюшную полость мышцами живота слева и справа. Мышцы в центре живота соберутся в вертикальный «гребень» (см. фото). Сохраняйте их в таком положении, пока не почувствуете неудобства. Несколько дней делайте только это упражнение.

Потом пробуйте сокращать только левые мышцы живота, не напрягая правые. Затем, наоборот, сокращайте мышцы левой стороны, не трогая правую сторону. Постепенно, с практикой, вы научитесь управлять мышцами живота. Практикуйте эти движения в течение одной недели.

Теперь пробуйте такую последовательность: соберите мышцы живота в центре. Медленно переведите их в правую сторону, а потом в левую, круговым движением. Проделайте это несколько раз справа налево и слева направо. Вы должны задействовать и расслаблять мышцы волнообразным круговым движением. Со временем это можно будет делать быстро, но вы можете получать полную пользу, даже делая это медленно. Последняя стадия *наули* называется «взбалтывание».

Начинающие будут чувствовать легкую боль в брюшной полости в течение нескольких первых тренировок. Не нужно бояться и прекращать тренировки. Боль пройдет через несколько дней. Это упражнение не смогут сделать те, у кого большой живот.

Польза: Наули-крийя излечивает хронический запор, диспепсию и другие болезни кишечника и брюшной полости. Тонизируются печень и щитовидная железа. Налаживается работа почек и других внутренних органов брюшной полости. *Наули* — это благословение человечества.

Капалабхати

Капала — это слово, которое на санскрите означает «череп». *Бхати* означает «сиять». Итак, *капалабхати* — это упражнение, заставляющее череп сиять. Эта *крийя* прочищает черепную коробку. Поэтому она считается одной из *шат-карм*.

Сядьте в *падмасану*. Руки держите на коленях. Закройте глаза. Быстро делайте вдохи и выдохи. Это нужно делать с силой. Человек должен обильно вспотеть. Это хорошее упражнение. Тем, кто хорошо умеет делать *капалабхати*, легко будет делать *бхастрику*.

В этой *пранаяме* дыхание не задерживается. Основную роль здесь играет выдох. Вдох тихий, медленный и продолжительный (*диргха*). Выдох следует делать быстро, с силой, с сокращением мышц брюшной полости и толчком назад. При вдохе расслабьте мышцы живота. (Некоторые при этом невольно сгибают позвоночник дугой и наклоняют голову. Это нежелательно. Голова и туловище должны быть выпрямлены.) Серия быстрых выдохов делается как в бхастрике. Для начала делайте один выдох в секунду. Постепенно вы научитесь делать два выдоха в секунду. Начните с одного сеанса по утрам, состоящего всего лишь из десяти выдохов. Вторую неделю делайте один сеанс утром и два вечером. И так каждую неделю, постепенно и осторожно, добавляйте при каждом сеансе по десять выдохов, пока вы не научитесь делать 120 выдохов за один сеанс.

Это очищает респираторную систему и носовые проходы, а также снимает спазмы бронхов. Соответственно, облегчаются приступы астмы, а впоследствии она постепенно излечивается. Верхушки легких получают достаточное количество кислорода и поэтому не создают благоприятных условий для туберкулезных бацилл. Чахотка лечится такой практикой и легкие значительно развиваются. Двуокись углерода удаляется в значительной степени и выбрасываются все нечистоты из крови. Ткани и клетки поглощают большое количество кислорода. Занимающийся этим обретает крепкое здоровье. Сердце работает правильно и значительно тонизируется система кровообращения и респираторная система.

ОСОБЫЕ УКАЗАНИЯ

1. *Асаны* следует делать в хорошо проветриваемой комнате, куда есть доступ свежему воздуху. Пол должен быть ровным и чистым. *Асанами* можно также заниматься на песчаном берегу реки, на открытых, овеваемых ветром местах и на берегу моря. Если вы делаете их в комнате, позаботьтесь, чтобы в ней не было много народу, с тем чтобы ничем не стеснялись движения рук, ног и тела.

2. *Асаны* следует делать на пустой желудок утром или хотя бы не ранее, чем через три часа после еды. Утреннее время — лучшее для выполнения *асан*.

3. Лучше всего начинать *джапу* и медитацию в 4 часа утра, как только вы встали с постели. В это время сознание свежее и спокойное. Вы можете очень легко создать настроение, подходящее для медитации. Медитация очень важна. Рано утром, как только вы встанете с постели, ваше сознание напоминает чистую доску, оно свободно от суетных мыслей. Сознание перейдет к медитации очень легко, без какого бы то ни было усилия или борьбы.

4. Большинство людей теряет это драгоценное раннее утреннее время, удовлетворяя в течение получаса свои естественные потребности, а потом еще полчаса тратится на чистку зубов. Солнце встает раньше, чем они успевают начать медитацию. Это плохо. Те, кто хочет делать *асаны*, должны постараться научиться испражняться за пять минут и чистить зубы тоже за пять минут. Если кишки забиты, энергично выполняйте *шалабхасану, бхуджангасану* и *дханурасану* в течение пяти минут сразу после подъема с постели. Если вы привыкли удовлетворять свои естественные потребности позже, в течение дня, вы сможете этим заняться, закончив *асаны* и *пранаяму, джапу* и медитацию.

5. Перед тем, как начать практику *асан*, примите дозу противоглистного порошка сантонина, 1—2 грамма перед сном, и 2 унции касторового масла на следующий день рано утром. Разведите масло в мятной воде или чае перед приемом. Если хотите, выпейте чистое масло. Тщательное очищение кишок необходимо для занятий йогой.

6. Набирайте воду в рот, посылайте ее в желудок и кишки и заставляйте ее пройти сквозь задний проход сразу же, как при клизме. В хатха-йоге это называется *шанкха-пракшалана-крийя*. (Даже дым сигареты можно выпустить через задний проход. Брахмачари Шамбхунатхджи из Кишкиндхи делал это. Йог Трилинга Свами из Варанаси очень умело выполнял эту *крийю*.) Для этого потребуется выполнение *наули* и *басти-крийи*. Это совсем не трудно для тех, кто искренне хочет заниматься йогой.

7. Выпейте десять стаканов воды ртом или носом. Задержите жидкость на 20 секунд. Затем медленно выпустите ее. Это *кунджара-крийя*, или *кунджара-йога*. Это процесс очищения желудка. Все разложившиеся вещества, вызывающие ферментацию в желудке, при этом будут выведены. У вас никогда не будет болезней желудка. Делайте это время от времени. Не вводите это в привычку. Это одна из *крий* хатха-йоги.

8. Те, кто страдает от хронических запоров, могут практиковать *ганеша-крийю*, удаление фекалий с помощью введения среднего пальца, смазанного растительным маслом или мылом, в задний проход. Периодические обливания также полезны для очищения перегруженного желудка.

9. Расстелите на полу одеяло и делайте *асаны* на одеяле. Подкладывайте подушку или сложенное вчетверо одеяло, выполняя *ширшасану* и ее варианты.

10. Для выполнения *асан* надевайте плавки или *ланготи* (специальную набедренную повязку). Можете также надеть майку.

11. Снимайте очки, делая *асаны*. Они могут разбиться и повредить ваши глаза.

12. Те, кто занимается *асанами* подолгу, после их окончания должны съесть легкий завтрак или выпить чашку молока.

13. Если вы можете уделить полчаса и более для одной только *ширшасаны*, то позволительно сократить время на другие *асаны*.

14. Занимайтесь *асанами* регулярно. Те, кто занимается бессистемно, не получают от этого никакой пользы.

15. «Без умеренности в еде, если человек начинает заниматься йогой, он не только не извлекает из этого никакой пользы, но и приобретает различные болезни» (*«Гхеранда-самхита»*, V:10).

16. Начинайте с недолгих занятий, а затем постепенно увеличивайте их продолжительность. Вы должны делать *асаны* до тех пор, пока вы не начинаете испытывать неудобство.

17. *Асана* — это третий *анга*, или член, *аштанга*-йоги (восьмичленной йоги). Когда вы хорошо научитесь делать *асаны*, лишь тогда вы получите пользу от *пранаямы*.

18. Максимальной пользы вы можете достичь, соединяя практику *асан* и *пранаямы* с *джапой*.

19. Если фундамент строения заложен неправильно, все здание быстро развалится. Точно так же, если изучающий йогу не сумеет мастерски выполнять *асаны*, он не сможет успешно перейти к высшим этапам йоги.

20. Регулярность занятий очень важна, если вы хотите извлечь максимальную пользу из *асан*. Обычно люди первые два месяца занимаются с большим интересом и энтузиазмом, а потом прекращают занятия. Это печальная ошибка. Они хотят, чтобы рядом с ними постоянно находился учитель йоги. У таких людей изнеженное, слабое сознание. Они ленивы, вялы и апатичны.

21. В наше время игры на свежем воздухе стали стоить очень дорого. Приходится покупать сетки, ракетки, мячи и насосы. Однако для занятий *асанами* не требуется никаких расходов.

22. Физические упражнения выводят *прану* из организма. *Асаны* же посылают *прану* внутрь организма и равномерно распределяют ее по всему телу и между разными его частями. *Асаны* имеют не только физическую, но и духовную природу, так как они пробуждают змеиную силу *кундалини*, спящую в *муладхаре*.

23. *Асаны* — это не просто физические упражнения. Это гораздо больше, чем упражнения. *Асаны* имеют духовную основу. Они очень помогают в контролировании чувств, сознания и тела. Очищаются тело, нервы и мышцы (*шарира-шуддхи* и *нади-шуддхи*). *Асаны* пробуждают *кундалини*, которая дает практикующему блаженство, силу и *самадхи*. Но, делай вы гимнастические упражнения хоть по 50 раз

в день в течение пяти лет, это никоим образом не поможет пробудить эту таинственную силу — *кундалини*. Теперь вы видите разницу?

24. Женщины тоже должны делать *асаны*. Тогда у них будут здоровые, сильные дети. Если матери сильны и здоровы, то и дети будут сильными и здоровыми. Духовное возрождение молодых женщин означает духовное возрождение всего человечества. Я надеюсь, что они прислушаются к моим честным и искренним словам и начнут делать эти *асаны* с того самого дня, как прочтут этот курс йоги. Слава тем новым ученицам, которые пойдут по дороге йоги! Дети, рожденные от женщин-йогинь, тоже станут йогами.

25. *Джапа* и *пранаяма* должны идти рука об руку с *асанами*. Тогда это будет настоящая йога.

26. С самого начала вам не удастся безукоризненно выполнять некоторые *асаны*. Регулярная практика принесет совершенство. Для этого требуются терпение и настойчивость, честность и искренность.

27. *Ширшасана, сарвангасана, пашчимоттанасана, дханурасана* и *маюрасана* составляют хорошее сочетание. *Ширшасана, сарвангасана и пашчимоттанасана* — это тройственная *асана*. Вы можете сократить количество *асан*, если у вас мало времени. Эти три *асаны* дадут вам все преимущества и пользу, которую вы могли бы получить от всех других *асан*.

28. Четыре *асаны* предназначены для *джапы* и медитации, а именно: *падмасана, сиддхасана, свастикасана* и *сукхасана*. Большинство людей считает, что лучшая из них — это *падмасана*. Тем, кто хочет соблюдать *брахмачарью*, следует практиковать *сиддхасану*.

29. Составьте цикл из нескольких *асан*, которые соответствуют вашему темпераменту, способностям, запросам, времени, которое вы можете на них отвести, и которые вы считаете наиболее для вас подходящими. Никогда не меняйте *асаны*. Упорно держитесь одного набора. Если вы будете делать один набор *асан* сегодня, а другой завтра, это принесет вам мало пользы.

30. Чем устойчивее вы будете сидеть в *асане*, тем легче вам будет сконцентрировать внимание и придать однонаправленность вашему сознанию. Без устойчивости позы вы не сможете хорошо медитировать.

31. При выполнении *асан* нужно руководствоваться здравым смыслом. Если какой-то тип пищи вам не подходит, поменяйте его, предварительно хорошо подумав или посоветовавшись со своим гуру. Если вам не подходит какая-то *асана*, выберите другую. Это называется *юкти* (соответствие квалификации). Когда есть *юкти*, есть и *сиддхи, бхукти* и *мукти* (совершенство, удовольствие и освобождение).

32. Если вам не удается выполнить удовлетворительно какую-то *асану*, не унывайте. Было бы желание, а успех придет со временем. Рим не за один день построился. Старайтесь, старайтесь и еще раз старайтесь. Постоянная практика позволит вам добиться успеха.

33. Легкая *кумбхака* (задержка дыхания) во время практики *асан* увеличивает их эффективность и дает занимающемуся ими дополнительную силу и жизнеспособность.

34. Без пробуждения *кундалини* невозможно достижение *самадхи*, или состояния сверхсознания. Для пробуждения *кундалини* существуют разные способы:

асаны, *мудры*, *бандхи*, *пранаяма*, религиозные обряды, милость гуру, *джапа*, сильная аналитическая воля и сила вопрошения. Те, кто старается пробудить *кундалини*, должны быть абсолютно чисты в помыслах, словах и делах; они должны соблюдать духовную и физическую *брахмачарью* — лишь тогда они смогут наслаждаться блаженством *самадхи*. Когда пробуждается *кундалини*, исчезают старые *самскары* и разрывается на части *хридайягрантхи* (сердечный узел невежества). Вы будете освобождены от колеса *сансары* (рождений и смертей) и, возможно, достигнете бессмертного состояния *сатчидананды* (то есть Абсолютного Бытия, Абсолютного Знания, Абсолютного Блаженства).

35. Те, кто занимается *джапой*, могут повторять *мантру*, практикуя *асаны*. Если вы будете повторять одну *мантру* в течение шести месяцев, у вас возникнет привычка, и это поможет вам повторять ее без перерыва даже во время исполнения различных *асан*. Вам это будет легко. Деловые люди, у которых есть очень мало свободного времени, могут совмещать *джапу* с практикой *асан*. Можно сказать, что таким образом вы как бы сбиваете четыре плода одним камнем. Вы обретете многие *сиддхи*.

36. Только *наули* и *уддияна* не могут привести вас к *мокше*. Это способ поддержания хорошего здоровья. Но не считайте это началом и концом всего на свете. Высшее счастье бытия — это познание Атмана. Очищайте свое сознание, концентрируйтесь и медитируйте.

37. Занятия *асанами* до начала *джапы* и медитации очень полезны и благоприятны. Они устраняют лень и вялость тела и духа. Они укрепляют сознание. Они наполняют сознание новой силой и покоем.

38. Если вы будете соблюдать диету, заниматься *асанами* и медитацией, скоро ваши глаза засияют, цвет лица улучшится и в сознании воцарится покой. Хатха-йога предоставляет красоту, здоровье, силу и долгую жизнь занимающимся ею.

39. Избегайте ненужных волнений. Не нервничайте, не беспокойтесь. Не ленитесь, не теряйте напрасно время. Не беспокойтесь, если успех заставляет себя ждать. Вы обречены на успех, если вы искренни.

40. Не пропускайте ни одного дня для своей духовной практики, или *садханы*.

41. Не совершайте лишних телодвижений. Лишние движения приводят сознание в беспокойство. Не чешитесь. Ваша *асана* должна быть прочной, как скала.

42. Дышите спокойно. Не меняйте часто место ваших занятий. Садитесь в *асану* ежедневно в одном и том же месте в одно и то же время. Помните, что говорил вам ваш гуру о вашем духовном настрое.

43. Тщетные желания, рожденные в течение сотен жизней, никогда не исчезают сами по себе, их могут устранить только длительные занятия йогой.

44. Не увлекайтесь *сиддхами*. Без сожаления избегайте их. Они вас могут подвести.

45. *Яма* и *нияма* — это основа йоги. Если вы хорошо их усвоите, *самадхи* последует автоматически.

46. Вы не должны допускать изнеженности сознания. Если сегодня вы позволите своему сознанию одно излишество, завтра оно потребует два. Излишества будут накапливаться с каждым днем. Вы превратитесь в избалованного ребенка. «Побереги розги, и ты испортишь ребенка» — это относится также к сознанию. Оно еще хуже, чем ребенок. Вам придется наказывать его постом за каждую серьезную

ошибку, которую оно допустит. Махатма Ганди так поступал, поэтому он очистился, он сделал свою волю чистой, сильной и неотразимой. С помощью практики вы достигнете концентрации сознания.

47. Если вы будете внимательно следить за своими недостатками, если вы честно будете бороться с ними, рано или поздно они исчезнут. Разрушайте все нечистые мысли, одну за другой, мало-помалу, полностью.

48. Люди не хотят устранять нечистые мысли при помощи самоотречения и беспокойство сознания с помощью молитвы и поклонения. Они сразу бросаются пробуждать *кундалини*. Так они только переломают себе ноги. Служите и жертвуйте собой. Старайтесь изо всех сил. Тогда *джняна* и *мокша* придут сами. *Кундалини* пробудится сама.

49. Человек может неподвижно просидеть тринадцать часов в одной *асане* и все еще быть полным желаний. Это просто физическое упражнение, как акробатика или цирковые трюки. Не закрывая глаза, не моргая, не поворачивая зрачков, человек может делать *тратак* в течение трех часов и все-таки быть преисполненным желаний и эгоизма. Это также вид физического упражнения, ничего общего не имеющий с духовностью. Люди могут обманываться ложным совершенством таких трюков.

50. Сейте зерна духовности, когда вы молоды. Не тратьте *вирью* (семя). Дисциплинируйте свой разум и свои чувства. Выполняйте *садхану* (духовную практику). Концентрируйтесь. Очищайтесь. Медитируйте. Служите. Любите. Будьте добры ко всем. Действуйте. Постарев, вы избавитесь от тревоги и от страха смерти, но очень трудно будет соблюдать строгую *садхану* в старости. Поэтому тренируйтесь в молодые годы.

51. Не думайте о своих земных заботах больше, чем это необходимо для выполнения своих обычных обязанностей. Делайте свое дело и предоставьте остальное Богу.

52. Вы вскоре сами убедитесь, какую конкретную пользу вы можете извлечь из определенных видов *садханы*.

53. Если человек хочет преуспеть в жизни, он должен избавиться от азартных игр, пьянства, долгого сна, сонливости, страха, гнева, лени и откладывания дел со дня на день.

54. У вас есть все необходимые исходные качества для обретения мудрости, для того, чтобы стать йогом или *джняни*. Занимайтесь. Развивайтесь. Доказывайте. Осуществляйте.

55. Когда вы продвинетесь в своей *садхане*, вы должны будете сутками, в течение нескольких месяцев соблюдать обет молчания.

56. Соблюдайте умеренность в еде, питье, сне и вообще во всем. Срединный путь всегда самый хороший и самый надежный. Придерживайтесь золотой середины. Тогда вы быстро станете йогом.

57. Достойное поведение, пытливость и хорошее общество необходимы для занятий йогой.

58. Откажитесь полностью от кислой, горькой и соленой пищи, с удовольствием пейте молоко, соблюдайте половое воздержание, будьте умеренны в еде.

59. Саттвическая еда необходима во время практики *асан* и *пранаямы*. Пейте молоко, ешьте топленое масло, творог, фрукты, миндаль, сметану и т. п. Откажитесь

от чеснока, лука, мяса, рыбы, курения, алкоголя, от кислых и острых блюд. Следует избегать переедания. Питайтесь умеренно. Будьте регулярны и пунктуальны в приеме пищи. Есть что попало и когда угодно — очень опасно для йога.

60. Вы должны есть лишь несколько отобранных вами видов пищи. Это могут быть *дал**, топленое масло, пшеничная мука, картофель или молоко и фрукты.

61. Вы должны быть сдержанны в пище. Управление аппетитом означает управление сознанием. Не позволяйте своему языку поднимать бунт.

62. Практика полового воздержания очень важна. Еда должна быть саттвической. Следует избегать острых приправ — чили, карри и чатни.

63. Человек, горячо привязанный к своим сыновьям, жене, землям и богатству, не получит от занятий йогой никакой пользы. Он лишь напрасно тратит свое драгоценное время и свою энергию. Те же, кто вовлечен в бесконечную *садхану*, — это люди, подобные богам.

64. Мужчина считает, что он неполноценен, если у него нет жены. После женитьбы он опять начинает думать, что он неполноценен, пока у него не появится сын или дочь. Как бы много человек ни зарабатывал материально, все равно он чем-нибудь будет недоволен или неудовлетворен. Такова жизнь.

65. Поэтому не следует ли нам попытаться обрести что-то более удовлетворительное и длящееся вечно? Или мы удовлетворимся тем, что будем вести жизнь рабскую и зависимую, повинуясь побуждениям нашей физической природы? Этот вопрос в конечном счете зародится в сердце каждого человека.

* *Дал* — индийский суп из гороха с овощами.

ПРАНАЯМА

Что такое *прана*?

Прана — это вселенская энергия, или сила. Это жизненная сила. *Прана* есть повсюду. Она может пребывать в статическом или динамическом состоянии. Ее можно обнаружить во всех формах жизни, от высших до низших, в муравьях и в слонах, в одноклеточных амебах и в человеке, в элементарных формах растительной и в сложных формах животной жизни.

Именно благодаря энергии *праны* уши слышат, глаза видят, кожа ощущает прикосновения, язык чувствует вкус, нос слышит запахи, а мозг и интеллект выполняют свои функции. Именно *прана* качает кровь от сердца в артерии, именно она обеспечивает процесс пищеварения, выделения и секреции, именно она сияет в ваших глазах.

Улыбка на лице девушки, мелодия в звуках музыки, сила воздействия слов, произносимых искусным оратором, очарование, присущее звукам голоса любимого человека, — все это есть в жизни благодаря *пране*. Огонь горит благодаря *пране*, ветер дует благодаря ей, реки текут, потому что есть *прана*, самолеты летают из-за *праны*, паровой котел работает благодаря ей, поезда и автомобили ездят благодаря *пране*, радиоволны пронизывают *прану* и распространяются благодаря ей. *Прана* — это электрон. *Прана* — это сила. *Прана* — это магнетизм. *Прана* — это электричество. Работа *праны* видна в сокращениях сердечной сумки, когда она качает кровь, выталкивая ее в артерии, в каждом вдохе и выдохе, в переваривании пищи, в выделении мочи и фекальных масс, в создании спермы, млечного сока, пищевой кашицы, желудочного сока, желчи, кишечных жидкостей и слюны, в поднятии и опускании век, эта работа заметна, когда мы ходим, играем, прыгаем через скакалку, думаем, спорим, чувствуем и желаем.

Все силы, все энергии и вся *прана* истекают из общего источника, из Атмана. Высшее «Я» — это хозяин, повелитель, жизненная сила — его слуга. Как слуги царя должны быть на своих местах, пока царь правит, так и чувства не могут прекратить действовать, пока функционирует жизненная энергия *праны*, их царица и повелительница. Все физические и ментальные силы входят в категорию *праны*. *Прана* — это сила, действующая на всех уровнях бытия, от высших до низших. Все, в чем теплится жизнь, является не чем иным, как проявлением энергии *праны*. *Пранавадины*, то есть последователи учения о *пране*, считают, что *прана-таттва* выше *манас-таттвы*, или принципа сознания. Они говорят, что *прана* присутствует даже тогда, когда во сне сознание покидает тело. Таким образом, *прана* играет более важную роль в жизни, чем сознание.

Прана расходуется, когда человек думает, желает, действует, двигается, говорит, пишет и т. д. У здорового, сильного человека *прана* (нервная энергия, жизненная сила) присутствует в избытке. Запас *праны* пополняется с едой, водой, воздухом, солнечной энергией и т. д. Этот запас потребляется нервной системой. *Прана* поглощается при дыхании. Излишки *праны* накапливаются в мозгу и нервных центрах. Когда энергия семявыделения сублимируется или трансформируется, организм в избытке снабжается *праной*. Она накапливается в мозгу в виде *оджаса*. *Оджас* — это не что иное, как *прана*.

Йог накапливает большой запас *праны* благодаря регулярным занятиям *пранаямой*, так же как аккумулятор накапливает электрический заряд. Йог, накопивший большое количество *праны*, излучает вокруг себя силу и жизненную энергию. Он как большая электростанция. Те, кто вступают с ним в контакт, получают заряд *праны*, а вместе с ним силу, желание жить, радость и бодрость тела и духа. Так же как вода перетекает из одного сосуда в другой, *прана* течет как чистый, мощный поток, от опытного йога к слабым, нуждающимся в помощи людям. Йог, выработавший у себя внутреннее зрение, может на самом деле увидеть это.

Если вы прочтете аллегорические рассказы в *«Каушитаки-»* и *«Чхандогья-упанишадах»* о том, как *индрии* (органы чувств), сознание и *прана* оспаривали верховенство, то увидите, что *прана* была признана главной. *Прана* — самая старшая, потому что она появляется в человеке с момента его зачатия. Напротив, органы слуха и других чувств начинают функционировать только тогда, когда формируются их внешние приспособления — уши и т. п. *«Упанишады»* называют *прану* «старейшей и лучшей». Именно благодаря вибрациям психической энергии *праны* поддерживается жизнедеятельность сознания и продуцируются мысли. Вы видите, слышите, говорите, чувствуете, думаете, ощущаете, желаете, знаете и т. д. при помощи *праны*, поэтому в священных писаниях говорится: «*Прана* есть Брахман».

Энергия тела — это *прана*. Контролируя движение легких и органов дыхания, мы можем контролировать *прану*, которая вибрирует внутри нас. Контролируя *прану*, мы легко можем управлять сознанием, поскольку сознание привязано к *пране*, как птица, привязанная к столбу за лапку. Такая птица, полетав немного, все равно опускается на столб, чтобы отдохнуть. Так же и птица-сознание, полетав здесь и там в поисках определенных чувственных объектов, находит отдых в *пране* во время глубокого сна.

Прана относится к сознанию, через сознание она связана с волей, через нее, в свою очередь, — с индивидуальной душой, а через душу — с Высшим Существом. Если вы научитесь управлять крохотными волнами *праны*, пронизывающими сознание, то сможете узнать секрет того, как подчинить себе энергию вселенской *праны*. Йог, обладающий этим секретом, не будет бояться никакой силы, потому что он сможет управлять всеми проявлениями всех сил Вселенной.

Широко известно, что сила личности — это не что иное, как естественная способность человека управлять своей *праной*. Некоторые люди достигают в жизни большего успеха, оказывают на окружающих большее влияние и привлекают их больше, чем другие. Все это благодаря энергии и силе *праны*. Такие люди каждый день манипулируют — конечно, бессознательно — таким же влиянием на окружающих, которое йог может оказывать сознательно, усилием воли. Есть и такие люди, которые случайно, сами того не зная, набредают на *прану* и используют ее в низменных целях.

Прана — это сама жизнь всех живых существ, поэтому ее называют вселенской, универсальной жизненной силой. *Прана* — это связь между физическим и астральным телом. Когда тонкая ниточка *праны* обрезается, астральное тело покидает физическое тело, наступает смерть. *Прана*, которая циркулировала в физическом теле, возвращается в астральное тело.

Растворяясь в космическом пространстве, *прана* остается в тонкой, неподвижной, неразличимой форме. Когда в пространстве возникают вибрации, *прана* приходит в движение, начинает взаимодействовать с пространством и вызывает к жизни различные формы. Макрокосм и микрокосм — это комбинации *праны* (энергии) и *акаши* (материи).

Функции *праны*

Хотя *прана* едина, она принимает различные формы, выполняющие различные функции. Пять наиболее важных форм — это *прана, апана, самана, удана* и *вьяна*. Из этих пяти форм главными являются *прана* и *апана*. Вместилищем *праны* является сердце, *апаны* — анус, *саманы* — район пупка, *уданы* — горло, а *вьяна* находится повсюду, она движется по всему телу.

Прана, наиболее важная форма, действует в следующих областях: лицо, ноздри, пупок и область сердца. *Прана* является причиной образования звуков, речи, дыхания, одышки и кашля.

Апана циркулирует в районе ануса, пениса и по бокам туловища, она также вибрирует в бедрах, яичках и под впадиной пупка. Она активизирует перечисленные органы и помогает процессам мочеиспускания, дефекации и выделения.

Вьяна контролирует те функции, которые не покрывают *прана* и *апана* в местах их функционирования. Она циркулирует в глазах, ушах, в области таза, в ноздрях и в гениталиях.

Самана находится в теле повсеместно и циркулирует во всех 72000 *нади*, она несет с собой огонь голода. Она помогает переваривать пищу и усваивать ее.

Поле действия **уданы** находится во всех суставах и в горле. Она помогает функционировать различным сочленениям.

Существует пять подразделений *праны: нага, курма, крикара, девадатта* и *дхананджайя*. *Нага* управляет речью, *курма* контролирует процесс моргания, открытия и закрытия век, *крикара* стоит за проявлениями голода и жажды, *девадатта* занимается такими вещами, как зевота, а *дхананджайя* служит причиной легкого звона в ушах, слышного, если заткнуть уши.

Цвет различных форм *праны*

Говорят, что *прана* имеет цвет крови, рубина или коралла. *Апана* имеет цвет индрагопы (насекомого белого или красного цвета). *Самана* имеет цвет чего-то среднего между молоком и хрусталем или маслянисто-блестящий цвет, т. е. нечто среднее между цветом *праны* и *апаны*. *Удана* имеет бледный оттенок белого цвета, а *вьяна* напоминает по цвету солнечный луч*.

---

* Хотя логическому уму данное описание кажется в высшей степени неопределенным, мы решили не сокращать его при переводе — в надежде, что оно кое-что подскажет интуиции пытливых читателей.

Длина воздушных потоков

Тело *вайю* (воздуха) в норме имеет 96 пальцев (6 футов) в длину. Обычная длина воздушного потока при выдохе равна 12 пальцам (9 дюймам). При пении длина такого потока становится равной 16 пальцам (одному футу), при еде она достигает 20 пальцев (15 дюймов), во время сна — 30 пальцев (22,5 дюйма), при совокуплении — 36 пальцев (27 дюймов), а при выполнении физических упражнений длина еще увеличивается. Уменьшая естественную длину (9 дюймов) выдыхаемых воздушных потоков, можно продолжить жизнь; если же длина увеличивается, то жизнь укорачивается.

Очищение

Мы уже увидели, как важно, чтобы *прана* должным образом функционировала, ведь она связана со всеми аспектами нашей жизни. Поэтому мы должны постоянно поддерживать чистоту тела — и физического, и астрального — и помогать *пране* свободно течь по астральным каналам, а не то произойдет закупорка, нарушение функций и, как следствие, придут болезни.

Искусство очищения физического тела и сознания при помощи *праны* включает три стадии: *речаку* (выдох), *пураку* (вдох) и *кумбхаку* (задержку дыхания).

Техника: сядьте в *падмасану* и выполняйте *уддияна-бандху*. Выдыхайте медленно и естественно, беззвучно и без излишних усилий. Выдох должен быть плавным, без рывков. Это помогает избавиться от всех грехов и сообщает личности человека очарование. Это *речака*.

Пурака означает «наполнение». Йог равномерно наполняет все свое тело *праной*, вдыхая окружающий его воздух. Нужно проследить за тем, чтобы все части тела при этом наполнились *праной*. *Пураку* также следует выполнять медленно, без рывков и спешки. Такой цикл наполнения тела воздухом (*праной*) должен продолжаться до тех пор, пока вы не почувствуете, что воздух наполнил вас до самой макушки. Это дает отвагу, мужество, силу, рост и активность, придает личности человека особый свет.

Затем идет задержка дыхания после вдоха. Постарайтесь задержать дыхание без страха и дрожи. Это называется *кумбхакой*. (Если вас потревожили во время *кумбхаки*, медленно и ровно начинайте выдыхать, не допуская чувства страха или тревоги.) Вы должны использовать свою силу воли для того, чтобы, вдохнув и задержав дыхание, не пытаться после этого вдыхать еще немного воздуха. Такая задержка дыхания сжигает яды в организме, помогает переваривать пищу и убивает плохое настроение.

Кумбхакой следует начинать заниматься не раньше второго месяца с начала ваших занятий, первый месяц должен быть полностью посвящен тренировке выдоха и вдоха. Таким образом *нади* очистятся и будут подготовлены к *кумбхаке*.

Фокусировка *праны*

Вдыхая *прану* извне, наполняя ею желудок, сознательно фокусируя *прану* в районе пупка, на кончике носа и на пальцах ног (на рассвете и на закате или в любое время дня), йог освобождается от всех болезней и усталости Фокусируя *прану* на кончике носа, он добивается господства над элементами воздуха; фокусируя ее в районе пупка, он уничтожает все болезни; собирая ее воедино на пальцах ног, достигает легкости в теле. Тот, кто пьет воздух сквозь свой язык, побеждает усталость, жажду и много других болезненных состояний. В речи того, кто в течение трех месяцев пьет воздух на закате и рассвете и в последние два часа ночи, поселяется милостивая Сарасвати (богиня речи). Он становится красноречив и знающ. Через шесть месяцев он освободится от болезней. Вбирая воздух у корня языка, мудрец таким образом пьет нектар и наслаждается цветением жизни.

Дыхание и *прана*

Дыхание — это внешнее проявление *праны*, жизненной силы. Дыхание макроскопично, *прана* тонка. Научившись управлять дыханием, вы сможете управлять тонкой материей *праны*, содержащейся в нем. Дыхание напоминает важный маховик какого-то механизма. Так же как остальные шестеренки в механизме останавливаются, если остановить этот маховик, органы тела прекращают свою работу, когда йог останавливает дыхание. Если вы умеете управлять маховиком, вы легко сможете контролировать остальные шестерни. Точно так же, если вы сумеете контролировать внешний механизм дыхания, вы сможете управлять внутренней жизненной силой, *праной*. А тогда вы сможете полностью контролировать все силы вселенной, психические и физические.

Прана и сознание тесно связаны друг с другом. Сознание не может действовать без помощи *праны*. Именно вибрации *праны* приводят к образованию мыслей в мозгу. Как вода входит в состав молока, так *прана* находится в сознании. *Прана* приводит сознание в движение. Если вы контролируете *прану*, ваше сознание также будет под контролем. Если вы контролируете сознание, *прана* автоматически будет находиться под вашим контролем.

Йог может также контролировать вездесущие проявления той силы, в которой берут свое начало все формы энергии, будь то магнетизм, электричество, гравитация, сила сцепления, нервные потоки и жизненные силы или мыслительные вибрации — на самом деле, речь идет обо всех силах вселенной.

Что такое *пранаяма*?

Пранаяма является точной наукой. Это четвертый член раджа-йоги. *Пранаяма* устраняет все болезни, улучшает здоровье, улучшает пищеварение, тонизирует нервную систему, уравновешивает сознание, успокаивает изжогу и боли в желудке, уничтожает *раджас*, устраняет лень, дает телу легкость, здоровье и будит энергию *кундалини*. Тот, кто занимается *пранаямой*, будет иметь хороший аппетит, хорошую фигуру, силу, энтузиазм, будет весел, отважен, бодр, способен к концентрации и полон жизненной энергии.

Так же как ювелир выплавляет в огне все нечистые вкрапления из золотого слитка, изучающий йогу устраняет все нечистые, несовершенные места из своего тела и чувств, занимаясь *пранаямой*. Так же как буйные кони, несущие колесницу, сдерживаются ездоком, *прана* и сознание должны быть обузданы учеником. Только то сознание, которое было полностью очищено занятиями *пранаямой*, сможет вечно покоиться в Брахмане. Поэтому ежедневно занимайтесь *пранаямой* под руководством вашего гуру.

Главная задача *пранаямы* в том, чтобы объединить *прану* с *апаной* и медленно поднимать объединенную *прану-апану* вверх к голове. Результатом или плодом занятий *пранаямой* становится пробуждение *кундалини*.

При занятиях *пранаямой прана* оставляет проходы *ида* и *пингала* и проталкивается через врата *сушумны* внутрь последней. *Сушумна* — единственный путь, проходя по которому *прана* зажигает свет *джняны* (мудрости). Когда *прана* проходит по *сушумне*, сознание становится чистым, лишенным мыслей. Таким образом сжигаются все семена *кармы* йога. Все *праны* соединяются во время *кумбхаки*, или задержки дыхания. Йог бросает чувства в жертвенное пламя *праны*.

Квалификация

Тот, чье сознание спокойно, кто подчинил себе чувства, кто верит словам гуру и священных писаний, кто верит в Бога, кто умерен в еде, питье и сне и кто имеет серьезное желание освободиться от круговорота смертей и рождений, имеет необходимую квалификацию для того, чтобы заниматься *пранаямой* и другими упражнениями йоги. Такой человек может легко добиться успеха в своих занятиях. *Пранаямой* нужно заниматься внимательно, имея настойчивость и веру.

Люди, привыкшие к чувственным удовольствиям, наглые, нечестные, хитрые, двуличные и лживые, люди, не уважающие *садху, санньясинов* и своих гуру, или духовных учителей; люди, которым нравятся пустые, ненужные споры; слишком болтливые люди, неверующие, те, кто общается со слишком приземленными людьми, злые, грубые, жестокие и жадные, — эти люди никогда не добьются успеха в *пранаяме* или любой другой практике йоги.

Вы должны пойти к гуру, который знает науку йоги и владеет йогой в полной мере. Сядьте у его лотосных стоп, служите ему и очищайтесь от своих сомнений, задавая ему разумные, грамотные вопросы. Получите от него указания и занимайтесь со всем энтузиазмом, вниманием, усердием и верой. Следуйте во всем указаниям учителя.

Слова занимающегося *пранаямой* человека должны быть вежливы и приятны. Он должен быть добр ко всем. Он должен быть честен. Он должен говорить правду. Он должен добиться бесстрастности, терпения, веры, любви, милосердия и т. д. Он должен полностью соблюдать целибат. Женатый же человек должен быть очень умерен в сексуальных отношениях.

Пять основных принципов

Для занятий *пранаямой* необходимы пять вещей. Во-первых, хорошее место, во-вторых, подходящее время, в-третьих, умеренный, но достаточный свет и питательная еда, в-четвертых, терпеливые и упорные занятия, энтузиазм, легкость и усердие и, наконец, очищение *нади*.

Место

Выберите уединенное, красивое и приятное место, где вас ничто не будет беспокоить. Это может быть берег реки, озера или моря, а может быть вершина холма, где течет красивый ручей и растут деревья и где легко достать молоко и прочие продукты. Постройте небольшую хижину. Окружите ее забором. В углу, возле забора, выройте колодец. Хотя, конечно, невозможно найти такое место, которое удовлетворяло бы вас со всех точек зрения.

Вы должны выбрать такое место, где поблизости от вас были бы и другие йоги. Вы сможете тогда обратиться к ним за разъяснениями или помощью в трудную минуту. У вас будет вера в йогические *крийи*. Когда вы увидите, что рядом с вами люди, преданные практике йоги, вы станете заниматься более усердно, стремясь стать таким же, как те, кто лучше вас, а затем и превзойти их. Вам следует найти место, удаленное от густонаселенных пунктов. Если вы построите хижину в людном месте, любопытные станут докучать вам. Там не будет духовных вибраций. Строить хижину в глухом лесу тоже не стоит. У вас не будет никакой защиты, вы можете пострадать от воров и диких животных. Вам будет трудно добывать пищу. В *«Шветашватара-упанишаде»* говорится: «Ровное место, без гальки, огня и щебня, приятное для глаза и укрытое от ветров поможет человеку обратить свой разум к Богу».

Те, кто занимается у себя дома, могут превратить свою комнату в лес. Не позволяйте никому и никогда в нее заходить. Это место должно быть свято. Если у вас нет возможности выделить для этой цели отдельную комнату, устройте себе место в углу, отгородив его ширмой специально для занятий. Повесьте фото вашего гуру, изображение любимого святого или охраняющего вас божества напротив того места, где вы сидите. Ежедневно исполняйте обряд *пуджи* (поклонения) изображению, как физически, так и внутренне, духовно, перед тем, как вы начинаете заниматься медитацией и *пранаямой*. Жгите в комнате ароматические палочки-благовония. Храните в ней священные книги, такие, как *«Рамаяна»*, *«Шримад Бхагаватам»*, *«Бхагавад-Гита»*, *«Упанишады»*, *«Йога Васиштха»* и т. д., для ежедневного изучения. Постелите вчетверо сложенное одеяло, накройте его куском мягкой белой ткани. Это будет подстилкой, на которой вы будете сидеть. Или расстелите слой травы *куша*, накройте его оленьей или тигровой шкурой, а сверху положите мягкую белую ткань. Занимаясь *пранаямой* и медитацией, сидите на этой подстилке. Вы можете сделать слегка приподнятое бетонное возвышение, а на него положить свою подстилку. В таком случае вам не будут докучать мелкие насекомые — такие, как муравьи.

Время

Заниматься *пранаямой* нужно начинать весной или осенью, поскольку в эти времена года успеха можно добиться без особых трудностей. Летом не занимайтесь *пранаямой* после обеда и вечером. Вы можете заниматься ею в прохладные утренние часы.

Пранаямой не следует заниматься сразу после еды или когда вы очень голодны. Занимающийся *пранаямой* человек должен есть тогда, когда работает *пингала*, т. е.

когда дыхание течет через правую ноздрю, поскольку *пингала* нагревается и быстро переваривает пищу.

Йогическая диета

Тот, кто серьезно занимается йогой, должен перестать есть пищу, несовместимую с занятиями. Он должен отказаться от соли, горчицы, кислых, острых, пикантных и горьких блюд. На ранних этапах практики йоги рекомендуется диета на основе молока и топленого масла, пшеницы, зеленых бобов и бурого риса. Такая пища способствует успеху в занятиях.

Поза

Правильная поза крайне важна для успешных занятий *пранаямой*. Удобной и практичной позой является *асана*. Наиболее подходящей является та поза, в которой удобнее всего сидеть в течение долгого времени. Грудь, шея и голова должны находиться на одной вертикальной линии, тогда спинной мозг, покоящийся в спинном хребте, будет иметь достаточную степень свободы. Вы не должны изгибать тело ни вперед, ни назад, ни влево, ни вправо. Вы не должны горбиться и должны следить за тем, чтобы ваша поза не позволяла вам упасть. С течением времени вы научитесь правильно сидеть, это придет само собой. Толстым людям трудно будет сидеть в *падмасане*, или позе лотоса. Они могут сесть в *сукхасану* или *сиддхасану*. Вам не нужно откладывать свои занятия *пранаямой* до того времени, пока вы полностью овладеете *асаной*. Занимайтесь *асаной* и одновременно — *пранаямой*. С течением времени вы достигнете совершенства и в том, и в другом занятии. *Пранаямой* можно заниматься и сидя в кресле, выпрямив при этом спину.

В *«Бхагавад-Гите»** говорится:

> В чистом месте, устроив себе прочное сиденье, не слишком высокое и не слишком низкое, из ткани, шкуры и травы *куша*, одно поверх другого,
>
> собирая сознание в одну точку, управляя ходом мыслей и чувств, он, сидя на сиденье, должен практиковать йогу для очищения своего «Я».
>
> Спина его, туловище и шея должны быть выпрямлены, взгляд его должен быть остановлен в одной точке, на кончике носа.

Очищение *нади*

Очищение *нади* очень важно на ранних этапах занятий йогой и совершенно необходимо для серьезных занятий *пранаямой*. Некоторые *асаны* служат для того, чтобы устранять препятствия на пути следования *праны* через *нади*, они прокладывают путь к занятиям *пранаямой*, а *пашчимоттанасана* и *халасана*, в частности, позволяют *пране* течь через *сушумна-нади*. Если в *нади* есть ненужные, нечистые вкрапления, подъем *кундалини* в *сушумну* серьезно затруднен.

Нади-шуддхи (очищение *нади*) является очень эффективным методом и приводит к быстрому очищению.

---

* 6:11—13.

Легкие

Будет уместным сказать несколько слов о легких и их функциях. Органы дыхания состоят из двух легких и дыхательных путей, ведущих к ним. Легкие расположены в верхней части туловища, отделены друг от друга сердцем, крупными кровеносными сосудами и дыхательными путями. Легкие по структуре пористы, мягки и их ткани очень эластичны. Легочная ткань содержит огромное число воздушных мешочков, в которых находится воздух. (Если после вскрытия легкие поместить в емкость с водой, они будут плавать.) Они покрыты тонкой серозной мембраной, которая называется плеврой; в ней содержится серозная жидкость, которая предотвращает трение при дыхании. Одна стенка плевры плотно прилегает к легким. Другая стенка прилегает к грудной клетке. Этой мембраной легкие и прикреплены к грудной клетке. В правом легком есть три доли. В левом легком только две доли. В каждом легком различают верхушку и основание. Основание обращено к диафрагме, мускульной стенке, отделяющей грудь от желудка. Верхушка легкого находится у основания шеи. При пневмонии воспаляется основание. Верхушки легких, не получающие достаточно кислорода, истощаются. Получается благоприятная обстановка для размножения туберкулезных бактерий. Занимаясь *капалабхати* и *бхастрика-пранаямой*, вы даете верхушкам хороший приток кислорода и предупреждаете возникновение туберкулеза. *Пранаяма* развивает легкие.

Дыхательные пути состоят из носовой полости, горла, гортани, где находятся две голосовые связки, трахеи (воздушной трубки), левого и правого бронхов и малых бронхиальных путей. Когда мы дышим, мы втягиваем воздух через нос, а затем, проходя через горло и гортань, он спускается в трахею, а потом в бронхи. Из бронхов по бесчисленным маленьким трубочкам — бронхиолам — воздух попадает в воздушные мешочки легких (которых там миллионы). Если расстелить все мешочки на плоскости, их площадь составила бы 140000 квадратных футов. Воздух втягивается в легкие под действием диафрагмы. Когда она расширяется, размер грудной клетки и легких увеличивается и наружный воздух устремляется в полученный таким образом вакуум. Когда диафрагма сокращается, легкие и грудная клетка уменьшаются в размерах и воздух выходит наружу.

Звуки получаются благодаря двум голосовым связкам, расположенным в гортани. Гортань является резонатором. Когда голосовые связки перенапрягаются, например при пении и длительном чтении лекций, голос становится хриплым. У женщин эти связки короче, поэтому у них более приятный, мелодичный голос.

Человек делает пятнадцать дыхательных циклов в минуту. При пневмонии оно возрастает до 60, 70 и даже 80 в минуту. При астме происходит спазм бронхиальных путей. Они сокращаются. Поэтому человеку становится трудно дышать. *Пранаяма* устраняет спазмы этих путей.

Верхнюю поверхность гортани покрывает небольшая мембрана, называемая надгортанником. Он препятствует попаданию в дыхательное горло частиц еды и воды. Он действует как предохранительный клапан. Если частица пищи попадает в дыхательное горло, человек кашляет и она выталкивается наружу.

Объемом легких называется максимальное количество воздуха, которое человек способен вдохнуть после полного выдоха.

Йог измеряет течение своей жизни не числом прожитых лет, а числом сделанных им вдохов.

Легкие очищают кровь. Кровь отправляется в путешествие по артериям яркоалая, переполненная дающими жизнь веществами. Она возвращается по венам темной, истощенной, наполненной отходами жизнедеятельности. Артерии — это сосуды, которые несут чистую, наполненную кислородом кровь от сердца к различным органам. Вены — это сосуды, которые несут нечистую кровь от этих органов обратно к сердцу. Правая сторона сердца содержит венозную кровь. Оттуда эта нечистая кровь направляется к легким для очищения. Она расходится по миллионам крошечных воздушных клеточек в легких. Когда происходит вдох, кислород из воздуха попадает в нечистую кровь через стенки тонких, как волос, кровеносных сосудов легких, называемых легочными капиллярами. Стенки капилляров очень тонкие. Они как муслин, как решето. Кровь тут же просачивается. Кислород поступает в кровь через тонкие стенки этих капилляров.

Когда кислород соприкасается с тканями, происходит процесс окисления. Кровь вбирает кислород и выделяет углекислый газ, образующийся из шлаков и ядовитых веществ, которые поступили в кровь из всех органов тела. Очищенная кровь по четырем легочным венам поступает в левое предсердие, а затем в левый желудочек. Из левого желудочка кровь перекачивается в самую крупную артерию, в аорту. Из аорты она поступает во множество других артерий. Подсчитано, что за день около 35000 пинт крови проходит очищение, проходя по легочным капиллярам.

Из артерий очищенная кровь поступает в более тонкие сосуды — капилляры. Из капилляров в ткани выходит находящаяся в крови лимфа, омывая и питая их. Ткани дышат. Ткани используют кислород, отдавая обратно углекислый газ. Все отходы их жизнедеятельности уходят по венам с кровью к правой стороне сердца.

Если легкие плохо развиты, они не могут эффективно выполнять задачу обогащения крови кислородом. Они охотно дадут приют микробам-возбудителям чахотки. Вы должны постараться разработать свои легкие, сделать их сильными с помощью *пранаямы* и упражнений глубокого дыхания. Легкие, имеющие хороший объем, хорошо функционируют при любых условиях. Они защищены от болезней. Огромное большинство людей дышит неглубоко и неритмично. Легкие, имеющие хороший объем, полученный за счет дыхательных упражнений и *пранаямы*, смогут справиться с перегрузками, которые выпадут на их долю в случае понижения жизненной силы в организме, которое может произойти по той или иной причине.

Кто является Создателем этой тонкой и сложной структуры? Чувствуете ли вы невидимую руку Бога, создавшую все эти органы? Структура нашего организма красноречиво свидетельствует о всеведении Господа. Он живет в наших сердцах и наблюдает за работой внутренней фабрики организма. Без Его присутствия сердце не может качать кровь в артерии и легкие не могут осуществлять процесс очищения крови. Молитесь. Свидетельствуйте Ему свое немое почтение. Помните о Нем всегда. Ощутите Его присутствие в каждой клетке вашего тела.

Управление дыханием

Управление дыханием — это управление жизнью как таковой. Чем лучше человек овладевает секретом управления дыханием, тем лучше он может управлять своим физическим телом. Занимаясь *пранаямой* месяц, вы уничтожаете грехи, после шести месяцев занятий у вас появляется стремление к обретению мудрости, занятия в течение года дают возможность познать свое Высшее «Я». Занимайтесь постепенно, идите шаг за шагом. Спешка на пути йоги никогда не поощряется.

Занятия *пранаямой* сразу же дают хороший результат. Вы заметите, что ваша способность к концентрации во время занятий духовными практиками повысится. Контролируя процесс дыхания, вы сможете эффективно управлять всеми прочими движениями органов тела и ходом нервных потоков, протекающих в организме. Вы сможете легко и быстро управлять своим телом, сознанием и душой, управляя дыханием и *праной*. *Пранаяма* поможет вам управлять обстоятельствами вашей жизни и вашей личностью, поможет вам сознательно привести свою жизнь в гармонию с космической жизнью.

Дыхание, направляемое мыслью и управляемое волей, является живительной, восстанавливающей силой, которой вы можете сознательно пользоваться для саморазвития, для исцеления от многих неизлечимых болезней, для лечения других людей и для многих других полезных вещей. Эта сила находится в вашем распоряжении всегда, всю жизнь. Пользуйтесь ею разумно. Многие йоги прошлого — такие, как Шри Джнянадева, Трилинга Свами, Рамалинга Свами и другие, — пользовались таким дыханием, пользовались силой *праны* в различных ситуациях и разными способами. Вы тоже сможете делать это, если займетесь *пранаямой* в соответствии с предлагаемым курсом дыхательных упражнений.

Глубокое дыхание

Выполняйте упражнения в глубоком дыхании ежедневно, в течение нескольких минут в час рассвета. Глубокое дыхание — это лишь разновидность *пранаямы*.

Каждый цикл глубокого дыхания состоит из полного вдоха через нос и глубокого ровного выдоха, тоже через нос. Вдыхайте медленно, так глубоко, как вы можете. Выдыхайте тоже медленно и полностью. При вдохе соблюдайте следующие правила:

1. Встаньте. Положите руки на бедра, локти должны быть разведены в стороны, не отклоняясь за спину. Стойте свободно.
2. Расправьте плечи, подтяните грудную клетку вверх. Прижмите бедренные суставы руками сверху вниз. Таким образом вы создадите вакуум и воздух устремится в вас сам собою.
3. Широко раздувайте ноздри. Не пользуйтесь носом как насосом для втягивания воздуха. Он должен пассивно впускать и выпускать потоки воздуха. Помните, что правильное дыхание бесшумно.
4. Расправьте всю верхнюю часть туловища, потянитесь.
5. Не поднимайте верх грудной клетки до крайнего верхнего положения. Живот должен быть естественным образом расслаблен.
6. Не закидывайте голову далеко назад. Не втягивайте живот. Не отводите плечи назад, поднимите их вверх.

При выдохе соблюдайте следующие правила:

1. Позвольте ребрам и всей верхней части туловища медленно осесть, опуститься.
2. Подтяните живот вверх — медленно.

3. Не нагибайтесь слишком далеко вперед. Не выпячивайте грудную клетку. Держите голову, шею и туловище на одной прямой линии. Втяните грудь. Не выдыхайте через рот. Выдыхайте очень-очень медленно и беззвучно.
4. Выдох происходит просто за счет расслабления дыхательных мышц. Грудная клетка опускается сама собой, под действием собственного веса, выталкивая воздух через нос.
5. Первое время не задерживайте дыхание после вдоха. Сразу после окончания вдоха начните выдыхать. Когда вы достаточным образом продвинетесь вперед в ваших занятиях, начните задерживать дыхание на 5 секунд и более, до минуты, в зависимости от ваших физических возможностей.
6. После трех циклов глубокого дыхания вы можете отдохнуть, сделать «дыхательную паузу», то есть несколько нормальных вдохов-выдохов. После этого начните снова. Во время паузы стойте свободно, держа руки на бедрах. Количество циклов глубокого дыхания подбирается в соответствии с физическими возможностями каждого человека. Сделайте 3—4 цикла, прибавляйте каждую неделю еще по одному.
7. Стойте прямо, разводя руки в стороны, расправляя грудь, медленно поднимитесь на носки, все время вдыхая долго и плавно. Наполните грудную клетку чистым воздухом. Затем медленно выдохните и опуститесь на пятки, опустите руки.

Пранаяма в хатха-йоге и раджа-йоге

Главная цель *пранаямы* — это объединение *праны* и *апаны* и медленное поднятие объединенной *праны-апаны* вверх, к голове. Результатом *пранаямы*, ее плодом становится пробуждение *кундалини*.

Хатха-йог соединяет *прану* и *апану* посредством задержки дыхания (*кумбхаки*) и *бандх*. Он пробуждает *кундалини* теплом, образующимся при задержке дыхания. Он открывает *сушумну* и поднимает объединенную *прану-апану* по *сушумна-нади*. *Пранаяма* — его единственное прибежище. Он постоянно делает *кумбхаку*, тогда как раджа-йог выполняет лишь изредка *кумбхаку* и *пранаяму*, чтобы уравновесить сознание и остановить *вритти**. Основная цель раджа-йога — медитация путем концентрации сознания.

Пранаяма очень полезна — не только для хатха-йогов, но и для раджа-йогов и ведантистов, — поскольку она приводит сознание в равновесие. Ведантист, привыкший медитировать на *ОМ*, всегда думает о великом Атмане. Даже занимаясь *пранаямой*, он постоянно концентрируется на своем блаженном «Я». Раджа-йог постоянно концентрируется на великом Пуруше или Ишваре. Хатха-йог концентрируется на *кундалини-шакти* в *муладхара-чакре* и пытается ощутить, когда *муладхара* будет пронзена и *кундалини* двинется по направлению к *свадхиштхане*.

Так же как ювелир выплавляет все примеси из золотого слитка, разогревая его в огне и сильно дуя в огонь, чтобы он горел жарче, человек, изучающий йогу,

---

* То есть успокоить мысленную «рябь» в сознании. По классическому определению Махариши Патанджали, это и есть йога.

избавляется от всех ненужных примесей, раздувая собственные легкие, т. е. занимаясь *пранаямой*.

Многие извлекли неоценимую пользу из занятий дыхательными упражнениями *пранаямы* уже через небольшой промежуток времени. Некоторые люди безосновательно тревожатся, считая, что в *пранаяме* таятся какие-то опасности. Абсолютно никаких опасностей тут нет. Изучив теорию и технику упражнений, нужно приступить к регулярным, усердным занятиям.

Упражнения *пранаямы*

Упражнение 1: Сядьте в *падмасану*. Закройте глаза. Сконцентрируйтесь на *трикути* (точке между бровями). Закройте правую ноздрю большим пальцем правой руки. Медленно вдыхайте через левую ноздрю. Вдох должен быть максимально долгим, но не причиняющим вам неудобств. Затем очень медленно выдыхайте через ту же ноздрю. Повторите это двенадцать раз. Это будет один цикл.

Затем вдыхайте через правую ноздрю, прижав левую мизинцем и безымянным пальцем правой руки, и медленно выдыхайте через ту же ноздрю. Повторите двенадцать раз. Это тоже один полный цикл.

Закрывая одну ноздрю, йог заставляет воздух течь только через другую.

Вдыхайте и выдыхайте беззвучно. Во время упражнений повторяйте свои *мантры*. На второй неделе занятий выполняйте два цикла, на третьей — три. После окончания одного цикла передохните две минуты. Несколько нормальных вдохов-выдохов по окончании цикла дадут вам отдых, и вы будете готовы к следующему циклу. Это упражнение не предполагает *кумбхаки* (задержки дыхания). Вы можете увеличивать число циклов в зависимости от ваших физических возможностей.

Упражнение 2: Медленно и спокойно вдыхайте через обе ноздри. Не задерживайте дыхание. Затем медленно выдыхайте. Повторите 12 раз. Это будет один цикл. Вы можете сделать 2—3 цикла, в зависимости от ваших сил и свободного времени.

Упражнение 3: Сядьте в *асану*. Закройте правую ноздрю большим пальцем правой руки. Затем медленно вдыхайте через левую ноздрю, закройте левую ноздрю мизинцем и безымянным пальцем правой руки и откройте правую ноздрю, убрав большой палец правой руки. Очень медленно выдохните через правую ноздрю. Затем сделайте долгий вдох через правую ноздрю и выдохните через левую ноздрю, убрав прикрывающие ее пальцы. В этой *пранаяме кумбхака* не предусмотрена. Повторите весь процесс 12 раз. Это составит один полный цикл.

Автоматическая *пранаяма*

Бессознательно мы все ежедневно делаем *пранаяму*. Когда вы читаете увлекательную книжку или решаете математическую задачу, ваше сознание приковано к предмет_ ваших занятий. Если вы присмотритесь к тому, как вы дышите в таких ситуациях, вы заметите, что ваше дыхание становится очень, очень медленным. Когда вы смотрите театральную постановку трагедии, когда вы узнаете очень печальные новости или, наоборот, радостные вести, когда вы плачете — от горя или от радости — или хохочете, дыхание замедляется, *пранаяма* приходит сама собой. Когда вы полностью увлечены *джапой* или *Брахма-вичаром* (обращением к высшему «Я»), концентрацией или медитацией, *пранаяма* приходит сама собой. Дыхание все замедляется и замедляется. *Пранаяма* сама приходит и к тем людям, которые, изучая йогу, занимаются *ширшасаной*. Из этого видно, что, когда сознание сконцентрировано на чем-то, дыхание замедляется или останавливается. *Пранаяма* выполняется автоматически. Сознание и *прана* тут же соединяются. Если вы обратите внимание на то, как вы дышите в таком состоянии, ваше дыхание возобновит свой нормальный ритм. Так же как есть связь между ветром и огнем (свет), есть связь между *праной* и сознанием.

Легкая, удобная *пранаяма*

Сядьте в позу лотоса или другую медитативную позу в вашей комнате для медитаций перед изображением избранного вами божества. Закройте правую ноздрю большим пальцем правой руки. Очень, очень медленно вдохните через левую ноздрю. Затем закройте и левую ноздрю мизинцем и безымянным пальцем правой руки. Задержите воздух так долго, как можете, не причиняя себе больших неудобств. (Задержка дыхания осуществляется не за счет зажатия ноздрей, но за счет остановки движения легких.) Затем очень, очень медленно выдыхайте, отпустив большой палец. Это половина цикла. Затем сделайте вдох через правую ноздрю и снова задержите дыхание. Затем очень медленно выдыхайте, уже через левую ноздрю. Все эти шесть этапов составляют одну *пранаяму*. Делайте двадцать упражнений утром и двадцать вечером. Постепенно увеличивайте число упражнений.

Настройтесь на то, что все божественные качества, такие, как милосердие, любовь, прощение, мир и радость, входят в вас с тем воздухом, который вы вдыхаете, а все неугодные Богу черты, такие, как жадность и гордыня, выходят из вас с каждым выдохом.

Вы должны подобрать время вдоха, задержки и выдоха так, чтобы во время выполнения всех этапов *пранаямы* вы не задыхались и не ощущали дискомфорта.

Вы не должны чувствовать необходимость в том, чтобы сделать несколько нормальных вдохов в промежутке между двумя правильно выполненными циклами. Продолжительность фаз вдоха, выдоха и задержки должна быть правильно подобрана. Относитесь к упражнениям с должным вниманием, и все повернется так, что вам станет легко и приятно выполнять их. Всегда вдыхайте и выдыхайте очень, очень медленно. Не допускайте возникновения даже малейшего звука при дыхании. Вам не обязательно пытаться продлить выдох как можно дольше, а то следующий вдох будет сделан поспешно и ритм будет нарушен. Когда вы научитесь выполнять это упражнение без усилий, поддерживайте соотношение времени вдоха, задержки и выдоха в пропорции 1:4:2.

Внешняя кумбхака: Втягивайте воздух через левую ноздрю в течение такого времени, за которое вы успеете три раза повторить *ОМ*, без задержки выпустите его через левую ноздрю, выдыхая, повторите *ОМ* 6 раз. Задержите выдох, пока не насчитаете 12 слогов *ОМ*. Затем вдохните через правую ноздрю, выдохните через левую и задержите дыхание, повторяя то же количество слогов *ОМ*. Делайте шесть таких упражнений утром и шесть вечером. Постепенно увеличивайте количество повторов и время *кумбхаки*. Не перенапрягайтесь и не утомляйте себя излишне.

Существуют три типа *пранаямы*, а именно: низшая, средняя и высшая (*адхама, мадхьяма* и *утама*). Низшая *пранаяма* состоит из 12 *матр*, средняя из 24 и высшая занимает время, равное 36 *матрам*. *Матра* — это, грубо говоря, секунда. Время одного моргания глаза и время, необходимое для произнесения одного краткого гласного звука, считается равным одной *матре*. Если вы вдыхаете в течение 12 *матр*, вам придется задержать дыхание на 48 *матр*, а время выдоха тогда составит 24 *матры*. Это низшая *пранаяма*. Такие же пропорции применяются и к двум другим типам. Сначала в течение месяца выполняйте низшую *пранаяму*. Затем в течение трех месяцев — среднюю. Затем переходите к высшей *пранаяме*. Такая *пранаяма*, которая приводит к потоотделению, относится к низшему типу; та, которая ведет к дрожи, — средний тип, а та, которая приводит к левитации, к поднятию тела над поверхностью земли, принадлежит к высшему типу.

Если вы хотите быстро добиться прогресса в занятиях, вам нужно упражняться четыре раза в сутки: в 4 часа утра, в 4 дня, в 8 вечера и в полночь и делать 4 x 80 = 320 задержек дыхания. Такая *пранаяма* устраняет все болезни, очищает *нади*, укрепляет сознание в концентрации, улучшает пищеварение, помогает соблюдать *брахмачарью* и дает возможность со временем достичь *кевала-кумбхаки* (абсолютной задержки дыхания).

В занятиях *асанами, пранаямой* и т. д. нет никакой опасности, если вы осторожны, внимательны и пользуетесь здравым смыслом. Люди, которые беспокоятся по этому поводу, делают это напрасно. Опасность есть во всем, если вы неосторожны. Если вы не смотрите под ноги, спускаясь по лестнице, то рискуете упасть и сломать себе ноги. Если вы неосторожны при переходе оживленных улиц, вас может сбить машина. Если вы невнимательны при покупке билета на вокзале, у вас украдут кошелек. Если вы неосторожны в приготовлении микстур, то можете убить больного, дав ему не то лекарство или слишком большую дозу. То же верно и по отношению к *пранаяме*. Будьте внимательны! Вы должны быть внимательны к своей диете. Избегайте переедания. Ешьте легкую, хорошо усваиваемую и питательную пищу. Будьте умеренны в половых сношениях. Не задерживайте дыхание дольше, чем можете. Вы должны постепенно повышать время вдоха, задержки и выдоха в пропорции от 1:4:2 до 16:64:32. Вы должны вдыхать очень, очень медленно. Если эти правила соблюдены, в занятиях *пранаямой* не будет никакой опасности.

Пранаяма Шивананды

Техника: Удобно усядьтесь на стуле, на кровати или в мягком кресле. Сделайте вдох через обе ноздри, долгий, но не причиняющий неудобств. Задержите дыхание так долго, как вам удобно. Во время задержки дыхания повторяйте свою *мантру* или *ОМ*. Затем выдыхайте, так, как вам удобно. Соблюдать пропорции в соотношении времени вдоха, задержки и выдоха не обязательно, но вдох и выдох должны быть полными и глубокими.

Польза: Преимущества *пранаямы* неисчислимы. Все мышцы расслабляются, а нервы тонизируются. Во всем существе устанавливается ритм и гармония. Сознание успокаивается, а циркуляция улучшается. Невыразимый покой, мир и блаженство снисходят к вам.

Вы можете выполнять это упражнение утром, лежа в постели. Ваше сознание будет подготовлено к началу *джапы* и медитации. Вы можете выполнять его, когда ваше сознание вот-вот потеряет равновесие из-за приступа похоти, злобы или иных недобрых мыслей, сознание тогда наполнится могучей энергией, которая устранит из него беспокоящие вас дурные мысли. Вы можете выполнять его как раз перед началом ваших занятий, сознание сможет легко концентрироваться, и то, что вы изучаете, будет неизгладимо запечатлено в нем. Вы можете выполнять его, находясь на работе у себя в конторе, вы никогда не будете переутомляться. Когда вы возвращаетесь с работы, вы можете снова заняться этой *пранаямой* и получите новый заряд энергии.

Величайшее преимущество заключается в том, что, когда вы начнете заниматься *пранаямой*, вам захочется делать ее все чаще, а вашему сознанию трудно будет найти отговорку, чтобы не заниматься, ведь это такая легкая и удобная *пранаяма*, которая сохраняет всю пользу *пранаямы*, не вводя жестких правил и предписаний. Начните сейчас и делайте ее регулярно.

Пранаяма во время ходьбы

При ходьбе поднимите голову, расправьте плечи и грудь. Вдыхайте через обе ноздри, мысленно произнося *ОМ* три раза, по одному разу на каждый шаг. Затем задержите дыхание, пока не произнесете *ОМ* 12 раз. Выдыхайте медленно через обе ноздри, насчитав шесть слогов *ОМ*. После каждой *пранаямы* делайте дыхательную паузу, отдыхая в течение 12 слогов *ОМ*. Если вам трудно соотносить счет *ОМ* с шагами, считайте слоги, не обращая внимания на сделанные шаги.

Очень занятые люди могут заниматься этой *пранаямой* во время своих утренних и вечерних прогулок. Вы найдете очень приятными такие упражнения во время прогулки на открытом воздухе, ощущая легкое дуновение свежего ветра. Вы увидите, как скоро вы приободритесь. Занимайтесь и чувствуйте, отмечайте в себе пользу, получаемую от этого вида *пранаямы*. Те, кто ходит энергично и быстро, повторяя *ОМ* вслух или про себя, выполняют естественную *пранаяму* безо всяких усилий.

Пранаяма в шавасане

Лягте на спину, подложив под себя одеяло. Расслабьтесь. Вытяните руки вдоль тела, выпрямите ноги. Пятки держите вместе, а носки чуть разведите в стороны. Расслабьте все нервы и мышцы. Тот, кто очень слаб, может заниматься такой *пранаямой*, лежа на земле или на кровати. Медленно и бесшумно вдохните через обе ноздри. Задержите дыхание так долго, как вам удобно. Затем медленно выдохните через обе ноздри. Повторите этот процесс двенадцать раз утром и двенадцать раз вечером. Мысленно пойте *ОМ*. Если вы хотите, вы можете выполнять это упражнение и в *сукхасане* (непринужденной удобной позе). Это комбинированное упражнение, объединяющее *асану*, *пранаяму*, медитацию и отдых. Оно дает отдых не только телу, но и сознанию. Оно расслабляет, дает ощущение комфорта и легкости. Оно очень подходит пожилым людям.

Ритмическое дыхание

Люди дышат очень неритмично. На выдохе *прана* выходит на 16 пальцев в длину, а на вдохе ее длина составляет только 12 пальцев, таким образом теряется 4 пальца. Но если длина вашего вдоха составляет 16 пальцев, вы дышите ритмично. В таком случае возрастает энергия *кундалини*. Упражняясь в ритмическом дыхании, вы найдете, что это занятие позволяет вам прекрасно отдохнуть. Вы сможете управлять дыхательным центром, который находится в продолговатом мозге, и другими нервными центрами, поскольку дыхательный центр некоторым образом воздействует на все прочие нервы. Поэтому размеренное дыхание приведет в состояние гармонии всю систему — физическое тело, сознание и органы чувств — и успокоит уставшие нервы. Вы почувствуете себя полностью отдохнувшим и успокоенным. Все кипящие эмоции и неожиданные импульсы подчинятся вам и успокоятся. Вдыхайте в течение 6 повторов слога *ОМ* и выдыхайте столько же. Повторите это 10 раз. Постепенно увеличивайте количество повторов.

Есть еще одна разновидность ритмического дыхания:

Медленно вдохните через обе ноздри в течение 4 *ОМ*, задержите дыхание на 8 *ОМ* (внутренняя *кумбхака*), медленно выдохните через обе ноздри за четыре *ОМ* и задержите дыхание (наружная *кумбхака*) на восемь *ОМ*.

Повторите этот процесс столько раз, сколько сможете, в зависимости от ваших сил и возможностей. С течением времени вы сможете увеличить время вдоха и выдоха до восьми *ОМ*, а период задержки до шестнадцати *ОМ*, но никогда не пытайтесь увеличивать это время, если не уверены в том, что имеете на это силы. Выполняя это упражнение, вы должны ощущать радость и удовольствие. Вы не должны чувствовать напряжения. Обращайте должное внимание на ритм. Помните, что ритм более важен, чем длительность вдохов и выдохов. Повторение — мать учения. Вам понадобится терпение и настойчивость.

Сурья-бхеда

Сядьте в *падмасану* или *сиддхасану*. Закройте глаза. Закройте левую ноздрю мизинцем и безымянным пальцев правой руки. Медленно и беззвучно вдохните через правую ноздрю как можно глубже, но не причиняя себе неудобств. Затем закройте правую ноздрю большим пальцем правой руки и задержите дыхание, плотно прижав подбородок к груди (*джаландхара-бандха*). Задерживайте дыхание до тех пор, пока у кончиков ногтей и корней волос не проступит пот. (Вы не сможете сразу этого достичь. Вам придется постепенно увеличивать длительность *кумбхаки*. Это предел сферы практики *сурья-бхеда-кумбхаки*.) Затем выдохните очень медленно и беззвучно через левую ноздрю, закрывая правую ноздрю большим пальцем. Мысленно повторяйте *ОМ*, чувствуя его и делая это искренне, во время вдоха, задержки и выдоха. Выдыхайте после того, как череп очистится направленным в него воздухом.

Эту *пранаяму* нужно повторять снова и снова, так как она очищает мозг и уничтожает кишечных паразитов и болезни, вызванные избытком газов (*вайю*).

Она устраняет четыре вида зла, порождаемого *вайю*, и излечивает от ревматизма. Она также излечивает от насморка, головной боли и многих видов невралгии.

В лобных пазухах уничтожаются болезнетворные микробы. Она противодействует гниению и смерти, будит *кундалини-шакти* и раздувает телесный огонь.

Удджайи

Сядьте в *падмасану* или *сиддхасану*. Закройте рот. Медленно вдыхайте через обе ноздри, плавно и ровно, пока воздух не заполнит все пространство от горла до сердца. Задержите дыхание так долго, как вам удобно, затем медленно выдыхайте через левую ноздрю, закрыв правую ноздрю большим пальцем правой руки. Вдыхая, расправьте грудь. Во время вдоха будет слышен специфический звук, поскольку голосовая щель частично закроется. Этот звук должен быть негромким и однотонным. Он также должен быть достаточно продолжительным. Этой *кумбхакой* можно заниматься даже стоя или при ходьбе. Вместо выдоха через левую ноздрю вы можете медленно выдохнуть через обе ноздри.

Это упражнение устраняет жар в голове. Занимающийся им становится очень красив. Пищеварительные процессы улучшаются. Все болезненные состояния снимаются, излечивается водянка желудка. Такое упражнение удаляет мокроту из горла. Человек излечивается от астмы, чахотки и прочих болезней легких, от всех болезней, вызванных недостаточным вдыханием кислорода, и болезней сердца. *Удджайи-пранаяме* под силу любая задача. Человек, который ею занимается, никогда не будет страдать от болезней слизистых оболочек, нервной системы, диспепсии, дизентерии, увеличения селезенки, чахотки, кашля или лихорадки. Занимайтесь *удджайи* для того, чтобы победить гниение и смерть.

Ситкари

Сложите язык таким образом, чтобы он коснулся нёба, и с шипением втяните воздух, так, чтобы получился звук «СССССС». Задержите дыхание так долго, как можете, но не допуская ощущения того, что вы задыхаетесь. Затем медленно выдохните через обе ноздри. При вдохе вы можете сжать зубы и вдыхать через них, так, как описано выше.

Это упражнение совершенствует красоту занимающегося им человека и дает его телу бодрость. Оно устраняет чувство голода, жажды, вялости и сонливости. Сила такого человека будет равна силе Индры (царя богов). Он станет царем йогов. Он сможет создавать вещи и разрушать их. Его тело будет защищено от травм и болезней. Когда вы испытываете жажду, выполните это упражнение. Чувство жажды оставит вас.

Ситали

Свернув язык трубочкой, отведите его назад от губ и с шипением втяните в себя воздух. Задержите дыхание так долго, как вам удобно. Затем медленно выдохните через обе ноздри. Выполняйте это упражнение ежедневно, снова и снова. По утрам повторяйте его от 15 до 30 раз. Вы можете выполнять его либо в *падмасане*, либо в *сиддхасане*, *ваджрасане* и даже стоя или при ходьбе. Эта *пранаяма* очищает кровь, утоляет жажду и голод. Она охлаждает организм и излечивает хроническую диспепсию, воспаления, вызываемые различными хроническими заболеваниями, лихорадку, чахотку, несварение, болезни желчного пузыря, слизистых оболочек, избавляет от действия различных ядов, последствий укуса змеи и т. д. Если вы оказались в джунглях или в каком-либо месте, где нет воды, выполнив это упражнение, вы избавитесь от чувства жажды. Тот, кто регулярно выполняет это упражнение, будет нечувствителен к укусам змей и скорпионов. *Ситали-кумбхака* имитирует дыхание змеи. Человек, который ею занимается, будет защищен от любых воспалений и лихорадок. Делайте *ситали* летом. Это очистит вашу кровь и охладит организм. Зимой занимайтесь *бхастрикой*. Она излечит астму и чахотку. Во время занятий мысленно повторяйте *ОМ* или *Рама*. Соблюдайте *брахмачарью* и диету. Вы извлечете из упражнения максимум пользы и быстро очистите *нади*.

Бхастрика

Бхастрика означает «кузнечные мехи». Быстрое достижение сильного потока воздуха является характерной особенностью *бхастрики*.

Сядьте в *падмасану*. Выпрямите спину, держите шею и голову прямо. Закройте рот. Затем десять раз быстро вдохните и выдохните, имитируя действие кузнечных мехов. При каждом вдохе-выдохе энергично расширяйте и сокращайте объем грудной клетки. При выполнении этой *пранаямы* возникает шипящий звук. Начать нужно с определенного числа, скажем десяти, коротких, быстрых и энергичных выдохов. После последнего из них нужно сделать максимально глубокий вдох и задержать дыхание как можно дольше, но не причиняя себе неприятных ощущений. Затем нужно сделать медленный и совершенно полный выдох. Этот выдох заканчивает один полный цикл *бхастрики*. После его окончания передохните немного, сделайте несколько нормальных вдохов и выдохов. Это даст вам необходимый отдых и подготовит к началу следующего цикла. Ежедневно делайте три цикла по утрам. Вечером можно выполнить еще три цикла. Очень занятые люди, которые не имеют возможности сделать три цикла *бхастрики*, должны сделать хотя бы один. Это поддержит их форму.

Бхастрика является мощным упражнением. Комбинация *капалабхати* (см. предыдущую главу) и *удджайи* составляет *бхастрику*. Для начала потренируйтесь выполнять *капалабхати* и *удджайи*. Тогда вам будет очень легко выполнять *бхастрику*.

Некоторые продолжают занятия, пока не устанут. После усиленных занятий вы вспотеете. Если вы начнете испытывать головокружение, прекратите упражнение и сделайте несколько нормальных вдохов. После того как головокружение прекратится, продолжайте упражнение. *Бхастрикой* можно заниматься зимой по утрам и вечерам. Летом ею также можно заниматься, но только в прохладные часы раннего утра.

Бхастрика облегчает течение воспалительных процессов в горле, улучшает пищеварение, устраняет болезни носа и грудной клетки, астму, чахотку и т. д. Она улучшает аппетит. Она устраняет слизь, которая блокирует вход в *сушумну*. Она дает возможность познать *кундалини*. Она излечивает все болезни, происходящие от избытка желчи, газов и слизи. Она согревает тело. (Если в холодном климате вы не имеете достаточно теплой одежды для того, чтобы защитить себя от холода, выполните *бхастрику*, и вы быстро согреетесь.) Она очень хорошо прочищает *нади*. Она является самой полезной из всех *кумбхак*. Нужно усердно заниматься *бхастрика-кумбхакой*, тогда *прана* пробьется через три узла, находящихся в *сушумне*. Она быстро пробуждает *кундалини*. Человек, который ее практикует, никогда не будет болеть.

Не переусердствуйте в своих занятиях *бхастрика-пранаямой*. Разумная умеренность должна держать вас в безопасных рамках.

Число выдохов и циклов должно определяться индивидуально, с учетом ваших сил и возможностей. Избегайте крайностей. Некоторые делают шесть циклов. Некоторые доходят и до двенадцати.

Во время выполнения упражнения с чувством и осознанно повторяйте про себя *ОМ*.

Существуют другие разновидности *бхастрики*, в которых для дыхания используется только одна ноздря или для вдоха и выдоха используются разные ноздри.

Те, кто хочет выполнять *бхастрику* интенсивно и в течение долгого времени, должны соблюдать диету, а по утрам, до занятий, ставить клизму или делать *басти*.

Бхрамари

Сядьте в *падмасану* или *сиддхасану*. Быстро вдыхайте через обе ноздри со звуком, похожим на жужжание пчелы (*бхрамари*), и с жужжанием выдыхайте через обе ноздри.

Вы можете продолжать этот процесс, пока тело не покроется обильной испариной. После этого вдохните через обе ноздри, задержите дыхание подольше и затем медленно выдохните через обе ноздри. Радость, которая переполняет человека, выполняющего эту *кумбхаку*, неописуема и безгранична. В начале улучшается циркуляция и повышается температура тела. Затем температура понижается при обильном потоотделении. Добившись успеха в этом упражнении, изучающий йогу достигнет успеха в *самадхи*.

Мурчха

Сядьте в *асану* и вдохните. Задержите дыхание. Сделайте *джаландхара-бандху*, прижав подбородок к груди. Задерживайте дыхание, пока не почувствуете, что скоро потеряете сознание. После этого медленно выдыхайте. Это *мурчха-кумбхака*, она останавливает сознание и дает человеку счастье. Но она не каждому подойдет.

Плавини

Занятия этой *пранаямой* потребуют от вас определенных навыков. Тот, кто занимается ею, может делать *джаластамбху* и плавать сколь угодно долго, питаться воздухом и несколько дней обходиться без пищи. Они в буквальном смысле пьют воздух, медленно, как воду, посылая его в желудок. Желудок при этом немного раздувается. Когда вы перекроете поток воздуха после того, как желудок наполнится, вы услышите характерный звук, похожий на удар в литавры. Выполнять это упражнение нужно под руководством человека, хорошо владеющего искусством *пранаямы*. Занятия должны продвигаться постепенно. Из желудка воздух можно удалять путем серии отрыжек.

Кевала-кумбхака

Кумбхака бывает двух типов, а именно: *сахита* и *кевала*. Та, которая состоит из вдоха и выдоха, называется *сахита*. Та, которая лишена этих фаз, называется *кевала*. Вы можете попробовать *кевалу* после того, как хорошо овладеете *сахитой*. Когда после соответствующей практики *кумбхака* существует во многих местах, происходит без вдоха и выдоха и не ограничена ни местом, ни временем, ни числом, такая *кумбхака* называется абсолютной и чистой (*кевала-кумбхака*). Это четвертая форма «регуляции дыхания». За этой последней формой *пранаямы* приходят такие явления, как невидимое перемещение в пространстве. В *«Васиштха-самхите»* говорится: «Когда человек перестает вдыхать и выдыхать и с легкостью задерживает дыхание, это называется *кевала-кумбхака*». В этой *пранаяме* дыхание внезапно останавливается без вдоха или выдоха. Благодаря этой *кумбхаке* человек учится задерживать дыхание так долго, как ему хочется. Он становится раджа-йогом.

Когда человек овладевает этой *кумбхакой*, он может обходиться без вдоха и выдоха. Нет такой вещи в трех мирах, которая была бы ему недоступна. Начиная заниматься, человек сильно потеет. Йог, сидящий в *падмасане*, передвигается по земле прыжками, как лягушка. С течением времени он учится отрываться от земли и парить в воздухе. Он висит над землей в позе лотоса, и тогда в нем просыпается способность творить чудеса. Никакая боль, ни слабая, ни сильная, не оказывает на йога никакого влияния. Уменьшается количество выделений и продолжительность сна, слезоотделение и слюноотделение, йог не потеет, во рту его не появляется дурной запах. Затем, еще дальше продвинувшись в своих занятиях, он получает огромную силу, с помощью которой он достигает *бхучара-сиддхи*, которая дает ему возможность управлять всеми существами, населяющими землю: тигры, слоны, дикие буйволы и даже львы умирают от удара ладони такого йога. Он становится красивым, как сам бог любви. Благодаря сохранению семени тело йога окружает приятный аромат.

Путем *кевала-кумбхаки* человек познает *кундалини*. Энергия *кундалини* пробуждается, и *сушумна* освобождается от каких-либо препятствий. Йог достигает совершенства в хатха-йоге. Эта *кумбхака* исцеляет все болезни и продолжает жизнь. Вы можете делать эту *кумбхаку* три раза в день. Тот, кто знает пранаяму и кевалу, — настоящий йог. Разве может быть в трех мирах что-то неподвластное тому, кто овладел *кевала-кумбхакой*?

Кумбхака пробуждает *кундалини-шакти*, укрепляет сознание, дает бодрость всем системам организма и продолжает жизнь. Она помогает пищеварению, дает хороший аппетит. Она придает лицу и глазам сияние очарования. Она искореняет разнообразные болезни легких, желудка, почек, кишок и печени. Каждый раз, как вы чувствуете недомогание, угнетены или удручены чем-то, занимайтесь *пранаямой*.

Пранаяма: авторитетные мнения

Регулирование дыхания, или управление праной, — это остановка вдыхания и выдыхания, которая следует за принятием устойчивой позы (*«Йога-сутры»*, II.49).

Такое определение дал *пранаяме* Патанджали. Вы можете начать заниматься *пранаямой* после того, как обретете устойчивость в вашей *асане* (сидячей позе). Если вы можете неподвижно просидеть три часа в *асане*, значит, вы полностью овладели этой *асаной*. Если вы можете просидеть в ней от получаса до часа, вы уже можете начинать заниматься *пранаямой*.

Если речь идет об одном конкретном человеке, можно сказать, что его *прана* единична (*вьяшти*). Общая сумма космической *праны* называется *хираньягарбха* или *самашти-прана*. Это очень просто. Одна спичка, например, — это *вьяшти*, а коробок спичек — *самашти*.

Автор книги *«Шивайога-дипика»* описывает три вида *пранаямы*. Это *пракрита, вайкрита* и *кевала-кумбхака:*

> Если *прана* находится в форме вдыхаемого и выдыхаемого воздуха, то за счет ее естественного движения внутрь и наружу происходит *пракрита-пранаяма*. Если движение *праны* останавливается тройным методом: выбрасыванием, поглощением и остановкой дыхания в соответствии со священными писаниями, происходит *вайкрита-пранаяма*, или искусственная *пранаяма*. Но те великие люди, которые поднялись над этими двумя видами ограничения дыхания, овладели прямой остановкой жизненных процессов, без необходимости делать вдохи и выдохи, овладели *кевала-кумбхакой*. *Пракрита-пранаяма* относится к *мантра-йоге*. *Вайкрита* — к *лайя-йоге*.

В *«Апарокшанубхути»* (118—120) Шри Шанкарачарья пишет:

> *Пранаяма* — это управление всеми жизненными силами путем осознания присутствия Брахмана, и только его, во всех вещах, таких, как сознание и т. д.
>
> Отрицание вселенной — это выдох. Мысль: «Я есть Брахман» — это вдох.
>
> Таким образом, постоянное присутствие этой мысли есть задержка дыхания.
>
> Такова *пранаяма* мудрых, тогда как зажатие носа предназначено лишь для несведущих.

В книге *«Йога-Васиштха»* (VI:1, 25—26) Бхусунда говорит Шри Васиштхе:

> В прохладном лотосе сердца, в этой видимой плотской обители, состоящей из пяти элементов, находятся два *вайю*, а именно *прана* и *апана*, смешанные в ней. Для тех, кто ступает легко и свободно, без малейших усилий, путь этих двух *вайю* станет самими солнцем и луною, сливающимися в сердце-*акаше* (пространстве). Эти *вайю* будут подниматься и опускаться к высшим и низшим состояниям. Они имеют ту же природу, что бодрствование, сновидение и сон без сновидений, и заполняют собою все. Я двигаюсь в направлении этих *вайю* и уничтожил все мои тонкие желания, неуловимо тревожившие меня в состоянии бодрствования, сравнял это состояние с тем, в котором я пребываю во время сна без сновидений. Раздели одно волоконце стебля лотоса на тысячу частей, и ты увидишь, что *вайю* еще тоньше. Поэтому мне трудно говорить о природе этих *вайю* и об их вибрациях. Конечно, *прана* непрерывно вибрирует в нашем теле, поднимаясь вверх и внутри, и снаружи, в то время как *апана* имеет подобные же свойства и вибрирует в теле и снаружи его, спускаясь вниз. Будет полезно, если длина выдыхаемой *праны*, составляющая 16 пальцев, сравнится с длиной вдыхаемой *праны*. Обычно вдыхаемая длина равна

всего 12 пальцам. Те, кто уравнял вдыхаемую и выдыхаемую *прану*, будут испытывать вечное блаженство.

Теперь послушай о свойствах *праны*. Вдох длиной в 12 пальцев той *праны*, которая покинула тело при выдохе, называется (внутренней) *пуракой* (*пурака* означает вдох). Внутренней *пуракой* также называется явление, когда *апана-вайю* снова проникает в тело безо всяких усилий. Когда *апана-вайю* прекращает как-либо проявлять себя и *прана* впитывается в сердце, время проведенное в таком состоянии, будет называться *кумбхакой*. Йоги умеют все это испытывать. Затем появляются различные внешние проявления *праны*, содержащейся в сердце, не отражающиеся в сознании, происходит то, что называется (внешней) *речакой* (выдохом). Когда колеблющаяся снаружи *прана* входит в нос и останавливается на его кончике, это явление называется внешней *пуракой*. Но когда она выходит из носа, она опускается на 12 пальцев, и такое явление тоже называется внешней *пуракой*. Когда *прана* задерживается снаружи, а *апана* внутри, такое состояние называется внешней *кумбхакой*. Когда сияющая *апана-вайю* поднимается внутри тела, этот процесс называется внешней *речакой*. Все эти практики ведут к освобождению. Поэтому о них нужно всегда помнить. Тот, кто понял и хорошо усвоил все внутренние и наружные *кумбхаки* и прочее, никогда больше не будет рожден снова.

Регулярные и постоянные занятия *пранаямой* по описанной мною системе могут привести к освобождению. Заниматься нужно и днем, и ночью. Те, кто занимается регулярно и не дает сознанию отвлекаться на что-то другое, с течением времени достигнут *нирваны*.

Эти люди никогда не будут жаждать материальных удовольствий. Они будут постоянны в своих занятиях, упражняясь всегда, во время ходьбы, стоя на одном месте, бодрствуя или пребывая во сне.

Прана вытекает наружу, а затем снова возвращается в сердце, пройдя расстояние в 12 пальцев. Таким же образом впитывается в сердце и *апана*, проходя тот же путь в 12 пальцев от сердца и обратно. *Апана*, будучи луной, проходя по телу, охлаждает его, а *прана*, будучи солнцем, генерирует тепло в организме и переваривает все, что нужно переварить. Разве может испытать боль тот, кто достиг такого совершенного состояния, когда лучи *апаны* (луны) купаются в лучах *праны* (солнца)? Разве может снова родиться тот, кто достиг того состояния, когда *апана* жадно поглощает лучи *праны?* Это сразу же прервет цепь семи рождений того, кто достиг этого нейтрального состояния, когда *апана-вайю* поглощается *праной* и наоборот. Я воздаю хвалу *чидатману*, который находится всегда передо мной, на кончике моего носа, где угасают и *прана*, и *апана*. Таким образом, идя этим путем, управляя *праной*, я достиг верховной и совершенной реальности, в которой нет места боли.

О важности и пользе *пранаямы*

Нет на свете более очищающего процесса, чем *пранаяма*. Она несет чистоту, зажигает светильник мудрости. *Карма* йога, которая закрывает свет и вынуждает его к новым рождениям, истощается этими занятиями и в конце концов уничтожается вовсе.

Ману говорит: «Да будут недостатки сожжены *пранаямой*».

Патанджали говорит: «Путем занятий *пранаямой* сознание подготавливается к концентрации» (*«Йога-сутры»*, II:53).

После того, как эти дефекты *кармы* будут устранены, вы сможете хорошо концентрироваться. Сознание будет ровным, как пламя в отсутствие ветра, поскольку беспокоящая его энергия будет устранена. Если *прана* движется по принципу эфира, дыхание замедляется. Тогда вам станет легче остановить его вовсе. Скорость сознания снизится при помощи *пранаямы*. Вы станете бесстрастны.

Прилежный ученик достигает различных *сиддхи* путем упорных занятий *пранаямой*. Если вы сможете задерживать внутри себя один дюйм (или палец) дыхания, вы будете обладать даром предвидения, если вы задержите два дюйма дыхания, вы сможете читать мысли других людей, три дюйма дадут вам способность к левитации, четыре — способность к психометрии, ясновидению и т. д., пять — свойство быть невидимым, шесть — силу *кайя-сиддхи*, семь — возможность входить в тело другого человека, восемь — сохранять вечную молодость, девять — способность заставить *дэвов* (богов) служить себе, десять дюймов позволят вам делать свое тело огромным или крохотным, а одиннадцать позволят вам отождествиться с Параматмой.

Если во время *кумбхаки* вы концентрируетесь на кончике своего носа, вы будете контролировать *прану*. Концентрируясь при выполнении *кумбхаки* на пупке, вы излечитесь от всех болезней; если вы концентрируетесь на пальце ноги, ваше тело обретет легкость. *Кумбхака* уничтожает грехи, устраняет седину, помогает подчинить себе сознание. Когда после долгих занятий йог становится в состоянии заниматься *кумбхакой* в течение 3 часов, он может балансировать на одном лишь большом пальце руки. Он достигает всевозможных *сиддхи*. Так же как пламя сжигает топливо, *пранаяма* сжигает клубок грехов.

Тот, кто занимается *пранаямой*, становится очень красивым. Тело становится стройным, сильным и здоровым. Жировая прослойка уменьшается. Лицо такого человека сияет, глаза сверкают, как бриллианты. Его голос становится приятным и мелодичным. Становятся слышны внутренние звуки *анахата*. Он ничем не болеет. Пищеварение улучшается, экскременты становятся более скудными. Человек достигает такого совершенства в *брахмачарье*, что даже божественная нимфа не соблазнит его своими объятиями. Его аппетит становится острым, *нади* очищаются, а блуждание сознания прекращается, поскольку оно концентрируется в одной точке. Уничтожаются *раджас* и *тамас*. Сознание подготавливается к концентрации (*дхаране*) и медитации (*дхьяне*). Постоянные занятия зажигают внутренний духовный свет, дают счастье и мир в сознании. Прочих *сиддхи*, описанных выше, могут достичь лишь те, кто далеко продвинулся в своих занятиях.

Сознание человека может переступить границы обыденного и существовать на уровне, превышающем уровень рационального мышления, известном под названием «сверхсознательное состояние концентрации», и выйти за мыслимые пределы концентрации. Человек встретится с такими вещами, которые не в состоянии постичь обычное сознание, это достигается соответствующей тренировкой и манипуляцией тонкими силами, обитающими в теле, чтобы они дали сознанию толчок вверх, на более высокий уровень. Когда сознание поднимется до сверхсознательного уровня восприятия, оно начинает действовать на этом уровне, получая информацию и знание высших порядков. Такова высшая цель йоги, которой можно достичь путем занятий *пранаямой*. Управление вибрирующей *праной* означает для йога возможность зажечь огонь высшего знания, реализовать свое Высшее «Я».

Праническое целительство

Те, кто занимаются *пранаямой*, могут использовать свою *прану* для лечения тяжелых, страшных болезней. Они могут также моментально подзаряжаться *праной*, выполняя *кумбхаку*. Не думайте, что, отдавая свою *прану* другим, вы лишитесь ее сами. Чем больше ее вы отдадите, тем больше станет ее поток к вам из космического источника (*хираньягарбхи*). Таков закон природы. Не становитесь скупым. Если вы видите человека, больного ревматизмом, осторожно помассируйте ему ноги. Во время массажа делайте *кумбхаку* и представляйте, что *прана* течет из ваших рук к ногам больного. Соединитесь с *хираньягарбхой*, или космической *праной*, и представьте, что космическая энергия течет из ваших рук в колени пациента. Больной сразу же почувствует тепло, силу и облегчение. Вы сможете излечивать от головной боли, кишечных колик и боли в любой из частей тела, вы сможете разговаривать с клетками тела, говоря им: «О клетки! Правильно выполняйте свои функции. Я вам приказываю». Они подчинятся вашим приказам. У них также имеется подсознательный разум. Направляя свою *прану* к другим людям, повторяйте *ОМ*. Попробуйте себя с несколькими больными. Вы обретете уверенность в себе и компетентность. Вы сможете лечить от укусов скорпиона. Осторожно помассируйте ногу и выведите из нее яд.

Вы сможете великолепно концентрироваться, у вас будет сильная воля, абсолютно здоровое и сильное тело. Все это дадут вам занятия *пранаямой*. Она поможет облегчить боль и улучшить физическое состояние. Вы должны сознательно направлять *прану* к заболевшим органам. Предположим, у вас вялая печень. Сядьте в *падмасану*. Закройте глаза. Тихонько вдохните, насчитав за это время три слога *ОМ*. Затем задержите дыхание и повторите *ОМ* шесть раз. Направьте *прану* в область печени. Зафиксируйте свое внимание на этом органе. Сконцентрируйтесь. Представьте, как *прана* проникает в ткани и клетки печени, выполняя свою задачу по их восстановлению и строительству новых клеток. (Важную роль тут играют вера, воображение, внимание и интерес.) Затем медленно выдохните. При этом представляйте, что с выдыхаемым воздухом выходят нехорошие, больные клетки вашей печени. Повторяйте этот процесс 12 раз утром и двенадцать раз вечером. Через несколько дней вялость печени будет устранена. При этом лечении не нужно принимать медикаменты.

Во время *пранаямы* вы можете направлять *прану* к любой части вашего тела и излечивать любую болезнь, острую или хроническую. Попробуйте такое лечение раз или два на себе. Вы убедитесь в своих силах. Зачем вы ищете синицу в небе, уже имея журавля в руке? Зачем вы чего-то ищете в медицине, когда у вас есть дешевое, мощное, легкодоступное средство, постоянно находящееся в вашем распоряжении? Пользуйтесь им разумно. Когда вы далеко продвинетесь в своих занятиях концентрацией и *пранаямой*, вы сможете исцелять одним лишь прикосновением. А на высших стадиях вашей учебы все болезни вы сможете излечивать просто усилием воли.

Исцеление на расстоянии

Вы можете передавать свою *прану* через пространство в направлении друга, находящегося вдали от вас. Он должен располагать при этом внутренней установкой на прием. Вы должны почувствовать тесную связь и симпатию с человеком, которого вы лечите на расстоянии.

Вы можете связаться с ним по почте и установить часы, в которые вы будете вести сеансы лечения. Можете написать ему: «Будь готов в 4 часа утра. Настройся на прием. Удобно усядься в мягком кресле. Закрой глаза. Я буду передавать тебе свою *прану*». Мысленно скажите больному: «Я передаю тебе заряд *праны*». Посылая *прану*, делайте *кумбхаку*. Выполните упражнение по ритмическому дыханию. Мысленно представьте, что *прана* покидает ваше сознание при выдохе, проходит через пространство и входит в тело больного. *Прана* путешествует в пространстве, невидимая как радиоволна, рассекая его со скоростью молнии. *Прана*, которая окрашена мыслями целителя, направляется наружу. Вы сами затем подзарядитесь *праной*, сделав *кумбхаку*. Такое целительство требует долгой, регулярной практики.

Подробные указания

1. Ранним утром, справив телесную нужду, приступите к занятиям. Занимайтесь *пранаямой* в сухом, хорошо проветриваемом помещении. *Пранаяма* требует глубокой концентрации и внимания. Лучше всего заниматься ею в устойчивой сидячей позе. Рядом с вами никого не должно быть, ваше внимание не должно отвлекаться.

2. Перед тем, как вы приступите к занятиям *пранаямой*, тщательно прочистите носовые ходы. Перед началом занятий можете выпить немного сока или маленькую чашку молока или кофе. Через десять минут после окончания занятий выпейте чашку молока или съешьте легкий завтрак.

3. Расстелите тигровую или оленью шкуру или сложенное в четыре раза одеяло. Сверху постелите кусок мягкой белой ткани. Затем сядьте на эту подстилку, повернувшись лицом к северу, и начните занятия.

4. Летом занимайтесь только один раз по утрам. Если вы чувствуете жар в голове, смажьте ее маслом амлы перед тем, как пойдете принимать ванну. Растворите сахарный леденец в воде и выпейте. Это охладит ваш организм. Сделайте *ситали-пранаяму*, тогда жара вам не будет мешать.

5. Категорически не рекомендуется много разговаривать, есть, спать, общаться с друзьями. «Поистине, йога не для того, кто слишком много ест, и не для того, кто ест слишком мало, она не для тех, кто слишком любит спать, и даже не для тех, кто слишком любит бодрствовать» (*«Бхагавад-Гита»*, VI.16).

В свой рацион включите немного риса с топленым маслом-*гхи*. Это смажет ваши внутренности и позволит вайю свободно двигаться вниз. «Тот, кто не соблюдает умеренной диеты и занимается йогой, не извлечет из нее никакой пользы, а напротив, будет страдать от различных болезней» (*«Гхеранда-самхита»*, V.16).

6. Полное воздержание в течение шести месяцев или года несомненно позволит вам достичь быстрого прогресса в занятиях и вырасти духовно. Не разговаривайте с женщинами. Не обменивайтесь с ними шутками. Полностью оградите себя от них. Вы не добьетесь хороших результатов в духовном развитии, если будете заниматься

йогой, не соблюдая диету и *брахмачарью*. Хотя, просто для поддержания здоровья, вы можете заниматься и в этом случае.

7. Будьте систематичны и постоянны в своих занятиях. Никогда не пропускайте ни единого дня. Не занимайтесь, если вы болеете. Некоторые люди получают растяжение лицевых мышц при выполнении *кумбхаки* (задержки дыхания). Этого следует избегать. Если такое происходит, значит, они занимаются больше, чем им позволяют их физические возможности. А так делать категорически не рекомендуется. Такие люди не могут регулировать свои вдохи и выдохи.

8. Занятиям йогой мешают такие вещи, как дневной сон, позднее бдение, избыточное мочеиспускание и дефекация, нездоровая пища и утомительные сознательные манипуляции с *праной*. Когда после всего этого человек заболевает, он обвиняет в своей болезни йогу. Это серьезная ошибка.

9. Вставайте в 4 часа утра. Полчаса медитируйте или делайте *джапу*. Затем сделайте *асаны* и *мудры*. После этого 15 минут отдохните. Затем сделайте *пранаяму*. Физические упражнения удобно объединять с *асанами*. Если у вас достаточно времени, вы можете делать *пранаяму* по окончании всех упражнений йоги и медитации. Пранаяму можно делать и как только вы встанете с постели, перед медитацией и *джапой*. После *пранаямы* сознание становится направленным в одну точку. В вашем теле появится легкость и вам будет приятно медитировать. Вы должны установить распорядок, как вам удобно, в соответствии с имеющимся у вас временем.

10. Сначала сделайте *джапу* и помедитируйте. Затем можете делать *асаны* и *пранаяму*. После этого снова займитесь медитацией на короткое время.

11. Хотя *пранаяма* — это дыхательное упражнение, она тренирует многие внутренние органы и все тело в целом.

12. Общий порядок занятий таков: сначала все *асаны*, затем мудры, затем *пранаяма*, а затем медитация (*дхьяна*). Поскольку для медитации хорошо подходит раннее утро, вы можете следовать такому порядку: *джапа*, медитация, *асаны*, мудры и *пранаяма*. Это лучше. Но вы можете заниматься и в таком порядке, который удобен вам. После того, как вы сделаете все *асаны*, передохните пять минут, прежде чем заняться *пранаямой*.

13. Некоторые книги по хатха-йоге запрещают омовения холодной водой рано утром. Возможно, причина этого в том, что можно простудиться, моясь холодной водой в четыре утра, особенно в холодных районах. В жарких районах такое ограничение можно снять. Я всегда выступаю за холодные омовения перед началом занятий, поскольку они освежают и стимулируют. Они прогоняют сонливость. Они дают равномерное кровообращение. Они обеспечивают хороший приток крови к голове.

14. *Асаны* и *пранаяма* излечивают болезни, улучшают здоровье, улучшают пищеварение, тонизируют нервы, выпрямляют *сушумну-нади*, убирают *раджас* и пробуждают *кундалини*. Занятия *асанами* и *пранаямой* обеспечивают хорошее здоровье и уравновешенное сознание.

15. Поддержание физической формы невозможно без *асан* или каких-либо физических упражнений. Даже ортодоксальный ведантист является хатха-йогом, сам того не осознавая. Он каждый день делает какой-то вид *асан*. Он бессознательно

занимается и *пранаямой*, поскольку во время медитации *пранаяма* приходит сама собой.

16. Каждый раз, когда вы чувствуете недомогание, если вы удручены и подавлены, занимайтесь *пранаямой*. Вы тут же наполнитесь бодростью, энергией и силой. Вы почувствуете подъем, обновление и радость. Делайте *пранаяму* старательно. Перед тем, как садитесь что-то писать: эссе, статью или диссертацию, сделайте *пранаяму*. Это вдохновит вас, наполнит вас оригинальными и умными мыслями.

17. Будьте постоянны в своих занятиях. Если человек хочет извлечь из занятий *асанами* и *пранаямой* максимальную пользу, постоянство занятий чрезвычайно важно. Те, кто занимается урывками, время от времени, не извлекут большой пользы. Часто люди занимаются два месяца с большим энтузиазмом, после чего бросают занятия. Это печальная ошибка. Они хотят, чтобы рядом с ними всегда находился учитель-йог. У них изнеженный, зависимый характер. Они ленивы, апатичны и инертны.

18. Люди не хотят устранять свои *малы* (несовершенства) путем самоотречения и усмирения ума йогой. Они хотят сразу прыгнуть туда, где можно разбудить *кундалини* и вызвать *Брахмакара-вритти*. Но такие лишь ломают себе ноги. Те, кто пытается разбудить *кундалини асанами* и *пранаямой*, должны иметь чистые помыслы, речи и деяния. Они должны соблюдать физическую и психическую *брахмачарью*. Только тогда они смогут вкусить радость от пробуждения *кундалини*.

19. Посейте семена духовности в юном возрасте. Не тратьте *вирью* (семя) понапрасну. Дисциплинируйте свои чувства и сознание. Делайте *садхану*. Когда вы постареете, вам трудно будет уверенно делать *садхану*. Поэтому займитесь ею с юных лет, очень скоро вы почувствуете, какие преимущества это дает.

20. Каждый должен выбрать себе несколько упражнений из *асан, пранаямы* и медитации в соответствии со своими возможностями, темпераментом, удобствами и запросами.

21. Мужчина вполне может соблюдать целибат, несмотря на многие соблазны и искушения. Дисциплинированная жизнь, изучение писаний, *сатсанг, джапа, дхьяна, пранаяма*, саттвическая и умеренная диета, ежедневное самонаблюдение и самоанализ, интроспекция и самокоррекция, правильное поведение и практика *ямы, ниямы*, физического и словесного *тапаса* — все это вымостит долгую дорогу к достижению конца земного бытия. Люди ведут неправедную, нерегулярную, неумеренную, недисциплинированную жизнь, забывая о вере. Поэтому они страдают и не могут добиться главной цели в жизни. Так же как слон осыпает песком свою собственную голову, эти люди из-за своей глупости навлекают трудности и несчастья на свою голову.

22. Не делайте лишних телодвижений. При лишней встряске взбалтывается и сознание. Не чешитесь. Когда вы выполняете *пранаяму, джапу* и медитацию, ваша *асана* должна быть устойчивой, как скала.

23. Вы должны сами определить для себя, в соответствии с вашим здоровьем и конституцией, какую диету вам выбрать и какая конкретно *пранаяма* вам нужна. Только тогда вы можете безопасно и уверенно начинать свою *садхану*. Сначала от начала до конца ознакомьтесь с указаниями по выполнению различных упражнений, приведенными в этой книге. Вы должны ясно представлять себе технику. Если у вас есть какие-то сомнения, попросите изучающего йогу человека показать вам

то или иное упражнение. Это наиболее безопасный метод. Вы не должны выбирать какое-то произвольное упражнение и начинать делать его неправильно.

24. Во всех упражнениях я советую вам *мантру ОМ* как единицу отсчета времени. Вы можете отсчитывать время при помощи *мантры* вашего гуру, имен Рамы или Шивы, *Гайятри-мантры** или просто повторяя числа — все зависит от ваших склонностей. Для *пранаямы* лучше всего подходит *Гайятри-мантра* и *ОМ*.

Вначале вы должны соблюдать счет времени при вдохе, выдохе и задержке. Если вы делаете протяженность этих фаз дыхания столь долгой, сколько вы можете сохранять их без неудобств, счет времени вам не понадобится, а правильные пропорции подберутся сами собой. Когда вы достаточно много попрактикуетесь, вам не нужно будет уже думать о временных пропорциях, все будет регулироваться силой привычки.

25. Несколько дней после начала ваших занятий вы должны подсчитывать количество выполненных повторов и видеть свое продвижение. Когда вы продвинетесь дальше в своих занятиях, вам не нужно будет отвлекаться на счет. Легкие сами скажут вам, когда вы выполнили необходимое количество повторов.

26. Не продолжайте заниматься *пранаямой* после того, как вы почувствовали, что устали. Занятиям всегда должна сопутствовать радость и душевный подъем. Вы должны заканчивать занятия приободренными и полностью освежившимися. Не ограничивайте себя слишком многими правилами.

27. Не мойтесь сразу же после окончания *пранаямы*. Подождите, отдохните полчаса. Если вы вспотели, не вытирайте пот полотенцем. Сотрите его руками. Вспотев, не находитесь на сквозняке.

28. Всегда вдыхайте и выдыхайте очень медленно и беззвучно. В таких *пранаямах*, как *бхастрика, капалабхати, ситали* и *ситкари*, вы должны следить, чтобы звук был как можно менее громким.

29. Вы должны понимать, что день-два позанимавшись *пранаямой* в течение 2—3 минут, вы не извлечете из этих занятий пользы. Вы должны день за днем упражняться в течение как минимум пятнадцати минут кряду. Если вы каждый день будете прыгать от одного упражнения к другому, это также не принесет пользы. Вы должны выбрать конкретное упражнение, которое вы будете делать ежедневно, добиваясь совершенства в его исполнении. Конечно, можно время от времени присовокуплять к нему и другие упражнения. Ежедневно вы должны делать *бхастрику, капалабхати* и «легкую, удобную *пранаяму*», а *ситали, ситкари* и пр. делать время от времени.

30. Вдох по-другому называется *хиссваса*, а выдох — *уччхваса*. Ментальный процесс в *кевала-кумбхаке* называется *шуньяка*, и его понимают как форму управления дыханием. Упорная систематическая практика и постепенное увеличение протяженности *кумбхаки* называется *абхьяса-йогой*. Глотание воздуха и замена им пищи называется *вайюбхакшаной*.

31. *Кумбхака* (остановка дыхания) имеет место, когда нет ни вдоха, ни выдоха, а тело неподвижно. В писаниях говорится: «Тогда он не видит форм, словно слепой, не слышит звуков, словно глухой, а видом подобен дереву. Таковы признаки того, кто достиг спокойствия».

---

* *Ом бхур-бхувах свах/ тат-савитур-варенйам/ бхарго девасйа дхи-махи/ дхийо йо нах прачодайат.*

32. Патанджали не делает особого акцента на отработке различных видов *пранаямы*. Он говорит: «Выдохните медленно, затем вдохните и задержите дыхание. Ваше сознание будет ровным и спокойным». Только хатха-йоги сделали *пранаяму* наукой и разработали много различных упражнений, которые могут подойти разным людям.

33. Некоторые соблюдают такой порядок: выдох, вдох и задержка, другие такой: вдох, задержка и выдох. Последний более привычен. В *«Яджнявалкье»* мы находим упоминания о многих формах управления дыханием в таком порядке: вдох (*пурака*), задержка дыхания (*кумбхака*) и выдох (*речака*), в то время как в *«Нарадие»* они присутствуют в таком порядке: выдох (*речака*), вдох (*пурака*) и задержка (*кумбхака*). Какую из них вы выберете — дело ваше.

34. Йог должен всегда избегать страха, злости, лени, излишнего количества сна и слишком долгого бодрствования, слишком обильной или излишне скудной еды. Если строго и ежедневно соблюдать это правило, через три месяца на вас прольется свет духовной мудрости, через четыре вы увидите *дэвов*, через пять месяцев вы утвердитесь в непосредственном осознании Брахмана, а через шесть месяцев вы по своей воле сможете достигать *кайвальи*. Это несомненно.

35. Неофиты должны делать только вдох и выдох, с задержкой дыхания нужно подождать несколько дней. Пропорция между вдохом и выдохом должна быть 1:2, вдох должен быть по возможности длительным.

36. *Пранаяма* в своей популярной и подготовительной форме может выполняться всеми и в любой позе, сидя или при ходьбе, не теряя своих неоспоримых достоинств. Но те, кто занимаются в соответствии со специальными методами, достигнут прогресса быстрее.

37. Постепенно увеличивайте время задержки дыхания. На первой неделе оно должно составлять четыре секунды, на второй — восемь, на третьей — двенадцать и так далее, до тех пор пока вы не достигнете своего предела.

38. В занятиях нужно руководствоваться здравым смыслом. Если какое-то упражнение вам не подходит, замените его, посоветовавшись с гуру или по собственному разумению. Это здравый смысл. Там где есть здравый смысл, будет удовольствие, совершенство и спасение.

39. Вы должны хорошо подобрать протяженность фаз вдоха, задержки и выдоха, так чтобы на любом этапе *пранаямы* вы не задыхались и не испытывали неудобств. Вы не должны ощущать необходимость в том, чтобы сделать несколько нормальных вдохов и выдохов, чтобы отдышаться. Будьте внимательны и прилежны. Тогда вам будет сопутствовать легкость и успех.

40. Вы не должны искусственно продлевать выдох. В этом случае следующий вдох может получиться поспешным и ритм нарушится. Вы должны внимательно регулировать длительность *кумбхаки*, так чтобы вы не ощущали дискомфорта и могли выполнить не один цикл *пранаямы*, а все необходимое количество повторов. Опыт и практика приведут вас к успеху. Повторение — мать учения. Будьте настойчивы. Еще один важный фактор — умение управлять своими легкими в конце *кумбхаки*, для того чтобы выдох был плавным и пропорционально соотносился с вдохом.

41. При *сурьябхеде* и *удджайи* выделяется тепло. *Ситкари* и *ситали* охлаждают. *Сурьябхеда* уничтожает избыток газов, *удджайи* — слизи, *ситали* — желчи, а *бхастрика* — всех трех.

42. *Сурьябхедой* и *удджайи* следует заниматься зимой. *Ситкари* и *ситали* нужно делать летом. *Бхастрику* можно делать в любое время года. Те, кому жарко даже зимой, могут делать *ситали* и *ситкари* даже зимой.

43. Главная цель жизни — познание, реализация Высшего «Я». Если вы искренни в своем поиске и хотите быстро добиться результата, систематически выполняйте *асаны, пранаяму, джапу*, медитируйте, учитесь и т. д. Вы должны тщательно соблюдать *брахмачарью*. «Эффективными средствами управления сознанием являются получение духовных знаний, общение с мудрецами, полное оставление *васан* и управление *праной*» (*«Муктика-упанишада»*).

44. Некоторые люди, изучающие ведантическую литературу, думают, что они *джняни*, и игнорируют *асаны, пранаяму* и т. д. Однако им также нужно делать эти упражнения до тех пор, пока они не достигнут совершенства в предварительных этапах *джняна-йоги*, таких, как спокойствие, контроль, самоотречение, выносливость, вера и концентрация.

45. Не колебайтесь. Не ждите, пока вы найдете гуру, который будет сидеть рядом с вами и наблюдать вас изо дня в день в течение долгого времени. Если вы искренни, постоянны и систематичны и если вы последуете правилам и указаниям этой книги, с вами ничего плохого не может случиться. Вначале могут быть небольшие ошибки, но это не страшно. Не тревожьтесь напрасно. Не бросайте занятия. Вы сами научитесь приспосабливаться. Здравый смысл, инстинкт и ясный внутренний голос вашей души подскажут вам, что делать, и укажут дорогу. В конце концов все получится. Начните заниматься прямо с этой секунды — и станете настоящим йогом.

Распорядок дня занимающегося йогой

Вот идеальный распорядок дня для тех, кто хочет целиком посвятить себя занятиям. Тот, кто ему последует, за год легко добьется власти над психическими механизмами и силами.

Вставайте в 4 часа утра. Почистите зубы, помойте руки, ноги и лицо. Пойдите в свою комнату. Все время повторяя свою *мантру*, сядьте на коврик. (Идеальный коврик для занятий описан в *«Бхагавад-Гите»* как слой травы *куша*, на нем оленья шкура, а сверху кусок мягкой белой ткани.) Прочтите хвалебные строки, посвященные гуру, медитируйте, сосредоточившись на его образе, и молитесь ему об успехе в ваших занятиях. Затем начните *асаны*. Когда устаете, делайте *шавасану* (глубокое расслабление) в течение нескольких минут. Завершите упражнения выполнением *випарита-карани*. Снова усядьтесь в *сиддхасану* или *падмасану* и медитируйте на образе вашего гуру. Сделайте как минимум десять *пранаям* (постепенно увеличивайте это число до восьмидесяти). После этого займитесь *кумбхакой*, начиная с *кевала-кумбхаки* для правых, а затем для левых *нади*. Затем сделайте *сурьябхеду, удджайи, ситкари, ситали, бхастрику* и т. д. После этого делайте *мудры*. Затем займитесь концентрацией; вы легко сможете услышать звуки *анахата*. В завершение упражнений предложите свою практику Господу; это ваше подношение Ему.

Таков распорядок одного занятия. В день их должно быть четыре: в час *брахмамухуртха* (за полчаса до рассвета), в полдень, вечером и в полночь.

После окончания занятий в час *брахмамухуртха* помойтесь теплой водой и займитесь своими ежедневными делами. После полуденных занятий отдохните немного, а затем поешьте. После этого займитесь изучением священных книг или делайте *джапу*. Начните вечерние занятия за полтора часа до заката. (*Випарита-карани* нельзя делать вечером и после еды.)

Падмасана и *сиддхасана* предназначены для *джапы* и медитации. *Ваджрасана* тоже подойдет некоторым людям для этой цели, а все остальные извлекут пользу из пятнадцатиминутных занятий ею после еды.

Общий порядок занятий

Асана	**Миним. продолжительность**	**Максим. продолжительность**
Ширшасана	10 мин.	15 мин.
Сарвангасана	10 мин.	15 мин.
Халасана	3—4 повтора	
Матсьясана	3 мин.	4 мин.
Пашчимоттанасана	4—5 повторов	
Бхуджангасана	4—5 повторов	
Шалабхасана	4—5 повторов	
Дханурасана	4—5 повторов	
Ардха-матсьендрасана	2 повтора вправо и влево	
Маюрасана	Как можно дольше	
Падахастасана	3—4 повтора	
Триконасана	дважды	
Чакрасана	дважды	
Шавасана	5—10 мин.	
Капалабхати	4 цикла	10 циклов
Пранаяма	20 циклов	40 циклов
Удджайи	10 циклов	20 циклов
Бхастрика	5 циклов	10 циклов
Ситали	10 циклов	20 циклов
Махамудра	6 циклов	12 циклов
Махаведха	6 циклов	12 циклов
Концентрация и медитация		
Наули	6 раз	10 раз
Мула-бандха	6 раз	10 раз
Джаландхара-бандха	6 раз	10 раз
Уддияна-бандха	6 раз	10 раз

ЧАСТЬ 3

КУНДАЛИНИ

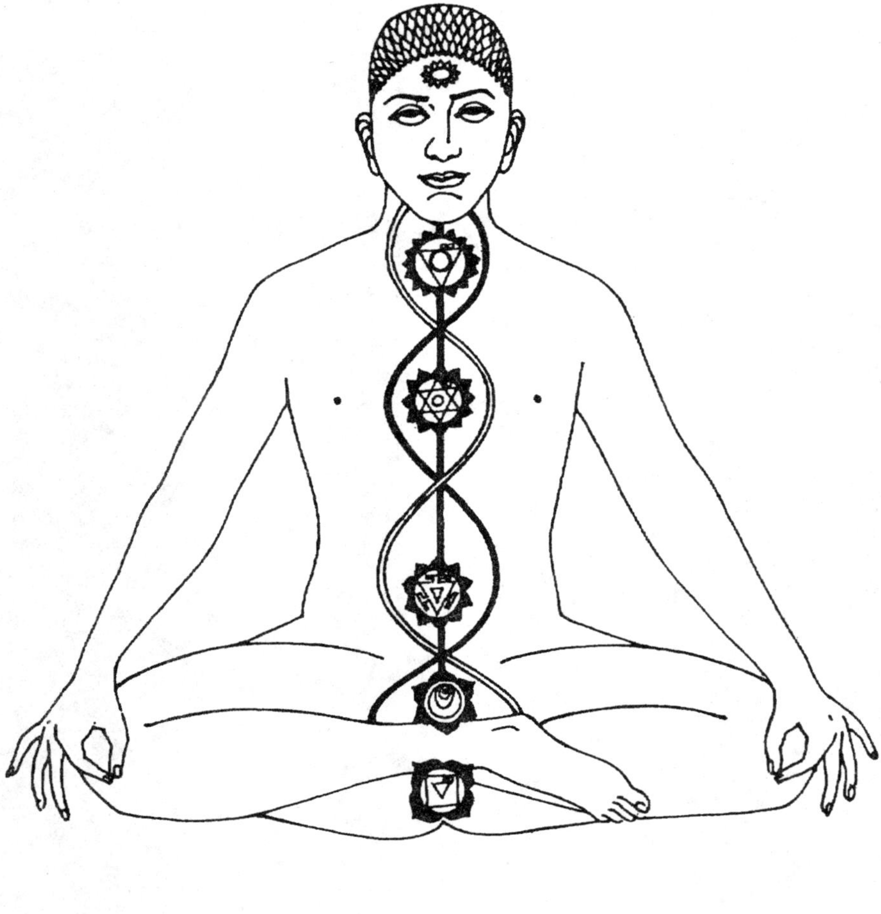

Семь чакр; ида-, пингала- и сушумна-нади.

КУНДАЛИНИ

В йоге существует два основных направления — **дхьяна-** (где основной дисциплиной является медитация) и **кундалини-йога**. Между ними существует значительная разница. Первый вид йоги дает возможность обрести *самадхи* при помощи интеллектуального процесса медитации и подобных способов. Используются в качестве вспомогательных процессов: чтение *мантр*, упражнения хатха-йоги (не связанные с пробуждением *кундалини)* и отстранение от мира.

Второе направление — это та часть хатха-йоги, которая, не пренебрегая интеллектуальными процессами, объединяет творческую и поддерживающую *шакти* всего человеческого тела с Высшим Сознанием. Эти два вида йоги различаются лишь по способу достижения одного и того же результата.

О *Кундалини* столько говорят, что многие хотят познать Ее. Изучив теорию йоги, вы можете задать вопрос: «Можно ли обходиться без *кундалини*?» Ответ таков: «Все зависит от того, чего вы в жизни ищете». Если вы хотите разбудить *кундалини-шакти*, благодаря чему насладиться единением Шивы и шакти и получить власть и могущество (*сиддхи*), сопутствующие всему этому, то вы должны понимать, что этого вы сможете достичь только при помощи кундалини-йоги. Конечно, существует определенный риск. И если вы ищете только освобождения, не имея желания достичь вышеупомянутого единения с помощью *кундалини*, то подобные занятия вам не нужны — освобождения можно достичь и при помощи *дхьяны*. Оба вида йоги нацелены на постижение Высшего «Я», и хотя освобождения можно достичь, занимаясь любым из них, между ними существуют многие существенные различия. Дхьяна-йог не должен пренебрегать своим телом, помня о том, что он состоит как из сознания, так и из материи, находящихся в тесном взаимодействии. Пренебрежение телом или умерщвление плоти скорее приведет к беспорядочным нарушениям воображения, чем к накоплению настоящего духовного опыта. Однако, конечно, дхьяна-йог не так много внимания уделяет своему физическому телу, как хатха-йог. Можно достичь успехов в дхьяна-йоге, будучи слабым, больным и прожив недолгую жизнь.

Хатха-йога строит свою философию вокруг *кундалини*, а используемые ею методы отличаются от тантрической *садханы*, к которой, собственно, принадлежит кундалини-йога. Хатха-йог пытается разбудить *кундалини*, дисциплинируя свое тело, очищая *нади* и контролируя *прану*. *Асанами* он укрепляет всю свою нервную систему и ставит ее под свой сознательный контроль, при помощи *бандх* и *мудр* он управляет *праной*, может регулировать ее движение и даже останавливать и «запирать» ее. При помощи *крий* он очищает внутренние органы, и наконец, при помощи *пранаямы* он подчиняет себе свое сознание. Комбинацией этих упражнений он заставляет *кундалини* подниматься к *сахасраре*.

Перед тем как приступить к изучению кундалини-йоги, нужно узнать, что такое *нади* (*ида*, *пингала* и *сушумна*).

Нади

Нади — это астральные* трубки, состоящие из астрального вещества и проводящие потоки *праны*. Этот процесс можно увидеть только астральным зрением. *Нади* — не нервы. Они берут свое начало в *канде*, имеющей размер и форму птичьего яйца и находящейся между гениталиями и пупком.

Общее количество *нади* в теле человека равно 72000. Десять наиболее важных из них называются *ида, пингала, сушумна, гандхари, хастаджихва, пуша, яшасвини, аламбуша, куху* и *шанкхини*.

Когда практикой *пранаямы* вы очищаете свои *нади*, появляется легкость в теле, улучшается цвет лица, пищеварение, тело становится стройным и исчезают суетливость и нетерпение.

Ида и пингала

Ида- и *пингала-нади* расположены по сторонам спинного хребта. *Ида* начинается у левого яичка, а *пингала* — у правого. (Некоторые считают, что они приблизительно совпадают с симпатическими канатиками, но на самом деле *нади* — это трубки из тонкого вещества, переносящие *прану*.) В *иде* движется луна, а в *пингале* — солнце. *Ида* охлаждает, а *пингала* согревает. Луна имеет природу *тамаса*, а солнце — *раджаса*. *Ида* течет через левую ноздрю, а *пингала* через правую. Один час дыхание течет через левую ноздрю, а следующий час — через правую.

Ида и *пингала* впадают в *сушумну* в *муладхара-чакре* и образуют там узел. Это место, где они встречаются, называется *брахма-грантхи*. Затем они встречаются в *анахата-* и *аджня-чакрах* (см. схему).

Ида и *пингала* отсчитывают время, *сушумна* поглощает его. Йог знает точно, когда он умрет. Он направляет *прану* в *сушумну*, задерживает ее в *брахмарандхре* и определяет время смерти. Знаменитый йог Шри Чангдэв из Махараштры несколько раз побеждал смерть, направляя *прану* в *сушумну*. Он был современником Шри Джнянадэва из Аланди, что рядом с Пуной. Практикой йоги он добыл *бхута-сиддхи* (власть над дикими зверями). К Шри Джнянадэву он приехал верхом на тигре.

Сушумна

Энергетический нерв, находящийся внутри позвоночника (*брахма-данды*), является главным из *нади*. Он называется *сушумна-нади*. *Сушумна* — это столп, поддерживающий вселенную, и путь спасения. Начинаясь позади ануса, она вдоль позвоночника тянется до *брахмарандхры* в голове. *Сушумна* невидима и состоит из тонкой формы материи. По-настоящему йога начинает действовать, когда начинает работать *сушумна-нади*. Йог старается всеми силами заставить *прану* течь по *сушумна-нади* (она же центральная *брахма-нади*). Когда *прана* начинает двигаться в *сушумне*, сядьте и начните медитировать. Ваша медитация будет глубокой.

В результате занятий *пранаямой прана* оставляет *иду* и *пингалу* и «протискивается» через врата *сушумны*, проникая внутрь последней. *Сушумна* — это един-

* *Астральные* — здесь: относящиеся к астральному плану, не имеющие зримой физической структуры.

ственный путь, проходя которым *прана* зажигает свет *джняны*. Когда *прана* движется по *сушумне*, сознание становится спокойным и уравновешенным. Такое состояние сознания называется *унмани-авастха*. При этом сжигаются все семена *кармы* йога.

Когда свернутая энергия *кундалини*, распрямляясь, проходит по *сушумна-нади* от *чакры* к *чакре*, йог испытывает разнообразные ощущения, приобретает различные способности и приходит к блаженству. Соединяясь с чистым сознанием, *сушумна-нади* пробуждает человека от сна невежества.

Чакры

Чакры — это центры духовной энергии. Иными словами, это центры *прана-шакти*, проявленной как *прана-вайю* в живом человеческом теле. Управляющими божествами *чакр* являются различные аспекты Вселенского Сознания, проявляющегося в этих центрах. Йоги называют эти центры не только *чакрами* (кругами или колесами), но и *падмами* (лотосами). Находящиеся в астральном теле *чакры* недоступны обычным органам чувств. Только просветленный ясновидящий может видеть их своим астральным зрением. Приблизительно их расположение соответствует некоторым нервным сплетениям.

Чакрам отвечают в физическом теле определенные участки спинного мозга и нервные сплетения. Каждая *чакра* управляет определенным центром в физическом теле. (Некоторые глупые доктора ищут *чакры* в физическом теле. И вот, не найдя их во вскрываемых ими трупах, они подвергают сомнению йогические писания!)

Тонкая материя *праны* движется в нервной системе астрального тела, а общая масса *праны* движется по нервной системе физического тела. Эти формы тесно связаны и взаимодействуют друг с другом. *Чакры* остаются в астральном теле даже после смерти и разложения тела физического. Согласно одной из философских школ, *чакры* формируются только во время медитации и концентрации. Однако это невозможно. *Чакры* должны всегда существовать в астральном теле, потому что грубая физическая материя является результатом существования тонкого вещества. Без этого не было бы физического тела. (Точнее было бы сказать, что человек может почувствовать и понять *чакры* во время концентрации и медитации.)

Пересечение нескольких нервов, артерий или вен называется сплетением. (Сплетения грубого физического тела — это солнечное, печеночное, затылочное, брахиальное, копчиковое, поясничное, крестцовое, сердечное, надчревное, пищеводное, гортанное, легочное, язычное, предстательное сплетение и т. д.) Подобным же образом существуют и сплетения, или центры, тонкой *праны* в *сушумна-нади*. Все системы тела — нервная, пищеварительная, циркуляторная, дыхательная, мочеполовая и другие — управляются этими центрами *сушумны*. Они являются центрами тонкой энергии жизни и центрами сознания. Этим тонким центрам *сушумны* отвечают определенные центры в физическом теле. Например, *анахата-чакре*, находящейся в *сушумна-нади*, отвечает сердечное сплетение физического тела.

В каждой *чакре* преобладает определенный элемент, ею управляет определенное божество. В каждой из *чакр* представлено то или иное животное, что значит, что этот центр имеет качества того или иного животного.

Существуют шесть важнейших *чакр: муладхара, свадхиштхана, манипура, анахата, вишуддха* и *аджня*, а *сахасрара*, находящаяся в теменной части головы, является верховной *чакрой*. *Муладхара, свадхиштхана, манипура, анахата* и *вишуддха* являются центрами пяти элементов: земли, воды, огня, воздуха и эфира, соответственно. *Аджня-чакра* представляет сознание. Божества, управляющие этими *чакрами*, символически изображаются с различными видами оружия в руках.

Лепестки *чакр*

Каждая *чакра* имеет определенное число лепестков, отмечаемых какой-либо буквой санскритского алфавита. Эти буквы представляют тот тип вибрации, который производит данный лепесток. Буквы скрыто существуют на этих лепестках, но могут быть увидены во время концентрации. Тогда же можно почувствовать вибрацию *нади*.

Число лепестков этих лотосов различно. *Муладхара, свадхиштхана, манипура, анахата, вишуддха* и *аджня* имеют соответственно по 4, 6, 10, 12, 16 и 2 лепестка. Все пятьдесят букв алфавита санскрита размещены на пятидесяти лепестках. Число лепестков в каждой *чакре* определяется числом и положением *нади* вокруг *чакры*. Я поясню. От каждой *чакры* отходит определенное число *нади*. *Чакра* вместе со своими *нади* напоминает лотос, где *нади* — это лепестки. Звуки, производимые вибрациями *нади*, представлены соответствующими буквами санскритского алфавита. Когда *кундалини* находится в *муладхара-чакре*, лепестки всех *чакр* обращены вниз. Когда *кундалини* просыпается, они поднимаются вверх. Они всегда обращены к той стороне, в которой находится *кундалини*.

Муладхара-чакра

Муладхара-чакра расположена внизу позвоночника. Она находится между репродуктивным органом и анусом. Эта точка находится как раз под *кандой* (источником всех *нади*) и местом, где соединяются *ида-*, *пингала-* и *сушумна-нади*. Место, которому примерно соответствует *муладхара-чакра*, находится на два пальца выше ануса, на два пальца ниже гениталий и имеет ширину около четырех пальцев. Эта *чакра* является основанием, поскольку все остальные *чакры* находятся над ней. *Кундалини*, которая дает силу и энергию всем *чакрам*, обычно находится именно в этой *чакре*. Поэтому она, являясь фундаментом, основанием всех *чакр*, называется *муладхарой* (несущей корень). В физическом теле ей соответствует крестцовое сплетение.

Из этой *чакры* исходят четыре важных *нади*, которые придают ей вид лотоса с лепестками. Тонкие вибрации, производимые этими лепестками, представлены звуками санскрита: ВА**И**, **З** А**И**, **А** А**И**, СА**И**. Здесь, в этой *чакре*, дремлет *кундалини*. Эта *чакра* представляет стихию земли. Ее символизирует желтый квадрат в центре *чакры*. Ей соответствует *мантра ЛА***И**. Животное, соответствующее ей, — слон. *Брахма-грантхи*, или узел Брахмы, находится в этой *чакре*.

Опытный йог, который концентрируется на *муладхаре* и медитирует, познает *кундалини* и получает средства, которыми ее можно разбудить. Когда *кундалини* пробуждается, йог становится обладателем силы, позволяющей ему подняться над землей. Он может контролировать свое дыхание, сознание и сперму. Его *прана* входит в *сушумну*. Уничтожаются все грехи. Он получает знание о прошлом, настоящем и будущем. Он испытывает вечное блаженство (*сахаджа-ананда*).

Свадхиштхана-чакра

Муладхара-чакра

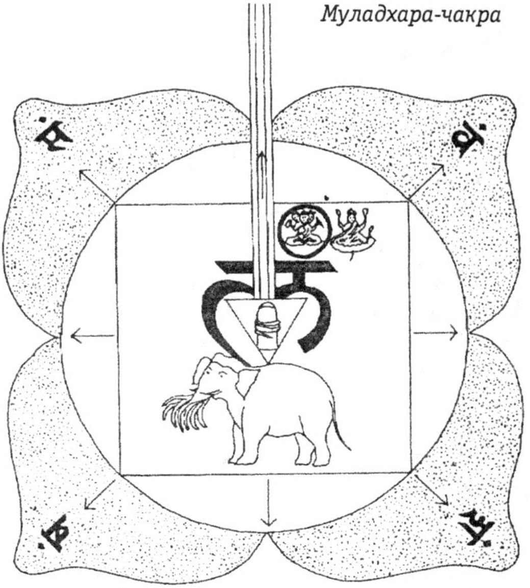

Свадхиштхана-чакра расположена внутри *сушумна-нади* у основания детородного органа. Она управляет низом живота, почками и т. д. Эта *чакра* представляет стихию воды. Животное, которое соответствует ей, — крокодил. Внутри этой *чакры* находится фигура, напоминающая полумесяц. Ей соответствует *мантра ВА*И, а цвет этой *чакры* — ярко-алый цвет крови. Ей соответствует предстательное сплетение. От нее отходят шесть *нади*, как шесть лепестков лотоса. Вибрации, которые они производят, обозначаются следующими буквами санскритского алфавита: БАИ, БХАИ, МАИ, ЯИ, РАИ, ЛАИ.

Тот, кто концентрируется и медитирует на этой *чакре* и ее верховном божестве, не боится воды. Он получает полную власть над стихией воды. Он обладает многими способностями, интуитивным знанием и великолепным контролем над органами своих чувств. Он полностью познает астральные сущности. В нем полностью уничтожаются такие качества, как похоть, злоба, жадность и прочие. Йог побеждает смерть.

Свадхиштхана-чакра

Манипура-чакра

Манипура-чакра

Манипура является третьей от *муладхары чакрой.* Она расположена в *сушумне,* в районе пупка. Ей соответствует свой центр в физическом теле, она управляет печенью, желудком и т. д. Это очень важный центр. Из этой *чакры* исходят десять *нади,* как десять лепестков лотоса. Вибрации, которые производят эти *нади,* представлены следующими буквами санскритского алфавита: ВАИ, ВХАИ, ГАИ (переднеязычные звуки); ТАИ, ТХАИ, ДАИ, ДХАИ, НАИ (зубные звуки); ПАИ, ПХАИ (губные звуки). Эта *чакра* представляет стихию огня. Она имеет цвет темных дождевых облаков. В нее вписан треугольник. Ей соответствует *мантра РАИ*. Животное, соответствующее ей, — баран. В физическом теле этой *чакре* соответствует солнечное сплетение.

Йог, который концентрируется на этой *чакре,* может находить спрятанные сокровища и избавляется от всех болезней. Он не имеет ни малейшего страха перед огнем. «Даже брошенный в жаркое пламя, он остается жив и не боится смерти» (*«Гхеранда-самхита»*).

Анахата-чакра

Анахата-чакра

Анахата-чакра расположена в *сушумна-нади.* В физическом теле ей соответствует сердечное сплетение, она управляет сердцем. Цвет *чакры* — глубокий, темно-красный. В нее вписана шестиконечная звезда цвета дыма или черная. Стихия, соответствующая ей, — воздух, животное — черная антилопа. Звук, который производят ее лепестки при вибрации, обозначается буквами КА**И**, КХА**И**, ГА**И**, ГХА**И**, **НАИ**, ЧА**И**, ЧХА**И**, ДЖА**И**, ДЖХА**И**, **МАИ**, **ДАИ**, **Д**ХА**И**. Ей соответствует *мантра Я***И**. Эта *чакра* похожа на волшебную палочку, способную исполнять желания. Здесь слышен звук *анахата*. Сконцентрировавшись на этом центре, вы можете очень ясно услышать этот звук. Если вы долго делаете *ширшасану*, вы можете отчетливо услышать этот звук. *Вишну-грантхи* находится в этой *чакре*.

Тот, кто медитирует на этой *чакре*, получает власть над стихией воздуха. Он может летать, входить в тело другого человека и т. д. Он наделяется космической любовью и всеми прочими божественными качествами.

Вишуддха-чакра

Вишуддха-чакра находится внутри *сушумна-нади* в основании горла. Она представляет эфир. Ее цвет — чистый, голубой. Из нее исходят шестнадцать *нади*, как шестнадцать лепестков лотоса. Вибрации, которые они производят, представлены шестнадцатью гласными санскритского алфавита: А**И**, **ЙИ**, И**И**, **КИ**, У**И**, **ЛИ**, **ЕИИ**, **ЕКИ**, **ЖИИ**, **ЖКИ**, Э**И**, АЙ**И**, О**И**, АУ**И**, А**И**, А**БАИ**. Животное, соответствующее этой *чакре*, — слон. Эта мандала имеет круглую форму, напоминая полную белую луну. Ей соответствует *мантра ХА***И**. Этой *чакре* в теле соответствует сплетение, находящееся в области гортани.

Вишуддха-чакра

Тот, кто занимается концентрацией на этой *чакре*, не погибнет. Медитируя на этой *чакре*, он получит знание четырех *«Вед»* и добьется огромного успеха. Он станет *трикала-джняни* — тем, кому известно прошлое, настоящее и будущее.

Аджня-чакра

Аджня-чакра расположена в *сушумна-нади*, в физическом теле ей соответствует пространство между бровями, также называемое *трикути*. *Мантра* этой *чакры* — *пранава* (звук *О***И**). Это вместилище сознания.

Здесь есть два лепестка (*нади*), расположенные по обеим сторонам *чакры*. Их вибрации обозначаются буквами **ХАИ** и КША**И**. Это *Рудра-грантхи*. Эта *чакра* имеет чистый оттенок белого цвета или цвет полной луны. Ей не соответствуют никакие животные и геометрические фигуры. В физическом теле ей соответствует кавернозное сплетение.

Тот, кто концентрируется на этом сплетении, разрушает *кармы* всех предыдущих жизней. Невозможно описать все те блага, которые принесет человеку медитация на этой *чакре*. Такой человек станет *дживанмуктой* (освобожденным при жизни). Он будет обладать всеми 8 главными и 32 второстепенными *сиддхи*. Все йоги и *джняни* концентрируются на этой *чакре*, повторяя *мантру ОМ*. Этот процесс называется *бхрумадхья-дришти* (созерцание пространства между бровями).

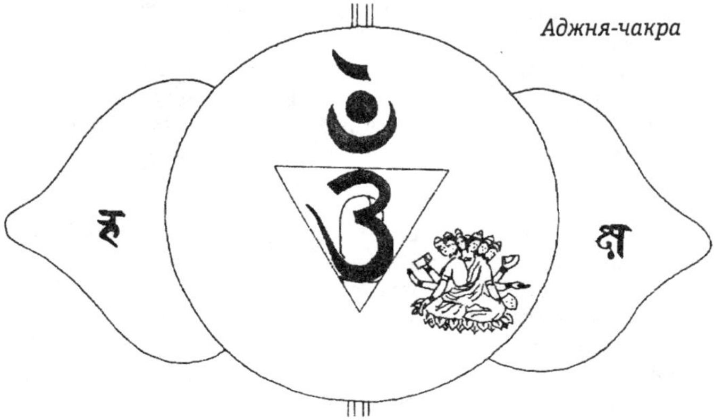

Аджня-чакра

Сахасрара

Седьмая *чакра* называется *сахасрара* и содержит тысячу лепестков. Она находится на темени. Родничок, который находится под теменем, называется *брахамрандхра*, или дыра Брахмана. У новорожденных младенцев это место прикрыто лишь тонкой мембраной. По мере роста она заменяется костной тканью. Она соответствует *сахасраре* и является вместилищем человеческой души. Когда йог достигает зенита своего развития, эта *чакра* раскрывается и через нее *прана* йога покидает тело, в то время как и он сам выходит из своего физического тела. Йоги называют это *сукха-мандалой*, пространством счастья. Здесь *кундалини* объединяется с Богом Шивой.

Как электричество накапливается в динамо-машине, так жизненная сила *праны* накапливается в *чакрах* и *сушумна-нади*. *Прана* играет важную роль в психофизических процессах. Вступающим на путь *кундалини-йоги* необходимо иметь детальное знание о *нади* и *чакрах*. Только тогда можно созерцать эти *чакры*. Медитация на *чакрах* дает человеку т. н. паранормальные способности.

Концентрация на *чакрах*

Хатха-йог фиксирует свое сознание на *сушумна-нади*, проходящей внутри позвоночника, и на определенном центре, например на *муладхаре*, *манипуре* или *аджне*. Некоторые йоги игнорируют нижние *чакры* и концентрируются только на *аджне*. Они считают, что, когда человек управляет *аджня-чакрой*, все остальные *чакры* управляются автоматически.

Когда вы концентрируетесь на *чакре*, сначала устанавливается нитевидная связь между сознанием и этой *чакрой*. Вы терпеливо, постепенно поднимаетесь по *сушумна-нади* от *чакры* к *чакре*.

Когда вход в *сушумна-нади* немного приоткрывается, *кундалини-шакти* пытается проникнуть в *сушумну*. Даже само приоткрытие входа в *сушумну* сулит огромное блаженство. Вы приходите в состояние некоего опьянения. Вы совершенно забываете об окружающем мире. Вы становитесь бесстрастными и бесстрашными. Вы встретитесь с разнообразными видениями, увидите великолепный внутренний свет. Управляя различными *чакрами*, можно обрести различные *сиддхи*, различные формы блаженства и разные знания. Например, если вы подчинили себе *манипура-чакру*, то тем самым подчинили себе стихию огня. Огонь не будет обжигать вас. *Паньчадхарана* (пять видов концентрации) позволит вам подчинить себе пять стихий. Практикуйте ее под руководством гуру, опытного и сведущего йога.

Что такое *кундалини*?

Кундалини-шакти — это источник всех оккультных сил. Это свернувшаяся кольцом спящая божественная *шакти*, которая есть во всех живых существах. Эта загадочная *кундалини* лежит у входа в *сушумну*, обращенная книзу. Она свернулась кольцами, как змея, образуя три с половиной кольца. Когда она пробуждается, то издает шипение, как ударенная палкой змея, и направляется к другим *чакрам* через *брахма-нади* (еще называемую *читра-нади*), находящуюся в *сушумне*. *Кундалини* также называют *бхуджангини*. Это слово также означает «змеиная сила». Три ее кольца представляют три *гуны пракрити* (первоматерии) — *саттву, раджас* и *тамас*, а остающаяся половина кольца представляет *викрити*, модифицированную, или искаженную материю.

Если вы чисты и свободны от страстей, *кундалини* проснется сама.

Необходимость в гуру

Когда-то занимающиеся йогой должны были жить с гуру на протяжении нескольких лет, чтобы гуру мог их тщательно изучить. Диета, рекомендуемая для занятий, подбор упражнений и правильность их выполнения, способность к занятиям йогой, темперамент ученика и многие другие важные вещи должны определяться и предписываться гуру. Именно гуру должен определить, к какому типу относится ученик — слабому, среднему или высшему, и подобрать соответствующие упражнения. *Садхана* различна для разных типов характера, квалификации и возможностей ученика. После того как вы ознакомитесь с теорией йоги, вам понадобится опытный йог-гуру для практики.

Для практики *бхакти* и *веданты* вам не обязательно всегда быть рядом с гуру. После того как гуру объяснит вам древние писания, вам нужно будет уединиться, чтобы размышлять и заниматься медитацией.

Пока существует мир, существуют книги о йоге и учителя йоги. Вы должны искать их, вооружившись верой, любовью и упорством. В начале занятий вы можете учиться у гуру простым вещам и отрабатывать их дома. Когда вы немного продвинетесь и начнете выполнять сложные упражнения, вам лучше делать это под присмотром и руководством вашего гуру. В кундалини-йоге вы должны будете прорвать *грантхи* (узлы) и провести *кундалини* от *чакры* к *чакре*. Это очень сложный процесс. Вам нужно хорошо понять, где расположены *нади* и *чакры*, и в деталях узнать технику нескольких *крий* йоги. Метод объединения *апаны* и *праны* и направления их вдоль *сушумны* через *грантхи* требует помощи гуру. Вам придется долго «сидеть у его стоп». Личный контакт с гуру имеет множество преимуществ.

Раскройте перед гуру ваши самые сокровенные секреты. Чем более искренни вы будете, тем большую встретите симпатию и помощь. А расположение гуру означает снисхождение на вас его силы, которая поможет вам бороться с грехом и искушениями.

«Познай это сам покорностью, пытливостью и служением. Мудрецы, провидцы сути вещей мудро направят тебя» (*«Бхагавад-Гита»*).

Некоторые в одиночестве занимаются медитацией в течение нескольких лет, а затем чувствуют нужду в наставнике. На пути духовного развития они сталкиваются с различными трудностями, препятствиями, опасностями, ловушками и западнями. Они могут совершать ошибки в *садхане*. Очень важно иметь гуру, который сам уже прошел путь йоги и достиг цели. Гуру — это тот, к кому снизошло просветление и кто срывает покров невежества с обманутых и заблуждающихся *джив* (душ). Количество просветленных, возможно, в Кали-юге меньше, чем в Сатья-юге, но их всегда можно найти и они сами всегда рады ученикам.

Гуру — это сам Брахман. Гуру — это сам Ишвара. Гуру — это Бог. Его слово — это слово Божье. Ему не нужно учить. Само его присутствие вдохновляет, бодрит и пробуждает душу. Общаясь с ним, вы просветляетесь, живя рядом с ним, вы духовно учитесь и растете. То, что говорит гуру, неотличимо от *Вед*. Сама его жизнь — это воплощение *Вед*.

Гуру — ваш проводник и духовный наставник, ваш настоящий отец и мать, брат, родственник и ближайший друг. Он — воплощение любви и милосердия. Его мягкая улыбка излучает свет, блаженство, радость, знание и мир. Он — благодать, снисходящая на страдающее человечество. Любые его слова — это учение, это *Упанишады*. Он знает путь духовного развития, знает все ловушки и западни на этом пути. Он предупреждает о них учеников и убирает препятствия с этого пути. Он дает ученикам духовное здоровье и проливает на них свой свет. Свою милость. Он даже берет на себя их *карму*. Он — океан милосердия. Вся боль, страдание, горе, мирская суета и тщета — все это исчезает в его присутствии.

Гуру может разбудить в ученике *кундалини*, показав ему ее, рассказав о ней, просто прикоснувшись и даже одной силою мысли. Он может передавать духовность ученику так же просто, как вы даете друг другу апельсин. Когда гуру дает своим ученикам *мантру*, он дает ее вместе со своей чистотой и силой.

Именно гуру превращает мелкие свойства *дживы* в великие качества Брахмана. Это он исправляет старые, неправильные, порочные *самскары* учеников и пробуждает их к познанию своего Высшего «Я». Именно он поднимает дживу из болота физического существования, срывает покрывало невежества, устраняет все сомнения, слепые страсти и страх, пробуждает *кундалини* и открывает внутренний глаз интуиции.

Только изучение книг не может сделать человека гуру. Только тот, кто изучил *Веды* и кто непосредственно познал Атмана, может считаться гуру. Если вы находите мир и покой в присутствии *махатмы* и если само его присутствие устраняет ваши сомнения, вы можете избрать его своим гуру.

Гуру испытывает всех своих учеников различными способами. Некоторые ученики неправильно его понимают и теряют свою веру в него. Пользы они от этого не получают. Только те, кто смело проходят через испытания, добиваются в конечном счете успеха. Однажды Горакхнатх спросил нескольких учеников, могут ли они взобраться на очень высокое дерево и броситься вниз головой на остро отточенный трезубец. Те ученики, которые не были крепки в своей вере, промолчали, но один его верный ученик тут же вскарабкался на дерево и бросился с него вниз головой. Его защитила невидимая рука Горакхнатха. Он тут же просветлел, осознал свое Высшее «Я». Он более не был привязан к своему телу. А неверующие ученики остались привязанными к своему телу и невежеству (*авидье*).

Многие ожесточенно спорят о том, нужен ли гуру. Некоторые с пеной у рта доказывают, что для познания своего Высшего «Я» и духовного развития не обязательно иметь наставника и что человек может достичь просветления и духовного роста собственными силами. Они цитируют различные отрывки из священных книг и приводят аргументы в доказательство правильности своих суждений. Другие еще более настойчиво и яростно доказывают, что человек, вне зависимости от своих умственных способностей, настойчивости и старательности, не сможет добиться достаточного развития духовности без милости, доброты и непосредственных указаний духовного наставника.

Откройте глаза и взгляните на этот мир, на все его ипостаси и общественные слои. Даже повару нужен учитель. Он работает на старшего повара и во всем слушается его указаний. Он всячески угождает своему учителю и узнает у него секреты кулинарии. Он получает доступ к этим секретам благодаря милости старшего повара, его учителя. Начинающему юристу нужна помощь опытного адвоката; студенты, изучающие математику или медицину, нуждаются в мудром профессоре, студенты, изучающие музыку или астрономию, жаждут наставничества искусного музыканта или талантливого астронома. Если так обстоят дела с обычной, традиционной наукой, то что говорить о пути внутреннего, духовного развития, разве можно пройти по нему с закрытыми глазами? Когда вы бредете по густым джунглям и подходите к перекрестку дорог, вы останавливаетесь перед выбором. Вы не знаете, куда они ведут и по какой из них вам следует идти. Вы в замешательстве. Вам нужен проводник, который показал бы вам правильную дорогу. Все признают, что на физическом уровне существования нам всем нужны учителя в любой области знаний и что физическая, духовная и моральная культура может развиваться только с помощью и под руководством талантливого учителя. Таков непререкаемый всеобщий закон природы. Почему же, друзья, вы не признаете справедливости этого закона в духовной сфере?

Гуру передает духовное знание своим ученикам. Прочитайте *«Брихадараньяка-упанишаду»*. Там все объясняется понятным языком. Гаудападачарья подарил знание о «Я» своему ученику Говиндачарье; Говиндачарья — своему ученику Шанкарачарье; тот — своему ученику Горакхнатху; тот — Нивриттинатху; последний — Джнянадэву. Тотапури дал знание Рамакришне, Рамакришна — Вивекананде. Аштавакра направлял жизнь Раджи Джанаки. Духовную жизнь Раджи Бхартрихари направлял Горакхнатх. Господь Кришна помогал Арджуне и Уддхаве утвердиться на пути духовного развития, когда их разум пребывал в беспокойстве.

Ученик и учитель должны жить вместе, как любящий сын и отец, ученики должны быть полностью откровенны и во всем доверяться учителю. Для того чтобы воспринять учение, нужно быть открытым, усердным и страстно желать знания. Только тогда ваша духовность останется в выигрыше, в противном случае вы не имеете ни малейшего шанса на то, чтобы идти по пути духовного развития, чтобы познать себя.

Очень жаль, что современная система образования пренебрегает поиском духовности. Мозг студента переполнен материалистическим ядом. Нынешние ученики не имеют ни малейшего понятия о том, какими должны быть отношения с гуру. Эти отношения не похожи на отношения школьного учителя и учеников или преподавателя и студентов. Духовные отношения совершенно не такие. В них должна быть преданность и доверие. Эти отношения священны. Они божественны.

Время

В *«Гхеранда-самхите»* утверждается, что занятия йогой нельзя начинать зимой, летом и в сезон дождей. Их можно начинать только весной или осенью. Все зависит от местного климата и физических возможностей человека. Для занятий лучше всего подходят прохладные часы. В жарких районах не нужно заниматься днем. Для этого подойдет раннее утро. В тех местах, где жарко даже зимой, следует избегать занятий йогой в летнее время. Если вы живете в прохладном климате, вы можете заниматься даже днем.

Как говорилось ранее, нельзя заниматься на переполненный желудок. Вообще говоря, упражнения йоги следует делать только после принятия ванны или душа. Сразу после занятий ванна не рекомендуется. Когда ваше сознание беспокойно или вы чем-то озабочены, вам не стоит приступать к занятиям.

Возраст

Юноши, не достигшие 18 лет, чьи тела еще не окрепли, не должны заниматься слишком много. Их хрупкие тела не способны выдержать напряжения при выполнении упражнений йоги. Кроме того, разум юноши не может сосредоточиться, он блуждает, он беспокоен. Поэтому юный ученик не может как следует сконцентрироваться. Упражнения йоги требуют напряженной и глубокой концентрации. В пожилом возрасте, когда жизненная сила исчерпана ненужными волнениями, беспокойством и прочими мирскими заботами, человек не может уже заниматься духовными практиками. В йоге важны энергия, бодрость, мощь и жизненная сила. Поэтому, лучший возраст для занятий йогой — от 20 до 40 лет. Сильные и здоровые люди могут начинать заниматься и после 50 лет.

Пробуждение *кундалини*

Человек должен полностью освободиться от страстей и желаний и наполниться *вайрагьей* (бесстрастностью), прежде чем пытаться разбудить *кундалини*. Ее можно разбудить, только когда человек поднимается над похотью, злобой, жадностью, страстями и другими пороками. *Кундалини* можно разбудить, поднявшись над чувственными желаниями. Йог с чистым сердцем и свободным от страстей и желаний сознанием извлечет из пробуждения *кундалини* немалую пользу. Если порочный, нечистый человек разбудит *кундалини-шакти* насильно, спровоцировав это *асанами*, *пранаямой* и *мудрами*, он лишь сломает себе ноги и скатится еще ниже. Он не сможет подняться по лестнице йоги. Это главная причина того, что люди перестают заниматься или заболевают. В самой йоге ничего опасного нет. Сначала человек должен очиститься, затем узнать все о *садхане*, найти компетентного наставника, а затем только приступить к занятиям, которые должны быть постепенными и систематическими. Когда пробуждается *кундалини*, возникает множество искушений. Ученик, который не чист душой, не сможет им противиться.

Кундалини можно разбудить при помощи *пранаямы, асан* и *мудр* — это средства хатха-йоги; раджа-йоги добиваются этого при помощи концентрации и тренировки сознания; полное самоотречение и набожность позволяют это сделать *бхактам*; *джняни* добиваются этого аналитическими проявлениями воли; *тантрики* — чтением *мантр*; *кундалини* пробуждается и милостью гуру, благодаря его прикосновению, словам или мыслям. Пробуждение *кундалини* и ее единение с Шивой в *сахасрара-чакре* способствует *самадхи* и освобождению. *Самадхи* не может быть без пробуждения *кундалини*.

Для немногих избранных любого из перечисленных методов достаточно для того, чтобы пробудить *кундалини*. Большинству же необходима комбинация различных методов. Все зависит от духовного роста ученика и его продвижения по дороге духовности. Гуру оценит его положение и предпишет соответствующие методы, которые позволят за короткое время разбудить *кундалини*. Это похоже на то, как врач выписывает больному лекарство, помогающее именно от его болезни. Одно и то же лекарство не вылечит разные болезни разных пациентов. Так же и *садхана* может для разных людей быть разной.

Специальные упражнения, такие, как *маха-бхеда, шакти-чалана* и т. д., помогут вам поднять *кундалини* в *сахасрару*. Просыпаясь, *кундалини* сразу же пронзает *муладхару*. Ее нужно направить в *сахасрару* через другие *чакры*. Когда *кундалини* находится в определенной *чакре*, там ощущается сильное тепло, когда *кундалини* переходит в следующую *чакру*, в той *чакре*, которую она покинула, ощущается леденящий холод, она кажется безжизненной.

Признаками пробуждения *кундалини* являются исчезновение похоти, злобы, предвзятости суждений, приобретение равновесия в сознании, появление космической любви, астрального зрения, высшей степени бесстрашия, бесстрастности, *сиддхи*, божественного опьянения и духовного блаженства. Когда *кундалини* дремлет, человек полностью осознает окружающий его мир, когда она просыпается, он умирает для окружающего мира. Он не ощущает свое тело. Когда *кундалини* путешествует от *чакры* к *чакре*, сознание открывается слой за слоем и йог приобретает т. н. паранормальные способности. Он получает власть над пятью стихиями. Когда она достигает *сахасрары*, он попадает в *чид-акашу* (пространство знания).

Препятствия на пути

Сегодня есть много людей, которые глупо воображают, что достигли чистоты и совершают ошибки в выборе методов и пренебрегают многими важными аспектами садханы. Это несчастные, заблудшие души. Самоуверенные, самонадеянные ученики, бывает, решают делать упражнения по-своему, придумывают новые упражнения и в результате бросают заниматься, так как сталкиваются с серьезными неприятностями.

Пробуждение *кундалини-шакти*, ее единение с Шивой, наслаждение нектаром и другие особенности кундалини-йоги, описанные в священных книгах йоги, многими воспринимаются слишком буквально. Они думают, что они — это Шива, а женщины — это Шакти и что целью кундалини-йоги являются сексуальные отношения в чистом виде. Неправильно истолковав эти книги, они начинают дарить цветы и страстно поклоняться своим женам, влекомые к ним похотью. Часто также неправильно истолковывается термин «божественное опьянение, получаемое от питья нектара». Люди напиваются вина или чего-либо еще и воображают, что испытали божественный экстаз. Это просто невежество. Они жестоко ошибаются. Вышеописанное не имеет к кундалини-йоге никакого отношения. Они концентрируются на своих половых центрах и разрушают себя.

Некоторые глупые юноши, позанимавшись несколько дней одной-двумя *асанами, мудрами* и *пранаямой*, причем выполняя их так, как им взбредет в голову, воображают, что *кундалини* поднялась в них до самого горла. Они воображают себя великими йогами. На самом деле они — жалкие, заблуждающиеся души.

Кундалини легко разбудить, гораздо труднее поднять ее в *сахасрару* через все *чакры*. Это требует большого терпения, настойчивости, чистоты и систематичности занятий. Йог, который поднял *кундалини* в *сахасрару*, становится хозяином и повелителем всех сил. Обычно ученики останавливают свою *садхану* на полпути, из-за ложного чувства удовлетворения. Испытав несколько мистических переживаний, они решают, что достигли главной цели йоги. Они испытывают желание продемонстрировать свои способности в обществе, утвердиться в глазах окружающих, прославиться и заработать денег. Это печальная ошибка. Освобождение, покой и высшее блаженство может дать только осознание Себя.

Перед тем, как разбудить *кундалини*, вы должны обрести чистоту тела, *нади*, сознания и интеллекта.

Следующие *асаны, мудры* и *бандхи* помогают концентрации, медитации и пробуждению *кундалини*:

Падмасана
Сиддхасана
Сукхасана
Ширшасана
Сарвангасана
Матсьясана
Пашчимоттанасана
Маюрасана
Ардха-матсьендрасана
Ваджрасана
Урдхва-падмасана
Мула-бандха
Джаландхара-бандха
Уддияна-бандха
Маха-мудра
Маха-бандха
Маха-ведха
Йога мудра
Випарита-карани-мудра
Кхечари-мудра
Ваджроли-мудра
Шакти-чалана-мудра
Йони-мудра

Кундалини-йога

Первый шаг в кундалини-йоге — это очищение *нади*. Только когда *сушумна* чиста, *кундалини* пройдет по ней. Очищение *нади* достигается занятиями *пранаямой*. Нужно заниматься управлением дыханием, не забывая о концентрации сознания. *Пранаямой, бандхами* и *мудрами* йог открывает врата *сушумны*, и разбуженная *кундалини* поднимается вверх по *сушумна-нади*. Затем она последовательно проходит через шесть *чакр* и, наконец, в *сахасраре*, или тысячелепестковом лотосе, соединяется с Господом Шивой. Наступает *нирвикальпа-самадхи*, и человек освобождается и приобретает божественную силу.

Разбуженная *кундалини*, поднявшись до *манипуры*, может затем снова опуститься в *муладхару*. Нужно приложить усилия, чтобы снова поднять ее. Человек должен быть абсолютно бесстрастным и свободным от желаний. Тогда он может пробовать разбудить *кундалини*. *Кундалини* похожа на блистающую нить. Когда она проходит от *чакры* к *чакре*, сознание открывается слой за слоем и йог обретает различные *сиддхи*.

Пробуждение *кундалини-шакти* сопровождается ощущением сильного тепла. Голову нужно смазать маслом, поесть сахарных леденцов и масла. Не беспокойтесь из-за тепла и других симптомов. Они быстро проходят. Будьте смелы, отважны и веселы. Вы обретете ясновидение. Откроется ваш внутренний глаз.

Как только проснется *кундалини*, вы перестанете чувствовать свое тело. Это не означает, что вы упадете в обморок или что-то вроде того. Напротив, ваше сознание останется при вас и поднимется выше, к новым мирам, видениям и радости. (Вообще говоря, пробуждение *кундалини* не обязательно сопровождается трансом и всеми сопровождающими его ощущениями — потерей ощущения тела, ознобом и т. д.)

Вы также испытаете особое блаженство (*ананду*) в каждом из центров, в районе ануса и низа позвоночника возникнет ощущение силы, направленной вверх. Вы можете иногда ощущать сильное щекотание внизу позвоночника. У вас появится ощущение, что скоро ваше тело претерпит большие изменения. У вас будут видения, в которых вы будете пытаться покинуть свое тело. Внизу позвоночника вы ощутите сильное давление.

Медитируя с закрытыми глазами, вы увидите в своем теле две светящиеся нити, в которых на некотором расстоянии друг от друга находятся светящиеся лотосы. Нити проходят через образ вашего *иштама*, находящегося в одном из этих лотосов, в районе сердца. Продолжайте медитацию. Вы почувствуете, что ваш анус и точка на макушке вашей головы связаны этими нитями. Вы можете почувствовать, что теряете свое физическое сознание. Не бойтесь. Будьте смелы и отважны. Вам представится возможность увидеть редкие духовные картины. У вас появится космическое зрение. Не открывайте глаза. Вы вернетесь к нормальному сознанию.

В ваше сердце нахлынут чистые эмоции. Вы станете любить все сущее, вы ощутите, что весь мир — не что иное, как сознание в чистом виде. Вы увидите, что в столах, стульях, мужчинах, женщинах и во всем остальном содержится сознание, так же как в сосуде содержится жидкость. Вы почувствуете, что все предметы состоят из этого сознания. Это редкое ощущение даст вам великое блаженство. Вы узнаете, что Бог присутствует во всех вещах в виде этого чистого сознания, и потеряете ощущение материальной природы вещей, окружающих вас.

Вы осознаете *сакару* и *бхава-самадхи*, почувствовав их в *анахата-чакре*. В *сахасраре* вы ощутите *нирвикальпа-самадхи*.

Обретите возвышенное состояние *нирвикальпа-самадхи* путем постоянной медитации. Тот йог, кто разбудил *кундалини* и поднял ее к *сахасраре*, становится Царем всех царей и Императором всех императоров. Он получает все божественное богатство и славу. Все сверхъестественные способности подвластны ему. Он может управлять природой, ее стихиями. Ваше сияние становится неописуемо великолепным.

Необходимость очищения

Все ученики желают внутренних духовных ощущений. Они страстно хотят пробуждения *кундалини* и обретения *самадхи*. Когда же что-то необычное действительно начинает происходить, они, дрожа от страха, прекращают *садхану*. Они недостаточно чисты для того, чтобы принять божественный свет. Подходя к тому моменту, когда вот-вот произойдет переход к более высокой форме сознания, они впадают в панику. Они открывают глаза, чтобы посмотреть, дышат ли они, входит ли воздух в их ноздри, и прерывают медитацию.

Не нужно волноваться. Не бойтесь пробуждения *кундалини*. Направьте всю свою энергию и внимание на очищение сознания и на то, чтобы исключить из него все пороки — тонкий эгоизм, тонкие привязанности и связи, тонкие желания, амбиции и т. д. Это очень важно. Пробуждение *кундалини* не принесет вам пользы, если тонкие, подспудные желания и т. д. останутся в вашей *читте*. Берегитесь скрытых подводных течений своих желаний. Очищайте свое сознание. Разрушайте желания и стремления. Занимайтесь правильной *садханой*.

Два ученика попросили йога Кака Бхусунду обучить их йоге. Учитель сказал: «О, дорогие мои ученики, поживите в *ашраме* двенадцать лет. Ограничивайте себя, морально обуздывайте, занимайтесь *асанами* и *пранаямой*. После этого я введу вас в *самадхи*. Я покажу вам секреты пробуждения *кундалини*, покажу, как поднять ее в *сахасрару*». Один из учеников был очень нетерпелив. Он некоторое время позанимался *крийями* йоги. После этого он каждый день стал приставать к учителю, чтоб тот показал ему путь в *самадхи*. Учитель хранил молчание. Тогда этот ученик покинул *ашрам*. Второй ученик был очень разумен и терпелив. Он во всем следовал указаниям своего гуру. Он ни разу не заговорил с ним. Прошло двенадцать лет. Гуру подумал: «Теперь ученик готов. Его *нади* очистились. Он обрел все божественные добродетели. Ему присущи качества *саттвы*. Теперь он готов к введению в высшие сферы». Он сказал ученику сесть напротив него и усилием одной мысли направил *кундалини-шакти* ученика в его *сушумна-нади*. Ученик насладился блаженством состояния *нирвикальпы*.

Милость гуру — вот пропуск ученика йога в сферы божественного блаженства. Милость гуру снизойдет лишь на того ученика, который прилагает к учебе все силы. Гуру проливает на него свою милость в обмен на трудную работу и долгий путь, который проходит ученик, достигая добродетели. Если человек хочет достичь высшей цели йоги, ему нужно запастись терпением, верить в своего гуру и постоянно и упорно заниматься. Ученик, о котором я рассказал, ничего не добился из-за своего нетерпения.

О, нетерпеливые ученики, запаситесь терпением. Придет время, и вы все получите. Не думайте о пробуждении *кундалини* слишком часто. Пусть она проснется сама. Несвоевременное ее пробуждение нежелательно. Систематически и регулярно делайте свою садхану и тапас. Как садовник, ежедневно поливающий деревья, собирает урожай плодов, — когда приходит время, вы насладитесь плодами своей *садханы*, когда придет время. Делайте правильно *садхану*. *Кундалини* сама о себе позаботится.

Пранаяма как средство очищения *нади*

Вайю не может войти в *нади*, если они полны нечистых вкраплений. Поэтому сначала нужно их очистить, а затем заниматься *пранаямой*. *Нади* очищаются благодаря двум процессам: *нирману* и *саману*. *Нирману* обеспечивается физическим очищением *шат-крий* (см. стр. 144). *Саману* производится при помощи мыслительного процесса, сопровождаемого чтением *мантр*. Порядок таков:

1. Сядьте в *падмасану*. Повторяя *мантру ЯМ*, медитируйте на стихии воздуха. Она имеет серый цвет. Вдыхайте через левую ноздрю. Повторите *ЯМ* 16 раз. Задержите дыхание, повторив эту биджу 64 раза. Затем очень, очень медленно выдыхайте через обе ноздри, повторяя *ЯМ* 32 раза.
2. Пупок является вместилищем стихии огня. Медитируйте на ней, затем вдохните через правую ноздрю, за время вдоха повторив *биджу РАМ* 16 раз. Задерживайте дыхание, пока не повторите *РАМ* 64 раза. Затем медленно выдыхайте через обе ноздри, пока мысленно не повторите *РАМ* 32 раза.
3. Остановите взгляд на кончике носа. Вдохните через левую ноздрю, повторив *биджу ТХАМ* 16 раз. Задержите дыхание, повторяя *ТХАМ* 64 раза. Представьте себе, что нектар, текущий с луны, проходит по всем сосудам вашего тела и очищает их. Затем медленно выдохните через правую ноздрю, повторяя *биджу ЛАМ* 32 раза.

При выполнении описанных выше упражнений *нади* хорошо очищаются, когда вы сидите в обычной, удобной для вас позе.

Пранаяма для очищения *сушумны*

Приобретя умение сохранять устойчивость позы и осуществлять совершенный самоконтроль, йог, который намерен очистить *сушумну*, должен сесть в *падмасану*, вдохнув воздух через левую ноздрю, задержать его как можно дольше и затем выдохнуть через правую. Затем вдохнуть через правую ноздрю, задержать и выдохнуть через левую. Затем снова вдохнуть через ту ноздрю, через которую он только что выдыхал, задержать дыхание и выдохнуть. У тех, кто занимается следуя этим правилам чередования ноздрей, *нади* очищаются за три месяца. Задержкой дыхания нужно заниматься на рассвете, в полдень, на закате и в полночь, выполняя 80 упражнений в день в течение 4 недель. Во время *кумбхаки*, или задержки дыхания, объединяются все виды *праны*. Йог бросает чувства в жертвенный костер *праны*. (Чувства, подавленные в состоянии *кумбхаки*, считаются принесенными в жертву.)

На ранних стадиях занятий вы будете потеть, затем ваше тело будет дрожать, а на последней стадии вам станет подвластна левитация. Эти явления становятся следствием задержки дыхания в позе лотоса.

Когда вы сильно потеете, втирайте пот ладонями в тело. Ваше тело станет легким и крепким. На ранних этапах занятий вам отлично подойдет рацион питания, включающий в себя молоко и топленое масло-*гхи*. Тот, кто придерживается этой диеты, легко продолжает занятия, не испытывая ощущения жжения в теле. Так же как со временем можно приручить львов, слонов и тигров, вы постепенно научитесь управлять своим дыханием.

Пока *прана* не вошла в *сушумну*, пока сознание не освободилось от похоти, злости, жадности и зависти, пока сперма не сублимирована в *оджас*, движущийся к *сахасраре*, — слова «Я медитирую по шесть часов. Я вошел в *самадхи*. Я познал Бога, познал Себя» будут восприниматься как лицемерие и притворство. Слова такого человека ничем не лучше слов круглого дурака! Не верьте ему ни на йоту. Не разговаривайте с ним. Без сожаления избавьтесь от его общества.

Занятия *пранаямой* ведут к очищению *нади*, улучшению пищеварения, явному ощущению духовных звуков и общему улучшению здоровья. Когда нервные центры хорошо очищены регулярными занятиями *пранаямой*, воздух легко входит в *сушумну*. После этого йог перестает ощущать окружающий мир, входит в состояние *самадхи*. Поднимая *апану* вверх и заставляя *прану* опускаться от горла вниз, йог освобождается от груза лет, становится молод, как шестнадцатилетний юноша.

Звуки *анахата* (нада)

Звуки *анахата* — это мистические звуки, которые йог слышит при медитации. Они сопровождают процесс очищения *нади*. Некоторые явно слышат их одним ухом, другие — обоими ушами. Эти звуки громкие и в то же время тихие. От громких вы должны переходить к тихим, а от них — к еще более тихим. Начинающие могут услышать эти звуки, только заткнув уши. Те, кто далеко продвинулся в своих занятиях, могут слышать их и с открытыми ушами. Звуки *анахата* исходят из *анахата-чакры*, расположенной в *сушумна-нади*.

Техника: Сядьте в свою обычную *асану*, закройте глаза. Большими пальцами заткните уши. Вслушайтесь в ваш внутренний звук. Этот звук отгородит вас от всех наружных шумов. В начале ваших занятий вы услышите много громких звуков. Позже они станут более мягкими. Сознание, которое прежде распылялось на всевозможные звуки, теперь будет сконцентрировано на вашем внутреннем звуке, будет поглощено им. Сознание, став нечувствительным к внешним образам, объединяется в единое целое со звуком, так же как вода неразделима с молоком. Вскоре оно совершенно поглощается этим внутренним звуком.

Нада, которую можно услышать, бывает десяти видов. Первый — это звук «чини», второй — «чиничини», третий — это звук колокола, четвертый — шум раковины, пятый — звук лютни, шестой — удары кимвал, седьмой — звук флейты, восьмой — стук барабанов (*бхери*), девятый — звук двойных барабанов (*мриданга*), а десятый звук — это раскаты грома.

Вы услышите звук не сразу после того, как заткнете уши. Вы должны будете сконцентрироваться и сфокусировать сознание в одну точку. То, что вы услышите в один день, может отличаться от того, что вы будете слышать в последующие дни. Но вы услышите один из десяти звуков *анахата*.

Это называется *лайя* (поглощение) через *наду*, звук *анахата*. *Лайи* можно также достичь, концентрируясь на кончике носа и пространстве между бровями (*брумадхья-дришти*), медитируя на *мантре СОХАМ* и *махавакьях** и некоторыми другими способами.

Явления при пробуждении *кундалини*

Во время медитации вы будете видеть божественные картины, слышать божественные ароматы и божественные звуки *анахата*, ощущать божественный вкус и божественное прикосновение. Вы будете слушать наставления Бога. Все это укажет на то, что *кундалини-шакти* проснулась. Когда в *муладхаре* вы ощутите пульсацию, когда тело покроется гусиной кожей, когда вне зависимости от вашего желания придут *уддияна, джаландхара* и *мула-бандха*, знайте, что это проснулась *кундалини*.

Когда дыхание можно остановить безо всяких усилий, когда *кевала-кумбхака* возникает сама собой и длится без напряжения, знайте, что *кундалини-шакти* пришла в движение. Когда вы чувствуете потоки *праны*, поднимающиеся к *сахасраре*, когда вы чувствуете блаженство, когда вы автоматически повторяете *ОМ*, когда ваше сознание свободно от мыслей об этом мире, знайте, что *кундалини-шакти* пробудилась ото сна.

Когда во время медитации глаза сфокусировались на точке между бровями, когда работает *самбхави-мудра*, знайте, что *кундалини* перешла в активное состояние. Когда вы чувствуете вибрации *праны* в различных частях вашего тела, когда вы чувствуете резкие толчки, как от электрических разрядов, знайте, что это действует *кундалини*. Когда во время медитации вы начинаете ощущать, что у вас нет тела, когда ваши закрытые веки нельзя открыть, как бы вы ни старались, когда по нервам текут электрические токи, знайте, что *кундалини* проснулась.

Когда, медитируя, вы озарены вдохновением и ясновидением, когда природа раскрывает вам свои секреты, когда исчезают все сомнения и вы легко понимаете смысл всех ведических текстов, знайте, что *кундалини* пришла в движение. Когда ваше тело становится легким, как воздух, когда вы в состоянии волнения сохраняете равновесие сознания, когда ваша энергия становится неисчерпаемой, знайте, это *кундалини* начала свою работу.

Когда вы находитесь в состоянии божественного опьянения, когда вы становитесь великим оратором, знайте, что вы обязаны этим пробуждению *кундалини*. Когда вы непринужденно, без малейшей усталости или напряжения выполняете трудные *асаны* йоги, знайте, это действует *кундалини*. Когда вы подсознательно слагаете красивые стихи и гимны, знайте, что *кундалини* пришла в движение.

Ученик, имеющий крепкую веру в священные писания йоги, смелый, самоотверженный, смиренный, щедрый, милосердный, чистый и бесстрастный, может легко разбудить *кундалини* и достичь успеха в *самадхи*. Он должен также правильно

---

* *Махавакьи* (санскр. «великие изречения») — афоризмы, гл. обр. из *Упанишад*, используемые для медитации. Например, *Тат твам аси* («Ты есть То»), *Ахам Брахмасми* («Я есмь Бог»).

вести себя и уметь ограничивать себя, он должен сознательно посвятить себя служению своему гуру, быть свободным от похоти, злобы, привязанностей, жадности и тщеславия.

Если вы принудили *кундалини* проснуться, используя силовые методы и специальные упражнения, тогда как сердце ваше нечисто, когда ваше сознание наводнено страстями, то, переходя от уровня к уровню, вы будете встречаться с различными искушениями. И вы оступитесь. У вас не будет сил противостоять этим искушениям.

Кундалини, поддерживающая жизнь сила, является основой, на которой построено все здание науки йоги. *Кундалини-шакти* бывает космической и индивидуальной. Космическая *кундалини* называется *маха-кундалини*, а индивидуальная — просто *кундалини*.

Садхана, дхрити, стхирата, дхайрья, лагхава, пратьякша и *нирвикальпа-самадхи* — таковы семь стадий кундалини-йоги.

Восемь главных *сиддхи*

Сформировавшийся йог, прошедший путь кундалини-йоги, обладает восемью главными *сиддхи*, которые называются: *анима, махима, лагхима, гарима, прапти, пракамья, вашитвам* и *ишитвам*.

1. *Анима:* йог может стать сколь угодно маленьким.
2. *Махима:* противоположность *анимы*. Йог может стать сколь угодно большим. Он может заставить свое тело вырасти до огромных размеров. Он может заполнить всю вселенную.
3. *Лагхима:* он может сделать свое тело легким, как перышко или пушинка. *Плавини-пранаяма* дает телу легкость. Йог уменьшает действующую на него силу гравитации, проглатывая потоки воздуха. При помощи этой *сиддхи* он может летать по небу. Он может лететь со скоростью тысяча миль в минуту.
4. *Гарима:* это противоположность *лагхимы*. Йог увеличивает свой вес. Он может сделать свое тело тяжелым, как гора.
5. *Прапти:* йог, стоящий на земле, может доставать самые высокие объекты. Он может дотронуться до солнца, или луны, или неба. Благодаря этой *сиддхи* йог может получать то, что он хочет, и обретает сверхъестественные способности. Он может предсказывать будущее, быть ясновидящим, владеть телепатией, читать мысли других людей. Он начинает понимать язык зверей и птиц. Он понимает все неизвестные ему доселе языки. Он может исцелить от любой болезни.
6. *Пракамья:* йог может нырять и находиться под водой, сколько захочет. (Покойный Трилинга Свами из Бенареса жил по полгода под водой в реке Ганг.) Благодаря этой *сиддхи* йог может время от времени делать себя невидимым. Некоторые источники описывают этот процесс как способность входить в тело другого человека. (Шри Шанкара вошел в тело Раджи Амаруки из Бенареса. Тирумулар в Южной Индии входил в тело пастуха. Это делал и Раджа Викрамадитья.) Эта *сиддхи* также дает возможность всегда выглядеть очень молодо. (Раджа Яти обладал такой способностью.)

7. *Вашитвам:* это способность укрощать диких зверей и управлять их поведением. Это способность гипнотизировать людей усилием воли и делать их послушными своей воле. Это обуздание страстей и эмоций. Это способность подчинять себе мужчин, женщин и стихии природы.
8. *Ишитвам:* это обретение божественной силы. Йог, который обладает такой силой, может возвращать умерших к жизни. (Кабир, Тулсидас, Акалкот Свами и другие умели воскрешать мертвых.)

Второстепенные *сиддхи*

Йог приобретает также следующие второстепенные *сиддхи*:

1. Освобождение от чувства голода и жажды.
2. Освобождение от ощущения жары и холода.
3. Освобождение от пристрастий и предубеждений.
4. Ясновидение.
5. Совершенную остроту слуха.
6. Управление сознанием.
7. Йог может принимать любую форму.
8. Он может входить в тело другого человека, оживлять трупы и входить в них, переселяя в них свою душу.
9. Йог может умирать по собственному желанию.
10. Он может видеть богов (*дэвов*) и играть с ними.
11. Он может получить все, что захочет.
12. Он узнает все о прошлом, настоящем и будущем.
13. Он становится чужд крайностей.
14. Все, что он предсказывает, сбывается.
15. Он может превращать неблагородные металлы в золото.
16. Он может использовать сколько угодно тел, чтобы избавиться от своей *кармы* в течение одной жизни.
17. Он может прыгать, как лягушка.
18. Он становится повелителем желаний, он уничтожает печаль и болезни.
19. Он узнает о своих прошлых жизнях.
20. Он узнает все о планетах и звездах.
21. Он может видеть все *сиддхи*.
22. Он получает власть над стихиями (*бхута-джайя*) и власть над *праной* (*прана-джайя*).
23. Он может перемещаться в любое место.
24. Он становится всемогущим и всезнающим.
25. Он может отрываться от земли и повисать в воздухе.
26. Он может указывать места, где зарыты клады.

Постепенное совершенствование сознания

Чистота сознания приведет вас к совершенству в йоге. Следите за своим поведением, когда общаетесь с другими людьми. Никому не завидуйте. Будьте сострадательны. Не презирайте грешников. Будьте добры ко всем. Если вы приложите максимум усилий к занятиям йогой, вы быстро добьетесь успеха. Вы должны иметь острое, сильное желание добиться освобождения, при этом вы должны быть бесстрастны. Вы должны быть серьезны и искренни. Для того чтобы войти в *самадхи*, необходима глубокая и постоянная медитация.

Сознание мирянина, отягощенное низменными страстями, находится в *муладхаре* и *свадхиштхане* (находящихся, соответственно, в области ануса и репродуктивных органов).

Если его сознание очищается, оно поднимается к *манипура-чакре* (в районе пупка) и наполняется силой и радостью.

Если сознание еще очищается, оно поднимается в *анахату* (на уровне сердца), наполняется блаженством и лицезреет лучезарный образ *ишта-дэваты* (опекающего его божества).

Когда сознание достигает высокой степени чистоты, когда медитация и самоотверженность в занятиях йогой выходят на первый план, сознание поднимается к *вишуддха-чакре* (в районе горла) и наполняется все новым и новым блаженством и силой. Даже тогда, когда сознание достигает этого центра, оно может опускаться к нижним центрам.

Когда сознание достигает *аджня-чакры* (между бровями), человек достигает *самадхи* и познает свое Высшее «Я», или Брахмана.

Если оно достигает духовного центра в мозгу, *сахасрара-чакры*, лотоса с тысячей лепестков, йог достигает *нирвикальпа-самадхи*, или сверхсознания. Он становится единым целым с Брахманом. Между ними исчезает всякое расстояние. Это высший уровень сознания, или верховная *асампраджнята-самадхи*. В этой *чакре кундалини* соединяется с Шивой.

Такой йог может опускать свое сознание до *чакры*, находящейся в горле, чтобы давать указания ученикам и делать людям добро.

ЧАСТЬ 4

СВАРА-ЙОГА

СВАРА-ЙОГА

Ведение здорового образа жизни, долголетие и душевный покой, который сделает вас бессмертным, — все это зависит от потока воздуха, проходящего при дыхании через три *нади*, а также ритма и легкости, с которой происходит этот процесс.

Ида-, или *чандра-нади* (лунная) определяется потоком воздуха, проходящим через левую ноздрю. *Пингала-*, или *сурья-нади* (солнечная) определяется потоком, проходящим через правую ноздрю.

Эти *нади* функционируют попеременно. Такая попеременная работа ноздрей называется *вишуват*. Момент, в который происходит такая перемена, является крайне неблагоприятным.

Когда во время перемены потока в новом канале образуются препятствия, естественно, они удаляются и происходит очистка канала, что приводит к легкому или сильному чиханию. (Вот почему чихание считается дурным предзнаменованием.)

Когда происходит смена потока при каждом дыхании, считается, что дыхание находится в *сушумне*; этот момент считается неблагоприятным для каких-либо действий. Такое состояние также называется *вишуват*, что означает «разрушитель всех действий». *Вишуват* означает, что сознание пребывает в беспокойстве, является блуждающим и суматошным, колеблющимся и неспособным сконцентрироваться, это также сигнализирует о неправильности позы человека. При таком состоянии рекомендуется отдых и восстановление равновесия в сознании. В таком состоянии нельзя ничем заниматься, поскольку сознание неустойчиво в своей мотивации и в нем присутствуют сомнения и колебания. Поспешные поступки всегда заставляют человека впоследствии раскаиваться.

Существует еще одна разновидность *сушумны*, она отличается тем, что поток воздуха при дыхании проходит одновременно через обе ноздри. Поток также характеризуется плавностью, отсутствием рывков и концентрацией сознания на одной из шести *чакр*.

Во время этой *сушумны* легче всего концентрироваться на образе Господа и медитировать, сознание тяготеет к спокойствию и неподвижности. В это время нельзя отвлекаться на что-либо другое.

Очень трудно поддерживать постоянство потока воздуха через *сушумну*, поэтому даже те недолгие моменты, когда *сушумна* плавно течет, нужно использовать с максимальной пользой.

Свара-виджняна

Нади работают попеременно, в течение $2\frac{1}{2}$ *гхатик* (одного часа) каждая, отсчет ведется с рассвета. Таким образом, в течение суток дыхание двенадцать раз течет в *иде* и двенадцать в *пингале*. Это свидетельствует о нормальном дыхании и общем здоровье организма.

Обычно *сушумна* не функционирует, когда человек занят какой-либо работой, умственной или физической. Только когда вы концентрируете сознание и контролируете его, когда вы заставляете замолчать все его *вритти*, *сушумна* (одновременное течение воздуха через две ноздри) начинает работать. И наоборот, вторая разновидность *сушумны* (колебание потока и смена ноздрей) работает, когда человек бодрствует и когда его сознание не занято медитацией. Это означает, что имеются определенные нарушения в процессе дыхания.

Изменение потока

Благоприятные и неблагоприятные потоки были описаны выше затем, чтобы вы могли регулировать и направлять потоки в определенные каналы и, следовательно, сделать успешными все ваши начинания. Поэтому необходимо знать различные способы изменения потока. Таких способов есть много, вот лишь некоторые из них:

1. Заткните одну ноздрю ватой. Дыхание будет течь через другую ноздрю.
2. Можно закрыть пальцем ту ноздрю, через которую вы в данный момент дышите. Тогда поток пойдет через другую ноздрю.
3. Когда воздух течет через левую ноздрю, положите левую руку на землю, ладонью вниз (сидя на земле в *сукхасане* или *падмасане*) и прижмите бок левым локтем, сразу под ребрами. Давите несильно. Немного наклоните туловище влево. Ток воздуха изменится слева направо. Если вы хотите изменить его справа налево, прижмите правый бок правым локтем.
4. Вы можете воспользоваться *йога-дандой* (небольшим жезлом длиной в один локоть, с U-образной насадкой, горизонтально укрепленной на его верхнем конце). Всуньте руку в U-образную выемку, чуть ниже подмышки. Немного наклонитесь в эту сторону и слегка придавите бок *дандой*. Дыхание изменит свое направление. То же можно сделать при помощи более длинной *данды* при ходьбе или стоя.
5. Сознание также должно уметь менять направление потоков воздуха. Так же как вы управляете своими мышцами, можно управлять и сознанием.
6. Если вы лежите на левом боку, сознание будет течь через правую ноздрю, и наоборот.

Вы должны уметь менять направление потока, как и когда вам надо.

Менять направление потока, отводя его в *сушумну*, труднее, и еще труднее поддерживать такой поток.

Следующие методы помогут вам перевести поток из одной из *нади* в *сушумну*:

1. Лягте на землю, лицом вверх, не подкладывая под голову подушку. Сконцентрируйтесь на кончике носа или на точке между бровями. *Сушумна* будет функционировать.
2. Сядьте прямо, в *сукхасану*, *падмасану* или *сиддхасану*. Сделайте несколько циклов *бхастрика-пранаямы*. Сконцентрируйтесь, как описано выше. Поток пойдет через *сушумну*.
3. Концентрация на одной из шести *чакр* также помогает воздуху течь через *сушумну*.

Поток воздуха в *сушумне* обеспечивает неподвижность вертикальной позы, при которой позвоночник будет представлять прямую линию, а также глубина концентрации и степень фокусировки мысли. Только это может помочь поддерживать поток. Если хоть одно из этих условий нарушается, дыхание изменит свой ход и будет течь через одну из ноздрей.

Использование *нади*

Когда поток идет через *ида-нади*, обеспечивается сила, бодрость и хорошее пищеварение. Когда воздух течет в *пингала-нади*, происходит процесс пищеварения, но в это время в организме формируются яды. *Сушумна* ведет к совершенству.

Если вы спите на левом боку, работает *пингала-нади*, а ум отдыхает, потому что отдыхает *ида-нади*. Если *ида-нади* работает во сне, вы будете спать беспокойно, со многими сновидениями. Поэтому вы всегда должны спать на левом боку, позволяя *пингале* работать. Таким образом вы обеспечиваете две вещи — крепкий сон и хорошее пищеварение, а следовательно, здоровье, силу и бодрость.

Ложась спать на правом боку, вы можете поддерживать свое сознание в состоянии бодрствования, пока чувства и низшее сознание спят. Это можно делать, только если ваше сознание освобождено от беспокойства и от желаний, когда вы убеждены, что не будете видеть снов.

Во всех своих внешних занятиях, индивидуальных или общественных, вы должны следить за тем, чтобы они начинались тогда, когда функционирует *пингала*. А вот список тех занятий, которые можно начинать, когда поток идет через *ида-нади:* изменение образа жизни, начало изучения духовных книг, путешествия, общение с друзьями, родственниками и родителями, постройка зданий и храмов, возделывание почвы, принятие новой должности, женитьба, одевание новой одежды и украшений, приготовление лекарств. *Ида-нади* должна работать, когда начинается изучение *мантра-шастры*, относящейся к раджасическому или тамасическому божеству. Во время еды и купания также должна работать *ида-нади*.

Короче говоря, крупномасштабные добрые начинания должны предприниматься, когда дыхание течет через *иду*, а все временные или мимолетные дела должны начинаться, когда воздух течет через *пингалу*.

Сушумна всегда должна быть подготовлена к духовным делам, к медитации и *кумбхаке* (задержке дыхания).

Сделайте так, чтобы дыхание проходило через *иду*, левую ноздрю, с рассвета до заката, и через *пингалу*, правую ноздрю, с заката до рассвета.

Эта практика называется *свара-садханой*. Тот, кто занимается ею, поистине великий йог. Займитесь этим и вы, займитесь сейчас. Пейте нектар бессмертия. Стряхните с себя обычную лень, вялость, праздность и тамас во всех проявлениях. Прекратите пустую болтовню, сплетни и оставьте несносную привычку критиковать окружающих. Сделайте что-то реальное*.

* Более подробно практика свара-йоги (а также все, что связано с *нади, чакрами, кундалини, мантрами* и тантрическими божествами) описывается в классических книгах Хариша Джохари *«Инструменты для Тантры»* и *«Чакры»*, перевод которых наше издательство осуществит в ближайшее время.

ЧАСТЬ 5

БРАХМАЧАРЬЯ

БРАХМАЧАРЬЯ

Брахмачарья

Слово *брахмачарья* имеет несколько значений. Буквально оно означает «движение к Богу (Брахману)». Это образ жизни, благодаря которому вы постигаете Брахмана, Бога, это жизнь в Абсолюте, это чистота мыслей, слов и поступков.

Брахмачари (тот, чье сознание всегда движется в Господе) является повелителем трех миров. Он может выполнять огромную умственную и физическую работу. Вокруг его лица сияет магнетическая аура. Он может оказывать влияние на людей, произнося всего лишь несколько слов, даже само его присутствие может воздействовать на окружающих. Когда человек чист, лучи его сознания не рассеиваются, концентрироваться становится легко. Концентрация и чистота идут рука об руку. Хотя мудрец говорит очень мало, его немногие слова оставляют в сознании слушателей глубокий отпечаток. Это происходит благодаря его духовной силе, которая накапливается путем сохранения и превращения семени. Все духовные лидеры исповедовали *брахмачарью:* Иисус, Шанкара, Джнянадэва и Самартха Рам Дас были настоящими *брахмачари*.

Брахмачарья — это яркий свет, который светит в здании человеческого тела. Это распустившийся цветок жизни, вокруг которого вьются, жужжа, пчелы (сила, терпение, знание, чистота и крепость духа). Другими словами, тот, кто соблюдает *брахмачарью*, будет наделен всеми перечисленными качествами. Священные книги ясно говорят: «Занимаясь *брахмачарьей*, вы увеличиваете свою продолжительность жизни, силу, сияние, бодрость, знание, неувядающую славу, добродетель и преданность Истине».

Брахмачарья — это основа приобретения бессмертия. Это субстрат жизни в мире, в единении с Атманом, или чистым духом. Это крепкая поддержка того, кто утвердился в своем знании Брахмана, чего так ищут и ученики йогов, и мудрецы. Даже *риши* и *дэвы* (божества) прислуживают подлинному и утвердившемуся *брахмачари*. Он может велением своей мысли открывать *сушумну* (важный духовный поток, проходящий по позвоночнику) и пропускать по нему *кундалини*.

Соблюдая *брахмачарью*, йог достигает совершенства. Она помогает ему в приобретении божественного знания и других *сиддхи*.

Узким значением слова *брахмачарья* является целибат, или воздержание.

Целибат

Термин *целибат* происходит от латинского *calebs* и означает холостой образ жизни. Он также обозначает процесс построения характера, личности. Он чрезвычайно важен. Это врата освобождения или вечного блаженства, это основа морали. Абсолютный целибат — это непременное условие божественной жизни, или высшей духовной жизни. Дверь, ведущая в *нирвану*, — это полный целибат.

Целибат означает контроль не только своего полового органа, но и управление всеми чувствами, мыслями, словами и поступками. Это ключ ко всем сферам божественного блаженства. Путь к вместилищу вечного покоя начинается с целибата.

Целибат бывает двух видов: физический и ментальный. Физический целибат — это контроль своего тела, ментальный — это сдерживание дурных мыслей. Тот, кто свободен от похотливых мыслей даже во сне, становится истинным богом на этой земле. Он достоин поклонения. При ментальном целибате в сознании не возникает грешных мыслей. Этого несколько более трудно достичь, чем усмирения плоти, но при условии искреннего желания и старания вы сможете утвердиться в этом. Вы должны ясно видеть свою цель, всегда иметь в сознании идеал, к которому вы стремитесь. Тогда вы скоро к нему придете. В этом нет никаких сомнений.

Такие качества, как выносливость и отвага, напрямую связаны с целомудренностью. Строго воздерживаться нужно не только от половых актов, но и от аутоэротических проявлений, от онанизма, гомосексуальных контактов и всех прочих сексуальных извращений. Потакая своим слабостям, вы не сможете избавиться от эротических сновидений. Нужно полностью воздерживаться от любых эротических фантазий и сладострастных мыслей.

Ниже приведен список восьми «порогов», мешающих движению по реке абсолютного целибата. Вы должны быть внимательны и обходить эти пороги с крайней осмотрительностью и большим усердием:

1. Разглядывание представителей противоположного пола.
2. Желание дотронуться, обнять или находиться рядом с представителями противоположного пола.
3. Флирт, забавы с эротической подоплекой.
4. Похвалы в ее или его адрес, сделанные в кругу ваших друзей.
5. Беседы с ним или с ней с глазу на глаз.
6. Похотливые мысли о мужчине или женщине.
7. Сильное желание осуществить половой акт с мужчиной или с женщиной.
8. Сексуальные удовольствия.

Хотя первые семь явлений не ведут к серьезной потере семени, тем не менее оно отделяется от крови и пытается вырваться наружу, как только представится возможность, во сне или в другое время. В первых семи пунктах речь идет о мысленном наслаждении человека.

Настоящий *брахмачари* должен без сожаления позабыть о вышеперечисленных вещах. Только тот, кто полностью свободен от всего этого, может считать, что соблюдает настоящий целибат. Об этом нужно помнить всегда.

Чистый воздух, чистая вода, здоровая пища, физические упражнения, спортивные игры на свежем воздухе, быстрая ходьба, гребля, плавание, такие игры, как теннис и др., помогают поддерживать хорошее здоровье, бодрость и силу. Есть очень много способов укрепить здоровье, все они очень важны, но самым важным является соблюдение целибата. Без него все упражнения ничего не стоят. Он — ключ ко всем дверям здоровья и счастья. Это краеугольный камень здания блаженства и чистой радости, это единственная вещь, которая дает человеку настоящую мужественность.

Соблюдение *ямы* — это первый этап раджа-йоги. А *яма*, как известно, — это практика *ахимсы, сатьи, астеи, брахмачарьи* и *апариграхи* (то есть ненасилия, правдивости, неприсвоения чужого, целибата и непринятия подарков). В джняна-йоге *дама* (самоконтроль) — это основное требование к ученику.

Польза целибата

В книге *«Шива-самхита»* говорится:

Когда семя выходит из тела, смерть приближается; сохранение семени сохраняет жизнь и продлевает ее, поддерживая тело. Поэтому семя нужно тщательно сберегать. Нет никакого сомнения, что люди, которые сохраняют семя, живут здоровой жизнью и что те, кто растрачивает семя, умирают до срока, зная об этом, йог всегда должен сохранять семя и поддерживать строгий целибат.

Целибат — это мощное оружие для ведения войны с внутренними демонами — похотью, злобой, жадностью и т. д. Он дает неувядающую радость, непрерывное и неумирающее блаженство. Он дает огромную энергию, ясность разума, гигантскую силу воли, четкое понимание, яркую память и большую пытливость. При помощи одного только целибата вы можете развиваться физически, умственно и духовно.

Целибат — это основа совершенства тела. Для того чтобы иметь совершенное тело, нужно соблюдать абсолютный целибат. Это очень, очень важно. Во время занятий йогой семя превращается в *оджас-шакти*. У занимающегося йогой будет совершенное тело. Во всех его движениях будет грация и очарование. Он проживет столь долго, сколько захочет. Господь Кришна не случайно убеждал Арджуну стать йогом!

Те, кто соблюдают целибат, часто жалуются на психологическую усталость, связанную с воздержанием. Это лишь обман сознания. Иногда у вас появляется ложное чувство голода, однако, когда вы садитесь обедать, выясняется, что вы не хотите есть. Точно так же есть ложная умственная усталость. Если вы соблюдаете целибат, вы имеете огромную ментальную силу и энергию. Вы можете не ощущать ее постоянно, но, когда представится возможность, вы ее проявите, как борец проявляет всю свою силу на спортивной арене, хотя в обычной жизни он о ней не задумывается.

Соблюдение целибата во много раз увеличивает ментальную энергию и силу. Такая сила намного превосходит физическую силу. Вспомните Махатму Ганди. Физически он был слаб, но, заметьте, он обладал огромной внутренней силой. Он приобрел ее благодаря постоянному и упорному соблюдению принципов ненасилия, честности и целибата. Он влиял на мир с помощью своей внутренней силы. Благодаря воздержанию разум становится острым и ясным. Приходят сила и выносливость.

Тот, кто соблюдает целибат, легко справится с любой болезнью. Когда обычному человеку требуется месяц, чтобы выздороветь, *брахмачари* будет в полном порядке уже через неделю. Целибат дает силу, внутреннее здоровье, душевный покой и долголетие. Он тонизирует нервы и разум, помогает сохранить физическую и умственную энергию, дает бодрость и жизнелюбие, а также силы противостоять любым трудностям повседневной жизни. Человек, соблюдающий абсолютный целибат, может сдвинуть горы, он может повелевать природой и ее стихиями, так, как это делал Джнянадэв.

Пробудите в себе скрытые резервы, раскройте свой потенциал, соблюдая целибат. Познайте Бога и поднимитесь над страданиями мирской жизни с ее круговоротом смертей, рождений и печали.

Целибат и долголетие

Утвердившись в правильном образе жизни, вы тем самым сможете прожить долгую жизнь и достичь вечного счастья. Вы можете прожить долгую жизнь, не имея ничего иного, кроме правильного образа жизни. Достойное поведение формирует характер. Вы должны иметь хороший характер, а не то растеряете жизненную энергию и умрете до срока. Священные книги говорят, что человек должен жить до ста лет. Этого вы можете достичь, только соблюдая целибат.

Вам необходимо помнить еще одну вещь! Секреты долголетия основаны главным образом на принципах разумной умеренности в еде и питье, на трезвости, целомудрии и оптимистическом отношении к жизни, поэтому пьяницы, обжоры, лентяи и распутники не могут рассчитывать на то, что проживут долго. Есть, конечно, примеры, когда морально распущенные люди жили долго и достигли большого умственного развития. Очевидно, этим они обязаны своей *карме*. Однако они достигли бы еще большего, если бы соблюдали воздержание и имели хороший характер.

Благословен тот, кто принял обет безбрачия до конца жизни. Дважды благословен тот, кто искренне борется с похотью, пытаясь достичь истинной чистоты. И трижды благословен тот, кто полностью искоренил похоть и познал свое Высшее «Я». Слава таким возвышенным душам! Они — настоящие боги на земле. Да распространится их блаженство и на вас тоже.

Необходимость целибата

Золотых дел мастер выплавляет чистое золото из золота с примесями, добавляя в него кислоты и плавя его в тигле. Так же и вы должны очистить свое сознание и тело постоянной *садханой*. Один человек со злости обругал другого, когда они в лодке переправлялись через Ганг. Тогда второй пришел в ярость, схватил обидчика за горло и швырнул его в Ганг. Как слаб внутренне был этот человек, несмотря на свою физическую силу! Один лишь звук, всего лишь слово вывело его сознание из равновесия. Он стал рабом гнева. Если бы он соблюдал воздержание, сдерживал свои порывы и учился, он не совершил бы своей поспешной жестокости. Тот, кто утвердился в целибате, может сдерживать гнев и управлять миром.

Целибат — это общая сумма слагаемых йоги и ее основа. Из-за невежества многие об этом забывают. О высшем этапе йоги Господь Кришна постоянно упоминает в *«Бхагавад-Гите»*. В VI:14 совершенно ясно написано, что для успеха в медитации необходимо соблюдать целибат. В XVII:14 Кришна говорит, что это одна из форм усмирения плоти.

Ямвлих утверждал, что боги не слышат призывов того, кто запятнал себя половыми отношениями. В исламе паломникам в Мекку предписывается строгое воздержание. Такие же требования предъявляются к членам еврейской общины перед посещением храма и в другие ритуально важные периоды. В древней Индии, Египте и Греции верующие не имели права вступать в сексуальные отношения перед посещением храма и сразу после него. Христианство предписывает воздержание перед крещением и причастием. Высшим типом христианина является человек, соблюдающий целибат. Епископами православной церкви всегда становятся люди, давшие обет безбрачия, отбираемые из числа монахов.

В народных сказаниях сквозит мысль, что второе зрение и видение сверхъестественного присуще только тем, кто соблюдает целибат. В Рио-Негро есть племя, которое предписывает целибат своим знахарям, поскольку они верят, что лекарство не подействует, если оно предписано женатым человеком.

Человек в значительной степени деградировал, став марионеткой страсти. Он потерял свою проницательность. Он продался в самое позорное рабство. Как, право, это печально! Если человек хочет вернуть себе божественные качества и славу, он должен изменить все свое существо, его сексуальные желания должны быть полностью сублимированы, превращены в божественные мысли и регулярные занятия медитацией. Преобразование сексуальных желаний — это мощное, эффективное и достаточное средство для того, чтобы достичь вечного блаженства.

Целибат — это самая основа йоги. Так же как дом, построенный на гнилых сваях, совершенно точно обрушится, так и вы разрушите свои занятия медитацией, если вы не укрепите их на правильном фундаменте. Вы можете заниматься медитацией двенадцать лет и не достичь успеха в *самадхи*, если не уничтожите подспудную похоть, не сожжете семена сладострастия, затаившиеся в отдаленных уголках вашего сердца. Вы должны стараться обнаружить этого страшного врага — похоть, — прячущегося в укромных местах вашего сознания. Вы можете обнаружить его присутствие, только если вы бдительны. Нужно тщательно изучать себя. Так же как мощную армию можно разбить, только если атаковать ее со всех сторон, так и сильные чувства можно держать в узде, только если вы ограничите их со всех сторон, изнутри и извне, сверху и снизу.

Обет безбрачия защитит вас от искушений. Это мощное оружие против похоти. Если вы не дадите обет безбрачия, сознание будет вас постоянно искушать. У вас не будет сил противостоять искушению, и вы станете его жертвой. Слабые и нерешительные боятся давать обет. Они находят различные отговорки и заявляют: «С чего бы это мне связывать себя клятвами? Моя воля достаточно сильна. Я могу сопротивляться любым искушениям. Я медитирую на образе Бога. Я укрепляю силу воли». Но затем эти люди раскаиваются.

Так говорят только те люди, в ком таится скрытое желание найти себе объект страсти. Вы должны иметь правильное понимание, уметь разбираться в жизни и быть бесстрастными, только тогда ваше самоотречение будет настоящим и постоянным. Если отказ от секса не является сознательным решением и плодом бесстрастности, ваше сознание просто будет искать возможности снова заполучить то, от чего вы отказались.

Будущее благополучие Индии может быть построено на целибате и только на нем. Долг *санньясинов* и йогов — обучать людей целибату, *асанам* и *пранаяме* и нести людям знание Атмана. Они могут многое сделать для того, чтобы исправить положение, поскольку они — люди посвященные. Они должны выйти из своих пещер и хижин, чтобы сделать этот мир лучше. Для них настало время воплотить фразу: «Все это есть Брахман».

Обязанность родителей, воспитателей, учителей и преподавателей — вести воздержанный образ жизни и обучать детей и молодежь *брахмачарье*. Обучение молодежи означает построение нации.

В наши дни дети рождают детей. Ранние браки несут физическое вырождение. Человеку, с его совершенным умом, нужно учиться у зверей и птиц. Львы, слоны и другие сильные животные лучше контролируют себя, чем человек. Львы спариваются только раз в году. После оплодотворения самки и близко не подпускают к себе самцов, пока детеныши не перестанут питаться их молоком и не окрепнут. Только человек нарушает законы природы и поэтому он страдает от множества болезней. Он деградировал, став в этом отношении ниже животных. Еда, сон, страх, копуляция знакомы и людям, и животным. Что отличает людей от животных — это способность интересоваться и размышлять. Если у человека этого нет, он ничем не отличается от животного.

Выдающиеся западные врачи утверждают, что многие болезни происходят от потери спермы, особенно в юном возрасте. Появляются прыщи, сыпи, синяки под глазами, не растет волосяной покров на лице, глаза западают, лицо становится бледным из-за анемии, происходит потеря памяти, портится зрение, наступает слепота, выделение спермы при мочеиспускании, увеличение яичек, боль в них, приходит слабость, сонливость, лень, мрачное настроение, учащается сердцебиение, затрудняется дыхание, человек заболевает чахоткой, у него болит спина, поясница, голова и суставы, у него случаются болезни почек, энурез, он становится рассеянным, слабо соображает, ему снятся кошмары и эротические сны, его сознание приходит в беспокойство и т. д.

Теперь вы поняли, дорогие друзья, всю важность соблюдения целибата? Увидели, сколь велико значение целибата и сколь славны люди, соблюдающие его? Как вы можете рассчитывать на здоровье и силу, если ежедневно растрачиваете с таким трудом добытую энергию? Невозможно быть здоровыми и сильными, если только мужчины и женщины, мальчики и девочки не постараются изо всех сил соблюдать целибат. Если наша страна хочет стать выдающейся державой, ее дети, мужчины и женщины должны изучить этот предмет, понять его огромную важность и строго соблюдать целибат.

Вирья — жизненно важная жидкость

Согласно *аюрведе*, семенная жидкость (*вирья*) исходит из костного мозга. В тонкой форме она присутствует во всех клетках тела. Из пищи формируется хилус. Из плоти формируется жир. Из жира получается кость. В кости формируется костный мозг. Это семь *дхату* (элементов), поддерживающих жизнь в нашем теле. Это основа основ. Теперь вы поймете, сколь драгоценно семя. Одна капля спермы получается из сорока капель крови.

Так же как в леденце повсюду есть сахар, а в молоке — масло, семя повсюду присутствует в нашем теле. Так же как молоко становится постным, если удалить из него масло, семя истощается, если его растрачивать. Чем больше семени человек тратит, тем слабее он становится. В священных книгах йоги говорится: «Истечение семени приносит смерть, сохранение семени дает жизнь». Семя — это жизненная сила мужчины. Это его скрытое сокровище. Оно придает лицу духовный свет, а интеллекту — силу. Это основа жизни, мысли, разума и сознания.

Клетки яичек наделены способностью вырабатывать сперму, выделяя ее из крови. Так же как пчелы собирают в соты мед, каплю за каплей, клетки яичек собирают сперму из крови. Затем она отправляется по двум протокам в семенные канальцы. Под влиянием возбуждения сперма выбрасывается через специальные семенные протоки в уретру, там она смешивается с секретом простаты. (Для того чтобы детально изучить работу половых органов, прочитайте любой атлас по анатомии. Такие знания необходимы. Я же перейду к наиболее важной части — *садхане*, или практическим методам сохранения спермы.)

Сперма питает тело, сердце и разум. Только тот, кто развивает и тело, и сердце, и разум, может правильно соблюдать *брахмачарью*. Борец, который развивает только тело и забывает о сердце и разуме, не может быть совершенным *брахмачари*. У него будет соблюдаться только физическая *брахмачарья*, но не сознательная и духовная. Семя, которое принадлежит к сердцу и сознанию, будет постоянно истекать. Если человек занимается только *джапой* и медитацией и забывает о сердце и не занимается физическими упражнениями, его *брахмачарья* будет только мысленной. Та часть семени, которая питает сердце и тело, будет истекать. Однако опытный йог сможет соблюдать полную *брахмачарью*, даже не выполняя никаких физических упражнений. Ему поможет сохранять ее глубокая медитация.

Деревья питаются соками земли. Они циркулируют в дереве во всех его отделах: в ветвях, листьях, цветах и плодах. Живой блеск листьев, красота цветов и т. д. приходит благодаря этим сокам. Так же и сперма, которая производится клетками яичек, дает цвет и жизненную силу телу человека и его органам.

Один из учеников Дханвантари подошел к нему после того, как прослушал полный курс *аюрведы*, и спросил: «О Бхагаван! Будь так добр, раскрой мне теперь секрет здоровья». Дханвантари ответил: «Энергия семени — это сам Атман. Секрет здоровья — в сохранении жизненной силы. Тот, кто растрачивает эту энергию, не может развиваться физически, умственно, морально или духовно».

Поскольку сперма в организме мужчины производится постоянно, она должна либо впитываться, либо выделяться. Наиболее терпеливые и вдумчивые ученые-исследователи определили, что, если семенная жидкость сохраняется и впитывается организмом, она обогащает кровь и укрепляет мозг. Доктор Дио Луис полагал, что сохранение спермы жизненно важно для бодрости, силы, остроты ума и живости сознания. Еще один ученый, доктор И. П. Миллер, пишет: «Любая потеря спермы, намеренная или случайная, является растратой жизненной силы. Практически все признают, что в состав спермы входят лучшие, наиболее полезные вещества из крови. Если эти предположения верны, то целомудренный образ жизни совершенно необходим мужчине для здоровой жизни».

Так же как масло проходит по фитилю и горит ярким пламенем, сперма поднимается вверх благодаря занятиям йогой и превращается в духовную энергию. Она питает клетки мозга.

Для сохранения семени нужно всегда повязывать полоску материи (темно-красного цвета) на интимные места, чтобы избежать ночных поллюций и распухания яичек. *Брахмачари* должен всегда носить деревянные сандалии, так как это способствует сохранению семени, полезно для зрения и увеличивает продолжительность жизни.

Потерянную жизненную энергию невозможно восстановить ни при помощи укрепляющих лекарств, ни при помощи миндаля, молока, сметаны или сыра.

Жизненная энергия, энергия семени, которая поддерживает вашу жизнь, которая является высшей формой *праны*, которая сияет в ваших глазах и рдеет на ваших щеках, — ваше самое драгоценное сокровище. Твердо помните об этом. Полностью осознайте важность и ценность этой жизненной силы. Энергия семени — это высшая сила, высшее благо. Это одно из проявлений Бога. В *«Бхагавад-Гите»* Кришна говорит: «Я есть семя, или жизненная сила человека».

Когда энергия семени преобразуется в духовную при помощи чистых мыслей, такой процесс в терминах западной психологии называется сексуальной сублимацией. Так же как химическое вещество сублимируется или очищается, сексуальная энергия очищается и превращается в духовную энергию при помощи духовной *садханы*, культивации величественных, возвышающих душу мыслей о своей сущности или Атмане. В йоге такой человек называется *урдхваретас*, то есть тот, в ком энергия семени поднялась в мозг в качестве *оджас-шакти*. В таком случае сперма уже не может опуститься вниз и способствовать сексуальному возбуждению. Это очень сложный процесс. Он требует постоянной и постепенной садханы и строгой дисциплины. Йог, который достиг совершенной сублимации, полностью обуздал похоть. За него можно не опасаться, он не оступится. Он в полной безопасности. Это очень высокая стадия. Крохотное меньшинство людей, таких, как Шри Шанкарачарья, Шри Даттатрейя и Джнянадэв из Аланди, достигли этого возвышенного, величественного состояния.

Сознание и *вирья*

Сознание, *прана* и *вирья*(энергия семени) едины. Они замкнуты в одну систему. Если вы управляете сознанием, *прана* и *вирья* автоматически попадают под ваш контроль. Тот, кто задерживает *прану*, останавливает работу сознания и движение *вирьи*. Опять-таки, если вы управляете *вирьей* и заставляете ее течь вверх, к мозгу, при помощи культивации чистых мыслей, занятий *випарита-карани-мудрой* и др., сознание и *прана* автоматически вам подчиняются.

Между сознанием и чувствами существует тесная связь. Сознание работает и накапливает опыт в этом мире при помощи органов пяти чувств. Оно наслаждается также с их помощью. Оно производит действия при помощи пяти органов, отвечающих за них. Управление органами чувств, таким образом, — это на самом деле управление сознанием. Практика *ямы, ниямы, дамы, самы, пратьяхары* и т. д. помогает управлять чувствами и, через них, сознанием.

Сознание наслаждается звуками, прикосновениями, образами, вкусом и запахом при помощи органов этих пяти чувств. Самое большое удовольствие доставляет осязание. Сексуальные удовольствия — это главная форма удовольствия, получаемого сознанием. Все к ним стремятся, жить без них не могут. После осязания идет вкус: приятная еда и напитки. Зрение наслаждается красивыми формами и образами. Орган нюха доставляет меньше неприятностей, чем язык. Если вы обуздаете орган вкуса, то другие органы также будут под вашим контролем.

Один ученик жалуется: «Я занимаюсь медитацией, и во мне открываются все новые и новые подсознательные слои порока. Иногда искушения так сильны и привлекательны, что я не знаю, как с ними справиться. Я еще не совсем утвердился в *брахмачарье* и в истине. Во мне все еще живы старые привычки лжи и похоти. Особенно беспокоит меня похоть. Сама мысль о женщине возбуждает мое сознание. Мое сознание столь чувствительно, что я не могу ни думать, ни слышать о женщинах. Как только появляются мысли о них, мой душевный покой разрушается и медитация прекращается. Я приказываю своему сознанию, угрожаю ему, упрашиваю его, но оно не поддается. Мое сознание отталкивает меня. Я не знаю, как справиться с этой страстью. Раздражительность, эгоизм, злоба, жадность, ненависть, пристрастия и прочее все еще живы во мне. Я изучил свое сознание и понял, что главным и самым сильным моим врагом является похоть. Прошу, помогите мне, будьте добры, научите меня, как от этого избавиться».

Сознание снова и снова будет пытаться атаковать вас изнутри. Оно очень коварно. Очень трудно раскрыть все его ухищрения и тайные планы. Это требует тонкого ума и постоянного внутреннего самоизучения и бдительного самонаблюдения. Как только у вас в сознании появляется образ женщины и дурные мысли, мысленно отстранитесь, повторяя *ОМ*. Постепенно грешные мысли исчезнут.

Тот, кто управляет сознанием, управляет также и *праной*. Сознание приводится в движение двумя вещами: вибрацией *праны* и *васанами* (тонкими желаниями). Если исчезает одна из этих вещей, вторая исчезает автоматически. Когда сознание поглощено, *прана* неподвижна. Если *прана* неподвижна, сознание также спокойно. Если *прана* и сознание не обузданы, органы чувств начинают активно выполнять свои функции.

Обычный человек совершенно не может управлять своим сознанием. Оно опустошает его, разрушает его, держит его в постоянном напряжении и беспокойстве, человек кипит и пузырится, переполненный эмоциями и импульсами. Сознание постоянно отвлекается на тысячи образов и объектов, беспокоящих или привлекающих его через органы чувств. Каждый орган чувств притягивает сознание к тому объекту, который доставляет ему наибольшее удовольствие. Уши увлекают сознание к звукам красивой музыки. Язык увлекает сознание к кофейням и чайным. Для соблюдения абсолютного целибата совершенно необходимо уметь управлять всеми чувствами. Сознанию нет ни минуты покоя. Заботы, беспокойства, различные страхи, болезни, обиды, ненависть, похоть, гнев и т. д. постоянно терзают сознание изнутри. Тот, кто может управлять своими мыслями, импульсами, эмоциями, настроениями, инстинктами, чувствами и т. д., становится настоящим императором императоров. Он — счастливейший из людей.

Разрушение *васан* (подспудных желаний)

Васана — это волна на озере сознания. Из-за нее человек останавливается на каких-либо объектах, привязывается к ним и начинает от них зависеть. Если бы не *васаны*, женщины бы не имели привлекательности для сознания мужчин.

Желание — это причина беспокойства сознания. Как только желание проявляет себя, происходит затопление сознания потоком чувств. Сознание не может успокоиться, пока не получит объект желания и не насладится им. Обычные люди не умеют бороться с желаниями и подавлять их, потому что у них слабая воля. Человек может на время подавить желание, но затем оно вновь появляется, как только для этого представляется возможность. Если же все желания тщательно искореняются, не будет восхищения, привязанности и влечения к внешним объектам.

Так же как в семенах скрыты цветы, в сознании обычного человека скрыты желания. Желания расцветают одно за другим, как цветы, появляются на поверхности сознания, генерируют мысли и возбуждение и заставляют человека добиваться получения объекта своих желаний и наслаждения им. Желания становятся причиной действий, а действия укрепляют желания. Это замкнутый круг. По пришествии познания Себя все желания полностью уничтожаются.

Желание пойти в театр или в кино — это нечистое желание. Желание почитать *«Бхагавад-Гиту»* или заняться духовной *садханой* — чисто! Поддерживайте чистые желания, тогда нечистые умрут сами собой. Острое желание познать Себя разрушит все прочие желания. Это поможет вам идти по пути познания своего Высшего «Я».

Каждый раз, когда желание возникает у вас в сознании, полагайтесь на свою способность разбираться в себе. Она подскажет вам, какое желание действительно является насущным, а какое — просто искушением, которое подсовывает вам ваше коварное сознание. Тогда вы поймете, что от желания нужно отказаться немедленно и заняться духовной *садханой*. Вы обратитесь за помощью к своей воле и тут же избавитесь от желания. Для ученика, занимающегося джняна-йогой, умение разбираться в себе и сила воли — два мощных вида оружия, помогающие уничтожить искушения и страсть.

Когда желание искоренено, возрастает сила воли. Если вы пять раз смогли обуздать желания, в шестой раз вам будет легче, поскольку у вас прибавится сил. Вы действительно ощутите это.

Это подавление желаний изнутри. Нужно также подавлять их и извне. Это делается при помощи обуздания чувств. Вы не должны позволять чувственным вибрациям проникать в сознание извне, через органы чувств. Недостаточно контролировать только сознание. Нужно также тренировать свои чувства, обуздывать их. Желание насладиться женщиной должно немедленно уничтожаться изнутри путем разрушения сексуального желания в сознании. Например, когда вы ходите по базару, вы должны обуздывать свой орган зрения — глаза, — когда ваш взгляд с вожделением останавливается на какой-либо женщине.

Сильное желание освобождения поможет вам противостоять мирским желаниям, подсознательным желаниям и страстям. Покончите со всеми желаниями при помощи мощного желания познать Бога. По большому счету, вам затем придется избавляться и от желания познать Бога. Этот процесс напоминает то, как вы выбиваете один клин другим и затем отбрасываете оба клина в сторону. Это довольно простой метод.

В большинстве людей сексуальное желание очень сильно. У некоторых оно приходит время от времени и быстро проходит. В сознании происходит простой процесс возбуждения. При помощи правильной духовной *садханы* от этого также можно полностью избавиться.

Стремления — это семена, из которых вырастают новые рождения. Из них вырастают действия. Стремления, страстные желания поддерживают вращение колеса смертей и рождений. Стремления приводят сознание в возбуждение и становятся очень страстными. Мудрец Валмики говорит в книге *«Йога Васиштха»*: «Можно выпить океан, можно глотать огонь, можно поднять все гималайские вершины на ладони своей руки, но очень трудно уничтожить желания». Для человека терпеливого, настойчивого и видящего свою цель, однако, это легко. Этого можно достичь в мгновение ока. Задушите страсти в зародыше. Искорените их при помощи правильной *садханы*. Отыщите все корни желаний в сознании и сожгите их, чтобы они не могли возродиться.

Воображение работает за счет воспоминаний, склонностей и желаний. Воображение ведет к привязанности. Вместе с воображением появляются эмоции и импульсы, которые идут рука об руку. После этого наступает половое возбуждение — страстное желание и ощущение жжения в сознании и теле. Амур держит в руках лук, украшенный цветами, и стрелы привлекательности, подчинения, опьянения, влечения и сожжения. Если вы с самого начала уничтожите влечение, вам не придется сгорать дотла от пагубной страсти. Раздражение и жжение впитывается из сознания в физическое тело, как вода впитывается в песок. Если вы бдительны, вы можете избавиться от дурного воображения и предотвратить нависшую опасность. Даже если вы позволили вору (воображению) проникнуть через первые ворота, задержите его у вторых, когда появится сексуальное возбуждение. Вы можете легко предотвратить попадание сильных сексуальных импульсов непосредственно в сам орган. При помощи методов хатха-йоги и *пранаямы* переведите сексуальную энергию вверх, к мозгу. Переключитесь. Сконцентрируйтесь и повторяйте *ОМ* или другую *мантру*. Молитесь. Медитируйте.

Если вам, несмотря на все это, по-прежнему трудно сдержать свои порывы, немедленно начните искать сатсанг (общества мудрых людей) и не оставайтесь в одиночестве. Если внезапно возникший сильный импульс передается соответствующему органу, вы слепнете и забываете обо всем. Вы становитесь жертвой похоти. Позднее вы будете в этом раскаиваться.

Значение *сатсанга*(общения со святыми мудрецами, йогами, *санньясинами* и *махатмами*) невозможно переоценить. Сила и величие *сатсанга* описаны в *«Бхагаватам»*, *«Рамаяне»* и других священных книгах. Шанкара говорил: «Человек достигает бесстрастности, общаясь с мудрецами. Становясь бесстрастным, он освобождается от иллюзий. Освобождаясь от иллюзий, он уравновешивает и укрепляет сознание. Когда сознание поглощается, человек достигает освобождения».

Даже недолгое общение с мудрыми людьми помогает преодолеть мирские пороки. Магнетическая аура, духовные вибрации и мощные потоки мыслей духовных людей оказывают огромное влияние на умы людей, отягощенных мирскими заботами. Для мирянина личное общение с *махатмой* — небесное благо. Служение святым очищает сознание. *Сатсанг* поднимает сознание к сияющим высотам. Так же как огонек единственной спички в мгновение ока может испепелить огромный тюк хлопка, общение со святыми быстро сжигает невежество, страсти, дурные мысли и поступки.

Если в вашей местности вы не можете найти *сатсанг*, посетите места паломничества — такие, как Ришикеш, Варанаси, Хардвар и т. д. Изучение книг, написанных просветленными людьми, равносильно *сатсангу*. *Сатсанг* — это единственное средство, которое поможет вам зажечь огонь желания достичь настоящего освобождения.

Страсть — это инстинктивная нужда во внешнем проявлении себя, в самосохранении и продолжении рода. Это разрушительная сила, прямо противоположная силе, которая движет вас к единству бытия.

Обуздание страстей — это основа правды. Самоотречение, отказ от потакания своим желаниям и жадности — это есть правда. Правда — это вечная жизнь и существование. Неправда — это превращения, гниение и смерть.

Самоконтроль — это управление инстинктами, которые пытаются увести человека от правды. Самоконтроль — это универсальное правило, которое справедливо для всех условий, людей, места и времени. Это ключ к красоте. Привязанность к внешним объектам — свидетельство того, что человек не смог отличить правду от лжи. Желание иметь контакт с внешними объектами и наслаждаться ими — это результат незнания правды, а значит, незнания Бога.

Борясь со страстями, будьте внимательны. Даже Брахма, Создатель, не знает точно, где находятся страсти. В *«Бхагавад-Гите»* указывается, что чувства, сознание и нижние буддхи являются вместилищем страсти. Можно сказать, что вместилищем страсти является все тело, так как желание присутствует во всем: в сознании, в теле, в чувствах. Каждая клетка, атом, молекула, каждый электрон заряжены страстью. В океане страсти есть водовороты, подводные течения и встречные течения, в нем плавают аллигаторы желаний. Вы должны полностью уничтожить страсть, всюду, где она есть.

Концентрация на объекте чувств приносит больше вреда внутренней духовной жизни, чем удовлетворения этих чувств. Если сознание не очищено *садханой*, только умерщвление внешних чувств не даст желаемого эффекта. Пусть внешние чувства будут мертвы, но их внутренние корни, сильные и полные энергии, возьмут реванш и наводнят сознание беспокойством и картинами необузданного воображения.

Как победить похоть

Легко приручить тигра, льва или слона, можно легко заставить кобру танцевать, можно ходить по углям, можно вырвать с корнем Гималаи, легко победить в ратной битве — но очень трудно искоренить похоть. Однако отчаиваться вовсе не стоит. Верьте в Бога, в Его имя и Его милость. Одних лишь усилий самого человека недостаточно. Похоть можно полностью искоренить из сознания только с Божьей помощью. Если вы верите в Него, вы обречены на успех. Вы сможете разрушить похоть в мгновение ока. Бог возвращает речь немому и помогает хромому взобраться на крутой склон. Нужна лишь божественная милость. Бог помогает тем, кто сам себе помогает. Если вы полностью отрекаетесь от себя, Мать Природа сама выполняет за вас *садхану*.

Страстный холостяк постоянно думает: «Когда же я смогу сойтись с молодой женою?» Бесстрастный глава семьи, который начинает понимать, что к чему, думает: «Когда же я смогу освободиться из когтей моей жены и уйти в леса, чтобы предаться созерцанию великого Атмана?» Подумайте над этими примерами.

На свою мать и сестру вы смотрите без похоти, хотя они, возможно, красивы. Вы смотрите на них с чистой любовью. У вас не возникает непристойных мыслей. Вам нужно научиться так же смотреть и на других женщин. Если вы смотрите на женщину с похотью, это равносильно совершению полового акта с ней. Вот почему

Иисус говорил: «Если ты смотришь на женщину с похотью, то ты уже совершил в душе прелюбодеяние».

Когда вы находитесь в обществе женщин, постарайтесь отождествить себя со своей бесполой, вездесущей душой. Постоянно пытайтесь так поступать. Постепенно мысли о сексе уйдут, а вместе с ними уйдет влечение и похоть. Не пытайтесь убежать от женщин. Попытайтесь увидеть Себя во всех живых формах и помните, что у Атмана нет пола. Внутреннее повторение этой мысли придаст вам сил.

Для ученого женщина — это набор атомов, для тигра — добыча, для страстного мужчины — объект наслаждения, для человека бесстрастного и разумного это комбинация плоти, костей, мочи, фекалий, гноя, пота, крови, слизи и т. д., для настоящего *джняни* «Все есть Брахман и только Он». Имена и формы — это лишь продукты деятельности сознания, вот так же можно представить, что веревка — это змея.

Вы должны постараться провести грань между своей настоящей сущностью и нечистым, нереальным телом. Вы должны победить свое сознание, выковать его, показать ему недостатки половой жизни, такие, как потеря энергии, истощение нервов, болезни, рождения и смерти, привязанности и страдания и т. д., рассказать о составляющих тела: плоти, костях, экскрементах, гное, слизи и т. д. Вы должны всегда думать о чистом, бессмертном Атмане и величии духовной жизни, о достижении бессмертия, вечного блаженства и высшего покоя. Постепенно сознание перестанет притягиваться к противоположному полу, какими бы прекрасными ни казались его представительницы. Сознание не позволит себе думать о них с похотью. Все вышеописанное относится и к женщинам, это поможет им сберечь чистоту.

Если вы четко осознаете серьезность ущерба, который наносит порочная жизнь, и твердо решите достичь главной цели в жизни, живя чистой и непорочной жизнью, вы должны постоянно занимать свое сознание божественными мыслями, концентрацией, медитацией, изучением религиозных книг и служением человечеству, заниматься работой в саду или другой полезной деятельностью, избегать дурных компаний, кинотеатров и галерей.

Вы можете прекратить заниматься сексом на месяцы и годы, но главное — это отсутствие сексуальных желаний и влечения к противоположному полу. Когда вы смотрите на представителей противоположного пола или общаетесь с ними, у вас не должно возникать непристойных мыслей. Если вы в этом преуспеете, вы утвердитесь в абсолютной *брахмачарье*. Вы выйдете из опасной зоны. Во взглядах на противоположный пол нет опасности, если они целомудренны. Если вы смотрите на молодую женщину, вы можете внутренне сказать: «Преклоняюсь перед Тобою, о Матерь. Ты — образ и проявление Матери Кали. Не искушай меня. Не мани меня. Теперь я понял секрет *майи* и ее творения. Кто создал эти формы? За всеми этими именами и формами стоит вездесущий и всемилостивый Творец. Все это — лживая и тленная красота. Творец, Бог — вот истинная, совершенная красота. Он — неисчерпаемый источник красоты. Дай мне понять эту красоту путем занятий медитацией».

Вы должны культивировать в себе чувства любви, восхищения и священного страха, когда смотрите на привлекающую вас женщину, помня, что она — лишь одно из проявлений Создателя. Тогда вы не будете испытывать искушения. Если вы изучаете *веданту*, думайте и чувствуйте так: «Все есть лишь Самость. Имена и формы призрачны. Они не могут существовать вне Самости».

Познание Самости (Высшего «Я») само по себе поможет уничтожить сексуальные желания и стремления. У Брахмана нет ни пола, ни сексуальных желаний. Брахман абсолютно и бесконечно чист. Постоянно думая о бесполом Атмане, вы утвердитесь в *брахмачарье*. Это самый мощный и эффективный метод. Это самая лучшая *садхана* для тех, кто умеет докапываться до сути вещей и знает, как это делать. Для всех остальных занятия йогой, медитацией и т. д. помогут сильно истощить сексуальные желания.

«Объекты чувств отворачиваются от того, кто ими не питается, но влечение к ним остается. Для узревшего Высшее даже это влечение прекращается», — утверждает *«Бхагавад-Гита» (II:59)**.

Только те, кто далеко продвинулся на пути изучения джняна-йоги, могут полагаться только на метод *Брахма-вичары* (вопрошания о Брахмане) для того, чтобы разрушить похоть. Для большинства людей подходит комбинированный метод, как наиболее здоровый и разумный. Когда враг очень силен, его уничтожают всеми видами оружия. Для уничтожения этого мощного врага — страсти — совершенно необходима комбинация всех средств.

Асаны, мудры и т. д. могут хорошо подействовать на физическое тело. Также полезны холодные омовения области таза. Это тоже физический метод. *Пранаяма* подействует на *пранаяма-кошу* (жизненную оболочку). Это витальный метод (основанный на использовании жизненной силы). Посты, *пратьяхара* (подавление чувств), контроль над органами чувств, обет молчания, диета и т. д. очистят чувства. *Джапа* (повторение имени Господа), *дхьяна* (медитация), *свадхьяя* (изучение священных книг), *сатсанг* (общение со святыми), *вичара* (вопрошение) и т. д. очистят сознание. Не думайте о женщинах. Не смотрите на них. Заменяйте сексуально окрашенные мысли возвышенными божественными мыслями. Это ментальный метод. Здоровое сочетание физического, витального и ментального методов совершенно необходимо.

Брахмачарья, или чистота, может быть достигнута только при условии, что вы будете все время упорно бороться. Ее не достигнешь за день или за неделю. Ваш самый влиятельный друг — имя Господа. Оно искоренит самые корни похоти. Поэтому постоянно повторяйте и пойте *Рам, Рам, Рам*. Вашим идеалом должен стать самоконтроль. Он дает вам огромную духовную силу.

Вы не должны довольствоваться малым, гордиться скромными успехами на пути к *брахмачарье*. Если вы думаете, что всего добились, вы ошибаетесь. Вы не выдержите испытания. Вы должны постоянно сознавать свои недостатки и пытаться от них избавиться. Необходимо прилагать максимум усилий. Только тогда вы будете уверенно продвигаться к успеху.

Посты и целибат

Голодание усмиряет страсть. Оно успокаивает эмоции. Оно также управляет чувствами. Голодание — это великий тапас. Оно очищает сознание. Оно уничтожает великое множество грехов.

---

* Перевод Ведического Университета Махариши.

Обжора может и не мечтать о том, чтобы стать *брахмачари*. Контроль аппетита абсолютно необходим для подавления похоти. Аппетит нужно обуздать сразу же. Тогда вам будет легко справиться со страстями.

Между языком и репродуктивным (половым) органом существует тесная связь. Язык — это орган знания. Половой орган — это орган действия. Он рождается из активной, динамичной части стихии воды. Эти органы родственны, так как у них один и тот же источник возникновения. Если язык стимулируется возбуждающей едой, половой орган тоже возбуждается. Диета должна быть избирательной и скромной. Еда должна быть простой, мягкой, не острой, не раздражающей и не возбуждающей. Умеренность в еде совершенно необходима. Набивать желудок очень опасно. Фрукты очень полезны. Есть нужно только тогда, когда вы по-настоящему голодны. Когда вы голодаете, не позволяйте своему сознанию представлять себе всякие деликатесы, в противном случае особой пользы от этого не будет. Диетические ограничения и голодание — сильные средства, помогающие обуздать плотоядное сознание и сохранить целибат. Ни в коем случае вы не должны пренебрегать ими или относиться к ним снисходительно. Молодой, физически крепкий *брахмачари* должен прибегать к голоданию каждый раз, когда приступы страсти беспокоят его.

Вы не должны обманываться и думать, что, немного изменив свою диету, позанимавшись немного *пранаямой* и *джапой*, вы полностью искоренили похоть и вам больше не к чему стремиться. Искушение может возобладать над вами в любой момент. Вам нужна постоянная бдительность и упорная *садхана*. Вы не достигнете *брахмачарьи*, экономя свои силы.

Целибат в активной жизни

Невежественные люди являются игрушками в руках своих прихотей и *кармы*. Они мало-помалу могут становиться сильнее, постигая свою суть, занимаясь духовной *садханой* и устраняя желания и эгоизм.

Наш мир — это сумма двух слагаемых: секса и эго. Эго — это главное. Это основа. Секс связан с эго. Если эго разрушается путем исследования своей сущности, мысли о сексе уходят сами собой. Человек, хозяин своей судьбы, утратил все свое величие и стал рабом секса и эго благодаря своему невежеству. Секс и эго — продукты незнания. Заря познания Себя уничтожает этих двух врагов Атмана, двух разбойников, грабящих этого маленького, невежественного, фальшивого дживу, это иллюзорное «я».

Целибат не грозит возникновением каких-либо болезней или нежелательных осложнений, вроде различных комплексов, о которых так любят рассуждать западные психологи, не имеющие настоящего знания предмета. Они основываются на ложных представлениях о том, что нереализованная сексуальная энергия проявляет себя под маской различных комплексов, таких, как боязнь прикосновения и т. д. Эти комплексы возникают по другим причинам. Их основой является болезненное состояние сознания, возникающее из-за избытка зависти, ревности, ненависти, злобы, беспокойства и депрессии, вызванного различными причинами.

Наоборот, даже небольшое воздержание, самоограничение отлично приводит в чувство. Оно дает внутреннюю силу и душевный покой. Оно ободряет, тонизирует нервы и сознание. Оно помогает сохранять физическую и умственную энергию.

Оно укрепляет память, силу воли и мыслительные способности. Оно дает огромный заряд бодрости и силы, освежает организм, обновляет клетки и ткани, помогает пищеварению, дает силы бороться с трудностями в ежедневных жизненных ситуациях.

Секс-сублимация вам абсолютно подвластна! Если вы понимаете это, ваша дорога будет прямой, легкой и гладкой, она будет такой, если вы приложите старание, будете терпеливы, настойчивы, упорны и сильны духом, если вы будете усмирять свои чувства, правильно себя вести, культивировать праведные мысли и совершать добродетельные поступки, регулярно заниматься медитацией, самовнушением и вопрошением: «Кто Я?» Атман не имеет формы. Почувствуйте это. Может ли быть хоть частица грязи или похоти в вечном, чистом Атмане?

Мораль — понятие относительное. Человек, который круглый год соблюдает целибат, но раз в два или три года имеет женщину, более морален, чем тот, кто ежедневно страстно сходится со своей законной женой. Человек, который постоянно занят мыслями о сексе, — самый аморальный из людей. Но невежественные, глупые миряне судят о морали со своей точки зрения и смотрят лишь на внешние проявления, а не на внутренние процессы.

Если вы не можете контролировать свои похотливые мысли, усмиряйте хотя бы плоть. Энергично выполняйте *садхану*. Придет время — и вы освободитесь от порочных мыслей. Для вас это тяжелая битва, но вам нужно в ней победить, друзья мои, если вы хотите прийти к вечному покою и бессмертию.

Если вы слабы, дайте обет воздержания на месяц, а затем продлите его до трех месяцев. За это время вы накопите силы. Вы сможете продлить этот срок до шести месяцев. Постепенно вы сможете продлить воздержание и до года, и до трех лет. Спите отдельно от жены и усердно делайте *джапу*, *киртан* и ежедневно медитируйте. Вы возненавидите похоть. Вы ощутите свободу и огромную радость. Ваша жена также должна ежедневно заниматься *джапой*, киртаном и медитацией.

Подавление сексуальных желаний не особенно помогает. Желания возникнут с удвоенной силой, как только возникнет такая возможность, если ваша воля ослабнет, бесстрастность отступит, если вы дадите себе послабление в *садхане* и медитации, если вы заболеете. Сексуальная энергия должна превращаться в духовную (*оджас-шакти*) посредством *джапы* и медитации, благодаря молитвам и изучению священных книг, *пранаяме*, *асанам* и т. д. Вы должны иметь жгучее желание освободиться и посвятить себя достижению этой цели. Вы должны постоянно медитировать на чистом, бессмертном, бесполом, бестелесном, бесстрастном Атмане. Только так вы уничтожите сексуальные желания.

Целибат для женщин

Когда-то в Индии были *брахмачарини*. Они не желали вести жизнь домашних хозяек. Они прислуживали *риши* и мудрецам в их отшельнических хижинах и вопрошали о природе Брахмана.

Сулабха была очень образованной женщиной. Она была рождена в царской семье. Она была незамужней женщиной, посвятившей себя освобождению души и соблюдавшей аскетический образ жизни. Она была тверда в соблюдении выбранного ею образа жизни и верна данным ею клятвам и обетам. Она никогда не говорила ни слова, не подумав прежде о его смысле, она жила как *санньясини*. Она явилась ко двору Джанаки и вела с ним долгий спор о науке Высшего «Я».

Гагри также сохраняла целибат. Она тоже была образованной и культурной женщиной и имела продолжительную дискуссию с Яджнявалкьей о науке познания Высшего «Я». Их диалог описан в *«Брихадараньяка-упанишаде»*.

В Европе также было множество женщин, посвятивших себя воздержанию, усмирению плоти, молитве и служению Богу. У них были собственные места уединения. Даже сегодня в Индии есть много образованных женщин, соблюдающих целибат. Они не хотят выходить замуж. Этим они обязаны правильно прожитой предыдущей жизни. Эти женщины дают правильное воспитание своим маленьким ученицам в школах. Они дают им бесплатные частные уроки, обучают их шить и выполнять другую работу по дому. Они изучают религиозные книги и занимаются медитацией по утрам и вечерам. Они ведут духовные дневники. Они дают уроки *сатсанга* и *киртана*. Они обучают женщин *асанам* и *пранаяме*. Они помогают изучать *«Бхагавад-Гиту»* и *«Упанишады»*. Они читают лекции на религиозные темы на английском языке, хинди и санскрите. Во время рождественских, пасхальных праздников и прочих важных событий они проводят массовые религиозные конференции, нацеленные на духовное пробуждение народа. Иногда они ездят по деревням и бесплатно раздают лекарства. Они умеют оказывать первую помощь, владеют секретами гомеопатии, аллопатии и фармацевтики. Они обучены уходу за больными.

Такие девушки и женщины — настоящее благо для Индии. Они ведут чистую жизнь, жертвенную жизнь. Они наслаждаются блаженством и процветанием, они славятся по всей стране, они достигнут вечного душевного покоя.

Мир очень сильно нуждается в подобных идеальных женщинах. Я хотел бы, чтобы в мире было больше таких женщин. Я не испытываю ненависти или неприязни к женщинам. Я не против того, чтобы они были свободны и образованны. Я испытываю к женщинам глубочайшее почтение, я люблю их как *дэви* (богинь), но я против тех свобод, которые разрушают женщин. Я за такое образование и культуру, которые сделают их бессмертными и славными, которые сделают их идеальными женщинами, подобными Сулабхе, Мире, Савитри и Дамаянти.

Женщины не должны делать ничего такого, что может навлечь на них и их семьи бесчестие и позор, что может запятнать их личность. Женщина или мужчина, не имеющие личности, характера, являются живыми мертвецами. Женщины должны быть очень осторожны, входя в общество. Они должны избегать слишком оживленных бесед, чрезмерно частого общения, шуток и хихиканья. Их походка всегда должна быть величавой и полной достоинства, они не должны вилять бедрами при ходьбе. Они никогда не должны кокетничать с мужчинами. Одежда не должна быть слишком обнажающей или обтягивающей.

Беспорядочная жизнь не есть свобода. Многие женщины в Индии разрушили себя этой фальшивой свободой. Что для женщины означает потеря чистоты? Если она не чиста, она становится просто живым трупом, пусть даже она купается в богатстве и вращается в высших слоях общества. Беспорядочные связи имеют катастрофические последствия. Темные силы могут овладеть даже *риши* и йогами, одетыми в лохмотья и живущими в уединении, если те потеряют бдительность. Что же тогда говорить о женщинах, которые ежедневно питаются изысканными ствами и сладостями, которые одеты в надушенные одежды из бархата и шелка с кружевами, которые слишком часто вращаются в обществе и не умеют контролировать себя, которые не имели религиозного воспитания и не знают ничего о внутренней духовной жизни и освобождении.

Целибат для женатых мужчин

Мужчина вполне может соблюдать целибат, оставаясь в миру и несмотря на многочисленные искушения и соблазны. В прежние времена многие этого добивались. Да и сейчас есть много таких людей. Дисциплинированная жизнь, изучение религиозных книг, *сатсанг*, *джапа*, медитация, *пранаяма*, чистая и умеренная диета, ежедневное самосозерцание и самоизучение, самоанализ и самосовершенствование, правильное поведение, этическая и моральная дисциплина, простота мысли и слова в их соответствии с учением семнадцатой главы *«Бхагавад-Гиты»* — всеми этими занятиями и вещами вымощена долгая дорога к достижению конечной цели. Люди живут неправедной, неправильной, неумеренной, недисциплинированной жизнью, не имея веры и поэтому они не могут достичь главной цели в жизни. Так же как слон осыпает свою голову песком, люди осыпают себя неприятностями и проблемами благодаря собственной глупости.

Если мужчина соблюдает целибат даже будучи главой семьи и совокупляется только изредка и только с целью продолжения рода, он сможет стать отцом здоровых, умных, сильных, красивых, готовых к самопожертвованию детей. Аскеты и мудрецы, жившие в древней Индии, соблюдали в браке это золотое правило с этой же целью, а также для того, чтобы подавать людям пример того, как можно оставаться *брахмачари*, даже будучи женатым человеком.

Вам нужно приучить и свою жену к изучению *«Бхагавад-Гиты»*, *«Упанишад»*, *«Бхагаватам»* и *«Рамаяны»*, к постам, диете и т. д.

Когда у вас рождается сын, ваша жена становится вашей матерью, поскольку вы сами рождаетесь вместе с этим сыном. Измените к ней свое отношение. Служите ей, как Вселенской Матери. Начните духовную практику. Уничтожьте страсть. Каждое утро, встав с постели, простирайтесь у ее ног, касайтесь ее ступней и воздавайте ей почтение, как Вселенской Матери. Не стыдитесь этого. Это уничтожит мысли о ней, как о «жене». Если вы не можете простираться у ее ног физически, оказывайте ей почтение хотя бы внутренне.

Те жаждущие познания ученики, вступающие на путь духовности, которые женаты и перешли рубеж 50 лет, должны оставить всякие половые отношения с женой. Они должны соблюдать абсолютную *брахмачарью*, если хотят освободиться уже в этой жизни.

Этап обучения

Брахмачарья, в соответствии с индуистской традицией, — это первый из четырех этапов жизни. Эти этапы — *брахмачарья*, или этап обучения, *грихастха*, или жизнь в браке, *ванапрастха*, или жизнь отшельника, и *санньяса*, или этап самоотречения.

У каждого этапа свои правила. Ни в одном из них человек не посягает на особенности, присущие трем другим этапам. В настоящие дни этих древних правил придерживаться очень трудно, поскольку с тех пор условия жизни сильно изменились.

Брахмачари должен изучать религиозные книги до достижения им возраста 25 лет. Если он дал пожизненный обет безбрачия, ему не нужно проходить этап женатой жизни. Он может посвятить всю свою жизнь духовным исканиям. Он должен обладать большой бесстрастностью и умением разбираться в себе. Только тогда он получит реальную пользу от своего образа жизни.

Если человек не желает пожизненной *брахмачарьи*, то после окончании своего обучения он переходит в разряд женатых мужчин, когда почувствует, что готов исполнять обязанности главы семьи.

Из всех этапов жизни этап жизни в браке является наивысшим, поскольку он поддерживает собой остальные три. На этом этапе жизни человек может помочь *брахмачари*, *ванапрастхи* и *санньясину*. (Если человек живет правильной жизнью, будучи главой семьи, ему нет нужды становиться *санньясином*. Многие *санньясины* потерпели неудачи в семейной жизни и поэтому были вынуждены принять *санньясу*.) Живя такой жизнью, со всеми ее правилами и обязанностями, он является религиозным, духовным человеком.

Итак, будучи главой семьи, человек должен помогать *санньясинам* и беднякам, ухаживать за больными. Он должен культивировать в себе эти добродетели. Десятую часть своего дохода он должен жертвовать беднякам. Таким образом человек может расти духовно и постигать Бога в своем собственном доме.

Экнатх и Гуру Нанак были домохозяевами. Господь Рама и Господь Кришна были женаты. Таким образом, брак не является помехой духовности и познанию Бога. Ваша жизнь должна быть наполнена отстраненностью, молитвой, поклонением, медитацией, познанием, желанием учиться и самоотречением. Не думайте, что, мол, «когда-нибудь, в старости, я приду в Хардвар и буду делать *садхану*». Начать духовный поиск нужно прямо сейчас. Пока вы молоды, ваше сознание податливо. В нем легко формируются хорошие привычки. Немного медитации, немного *джапы*, немного *пранаямы*, немного *асан* — все это поможет вам постепенно прийти к осознанию Бога.

Жизнь женатого человека полна возможностей выработать многочисленные добродетели: милосердие, любовь, щедрость, терпение, терпимость, чистоту, благоразумие и рассудительность. Основная мысль учения *«Бхагавад-Гиты»* и *«Йога Васиштхи»* состоит в том, что познание Высшего «Я» должно происходить в миру и при его помощи.

Если муж спит с женой только для продолжения рода, а не для чувственного удовлетворения, он может называться *брахмачари*.

После того как пройден этап семейной жизни, например после того, как вырос и встал на ноги сын, человек может стать *ванапрастхи* — один или вместе с женой. Он не должен оставаться в доме до конца своих дней. Если он так останется, его будут всячески заботить и притягивать собственные дети. Если *ванапрастхи* хочет принять *санньясу*, он может это сделать. *Ванапрастха* — это лишь подготовительный этап для *санньясы*.

Трудно описать, сколь славен и свободен *санньясин*. Только он может избавиться от всех привязанностей. У других людей всегда остаются тонкие ниточки, привязывающие их к чему-то или кому-то. Когда человек принимает *санньясу*, он умирает для членов своей семьи. В противном случае они постоянно будут чего-либо от него желать или требовать. В сознании и его самого, и членов его семьи останутся тонкие связи. А этого может оказаться достаточно, чтобы затянуть человека обратно в круговорот смертей и рождений.

Правила для *брахмачари*

В индийских *ашрамах* словом *брахмачарья* также обозначается этап, предшествующий *санньясе*.

Брахмачари должен избегать похотливых взглядов на противоположный пол. Он не должен играть, шутить или разговаривать с женщинами. Он должен абсолютно воздерживаться от половых сношений. Нарушив одно из этих правил, он нарушает обет *брахмачарьи*.

Когда идете по дороге, не оглядывайтесь по сторонам, как обезьяна. При ходьбе смотрите на кончики ваших ступней или на землю и будьте серьезны. Это очень помогает в сохранении *брахмачарьи*. Вы можете также смотреть на кончик своего носа.

Если у вас возникли мысли о женщинах, представьте себе божество, которому вы поклоняетесь. Энергично повторяйте *мантры*. Если в вашем сознании возникает сексуальное возбуждение, когда вы видите брачные игры зверей или птиц или обнаженное женское тело, значит, похоть все еще таится в вашем сознании. Некоторые люди столь страстны и слабы, что от одних мыслей о женщинах, не говсря уже о лицезрении или прикосновении, у них может произойти эякуляция. Печальна их доля!

Вы должны относиться к женщинам как к воплощениям Вселенской Матери. Вы должны любить их. В противном случае вы возненавидите женщин и не сможете испытывать космическую любовь. Это совет для тех, кто только начинает чувствовать, что все на свете есть Высшая Сущность. Это поможет им уничтожить похоть. Это дисциплинирует сознание. Космическая любовь — это огромная объединяющая сила. Поэтому вы должны ее культивировать при помощи самоотверженного служения, любовного отношения ко всем живым существам на земле.

Выработать такое отношение к женщинам как к матерям и сестрам, очень трудно. Вы можете сто раз потерпеть в этом неудачу. Это ничего. Будьте настойчивы. В конце концов вы обязательно добьетесь своего. Вам потребуется разрушить старое сознание и построить новое. Вам придется это сделать, если вы хотите достичь вечного покоя и блаженства. Если вы тверды как камень в своих намерениях и усердны в занятиях, вы непременно преуспеете. Со временем это станет заметно. И вскоре вы утвердитесь на своих позициях.

После того как вы выковали свой характер и полностью утвердились в целибате, вы можете испытать свои силы недолгим и осторожным общением с противоположным полом. Если ваше сознание очистилось, у вас не возникнет мыслей о сексе, если сознание стало неподвижным, благодаря вашему отречению от желаний, чистоте и самоконтролю, значит, вы обрели настоящую духовную силу. Вы в безопасности. Но вы не должны прекращать *садхану*, думая, что стали повелителем всех чувств. Если вы остановитесь, вы можете оступиться и упасть. Даже если вы — *дживанмукта* и сильный йог, вы должны быть очень осторожны в общении с мирянами.

Если порочные мысли всплывают из вашего подсознания и со страшной силой обрушиваются на ваше сознание, не пытайтесь противостоять им. Повторяйте свою *мантру*.

Страсть подчинится, сойдет на нет, если вы будете делать *джапу* и медитировать. Не пытайтесь бежать от женщин. Тогда *майя* будет вас отчаянно преследовать. Постарайтесь увидеть во всех формах свое Высшее «Я».

Вы должны понимать то, как работают сексуальные импульсы. Если у вас чесотка, вам приятно чесаться. Сексуальные импульсы можно сравнить с нервной чесоткой. Удовлетворение этих импульсов дает ложное чувство удовлетворения, но разрушительно действует на духовное здоровье.

Вам нужно пожить какое-то время в изоляции от общества, там где есть чистый, бодрящий воздух, покой и радость. Живите рядом с духовными людьми и прекратите читать книги, за исключением духовной литературы. Прекратите ходить в кино, если у вас была такая привычка. Не читайте журналов, возбуждающих ваши низменные инстинкты. Не общайтесь с теми, кто любит рассказывать о раздражающих вас вещах и нарушает ваше душевное равновесие.

Причина всех сексуальных влечений — отсутствие духовной *садханы*. Теоретическое воздержание от проявлений чувственности не принесет вам пользы. Вы должны безжалостно искоренять все формальности общественной жизни и вести благочестивую жизнь, свободную от забот физического существования. Потакание своим внутренним низменным инстинктам приведет вас в страну страданий. Бесполезно искать отговорки. Вы должны быть искренни в своем намерении вести возвышенную, духовную жизнь. Половинчатость решений, нерешительность оставят вас в том же достойном сожалений состоянии.

Если вы страдаете от сперматореи, соблюдайте правила праведной жизни. Всегда помните о Боге. Один день в неделю голодайте, пейте только разбавленный сок лимона или апельсина. В течение недели ешьте только фрукты и пейте молоко один раз в день, перед наступлением темноты. На следующий день пообедайте как обычно. Во время диеты ставьте себе клизмы. Сократите время сна. Спите на левом боку. Не спите на спине или на животе. Вставайте в 4 часа утра и занимайтесь духовной *садханой*. Тщательно избегайте всего, что могло бы вас возбудить. Полное исцеление может наступить через месяц или через полгода, в зависимости от серьезности заболевания. Если болезнь запущена, лечение может продлиться долго, поскольку природные процессы протекают медленно (но уверенно). Каждый раз, когда вас преследуют мысли о сексе, вы должны заменять их божественными мыслями.

Не обращайте внимания на очень редкие поллюции. При запорах очень помогают клизмы. Слабительные не так хороши, поскольку от них повышается температура тела. Перед тем как ложиться спать, справляйте нужду. Всегда надевайте на ночь поддерживающую набедренную повязку или трусы.

Следующие правила одинаково важны для тех, кто страдает от ночных поллюций и сперматореи, и для тех, кто стал жертвой привычек, снижающих жизненную силу:

1. Не сидите в одиночестве. Ищите общества других людей.
2. Энергично занимайтесь *джапой* и *киртаном*.
3. Несколько раз очень громко пропойте *ОМ*.
4. Устраивайте спринтерские забеги.

5. Вопрошайте: «В ком возникает это желание?» Не отождествляйте себя со своим телом и сознанием.
6. Утверждайтесь в своей высшей природе. Вы — Душа Атмана. Сознание — это ваша прислуга. Смотрите на его работу со стороны.
7. Молитесь Богу. Пойте Ему возвышенные гимны.
8. Чувствуйте присутствие Бога внутри вас.
9. Займитесь изучением религиозных текстов, возвышающих душу. Это даст вам силы и убережет от падения.
10. Оставьте дурные компании, болтовню, театры, кино и романы. Не общайтесь с представителями противоположного пола, кроме как по крайней необходимости, в этих случаях внутренне обращайтесь к ним, как к своей матери, глядите им под ноги и говорите как можно меньше и будьте чисты в своих намерениях.
11. Уменьшите свои потребности. Не смотритесь в зеркало слишком часто. Живите строгой, дисциплинированной жизнью.
12. Не катайтесь слишком часто на велосипеде.
13. Искорените в себе любовь к отдыху и комфорту. Преодолейте лень и всегда занимайтесь какой-либо полезной работой. Пусть ваше сознание всегда будет занято изучением духовной литературы или еще чем-либо полезным. Не позволяйте себе иметь время для наслаждения своим бездействием.
14. Пусть выполняемая вами работа станет для вас источником радости. Находите удовольствие в том, что вы делаете. Ваша деятельность не должна быть вынужденной. От такой работы сознание отворачивается и переключается, в поисках удовольствия, на другие объекты. Вы должны работать беззаботно и радостно, чтобы не дать сознанию возможности переключиться на что-либо нечистое, порочное. Работайте ради Господа. Тогда всякая работа становится интересной. Займитесь тяжелым физическим трудом, но не истощайте себя. Превратите свою работу в хобби. Тогда вы сможете заниматься ею без тревоги и беспокойства.
15. Делайте *асаны* (особенно *ширшасану, сарвангасану* и *сиддхасану*), занимайтесь глубоким дыханием и *бхастрика-пранаямой*, подолгу гуляйте, занимайтесь спортом.
16. Постоянно совершайте омовения холодной водой. Не пользуйтесь парфюмерией, не носите модной одежды. Не ходите на танцы и музыкальные вечеринки. Не пойте. Вы можете иногда принимать участие в пении, но не старайтесь выделяться, показывать свои музыкальные способности.
17. Бросьте курить, пить и есть мясо, рыбу и птицу.
18. Бросьте пить чай, кофе, употреблять слишком много соли, перца и сахара. Время от времени (раз в неделю) голодайте. В этот день не пейте даже воды. В молоко всегда добавляйте имбирь.
19. Избегайте лакомств, деликатесов, соусов, острых и пряных блюд и сладких пирожных.
20. Не смотрите на брачные игры и совокупление животных, птиц и т. д.

Слабость уйдет. Не тревожьтесь из-за нее и не впадайте в беспокойство или депрессию. Беспокойство только еще больше ослабит вас. Извлекайте из прошлого уроки и делайте выводы. Не сожалейте о прошлых ошибках, это ослабит вас. Поменяйте угол зрения. Вопрошайте о сути вещей. Думайте о преимуществах целибата, медитируйте, погрузившись в эти мысли.

Вы — ребенок Творца вселенной. Блаженство заключено внутри вас. В чувственных объектах нет ни капли удовольствия. Перестаньте отождествлять себя со своим телом, отождествляйте себя с Господом. Если ваше сознание чисто и здорово, ваше тело также будет чистым и здоровым. Поэтому забудьте о прошлом и начните новую духовную и добродетельную жизнь, наполненную любовью к Богу и желанием перейти к высшей, божественной жизни. Стимулируйте в себе желание жить божественной жизнью. Делайте *садхану* более энергично. Вы полностью изменитесь и станете блаженным, счастливым человеком.

ЧАСТЬ 6

КОНЦЕНТРАЦИЯ И МЕДИТАЦИЯ

ДХАРАНА, ДХЬЯНА, САМАДХИ

Концентрация, или *дхарана,* — это фокусировка сознания на одной-единственной мысли. Хатха-йоги концентрируют свое сознание на шести *чакрах*. Концентрация очень важна для всех учеников.

Во время концентрации различные лучи сознания собираются воедино и направляются на объект концентрации. Сознание перестает метаться. Его занимает одна мысль, и вся энергия сознания концентрируется на этой одной мысли. Чувства успокаиваются и замирают.

Когда приходит глубокая концентрация, вы не осознаете ни тела, ни того, что находится вокруг вас. Концентрация не может прийти, если есть что-то, что отвлекает ваше сознание. Сперва нужно учиться концентрироваться на крупных, грубых объектах, а уже затем переходить к тонким материям и абстрактным идеям.

Концентрация — это чисто умственный процесс, требующий внутренней работы сознания. Это не мышечное упражнение. Не нужно излишне напрягать мозг. Вы не должны бороться со своим сознанием. Когда вы концентрируетесь, избегайте напряжения в теле и в сознании. Постоянно и спокойно думайте об объекте концентрации. Не позволяйте сознанию уходить от него.

Занятия концентрацией и занятия *пранаямой* взаимно связаны. Если вы занимаетесь *пранаямой,* вы будете концентрироваться. Концентрация же непроизвольно сопровождается естественной *пранаямой*. Хатха-йог занимается *пранаямой* и этим управляет сознанием. Он поднимается снизу вверх. Раджа-йог занимается концентрацией и так управляет *праной*. Он спускается сверху вниз. Они оба в конце концов приходят к одному и тому же.

В зависимости от возможностей человека занятия могут быть разными. Для некоторых легче начать с *пранаямы,* для других — с концентрации.

Те, кто занимаются концентрацией лишь время от времени, только иногда будут достигать равновесия в сознании. В другое время сознание будет беспокойным и не готовым к концентрации. Ваше сознание должно подчиняться вам постоянно и выполнять ваши команды наилучшим образом. Постоянная и систематическая практика сделает ваше сознание очень послушным и верным слугой.

Концентрация на *чакрах*

Хатха-йог фиксирует свое сознание на *сушумна-нади,* находящейся внутри позвоночника, и на определенном центре — *муладхаре, манипуре* или *аджне*. Некоторые йоги игнорируют нижние *чакры* и концентрируются только на *аджне*. Они считают, что, управляя *аджней,* они автоматически управляют всеми нижними *чакрами*.

Когда вы концентрируетесь на одной из *чакр,* вначале формируется тонкая нитевидная связь между сознанием и этой *чакрой*. Медленно и постепенно, терпеливо прилагая усилия, вы поднимаетесь от одной *чакры* к другой.

Когда вход в *сушумну* приоткрывается, *кундалини-шакти* пытается проникнуть туда. Даже сам процесс открытия врат *сушумны* наполнит вас огромным блаженством. Вы будете опьянены им и совершенно позабудете об окружающем вас мире. Вы станете абсолютно бесстрастны. Вам явятся различные картины, вы увидите великолепный внутренний свет. Управляя различными *чакрами*, вы будете ощущать различные виды блаженства и получать различные виды знания и сиддхи. Например, подчинив себе *манипуру*, вы автоматически подчините стихию огня. Пламя не будет обжигать вас.

Паньча-дхарана (пятиричная концентрация)

Учиться этим пяти видам концентрации лучше под руководством гуру, опытного йога.

Существует пять элементов, пять стихий: земля (*притхви*), вода (*апас*), огонь (*агни*), воздух (*вайю*) и пространство, космос (*акаша*). Для тела, состоящего из этих пяти элементов, применяется пятиричная *дхарана*.

Притхви-дхарана: Считается, что от колен и ниже простирается стихия земли. Она имеет четырехугольную форму, желтый цвет и обозначается санскритской буквой *ла*. Созерцая эту область своего тела, человек должен концентрироваться на ней по два часа в день. Тогда он научится управлять стихией земли. Смерть не будет его беспокоить, поскольку он будет являться повелителем стихии земли.

Амбхаси-дхарана: Область, где правит стихия воды, простирается от колен до ануса. *Апас* имеет форму полумесяца белого цвета. Он обозначается буквой *ва*. Позволяя своему дыханию течь в районе, где правит вода, и повторяя *мантру ВАМ*, вы должны созерцать Господа Нараяну, четырехрукого, с короной на голове и одетого в оранжевые одежды. Концентрируясь на этой области по два часа в день, человек избавляется от всех грехов. Он не будет бояться воды.

Агнейи-дхарана: От ануса до сердца простирается область огня. *Агни* имеет форму треугольника. Его цвет — красный. Буква, которой он обозначается, — *ра*. Позволяя дыханию восходить вдоль области огня и повторяя *мантру РАМ*, вы должны созерцать Рудру, трехглазого бога, исполняющего все желания и имеющего цвет полуденного солнца. Занимаясь концентрацией на этой области тела по два часа в день, вы не будете страдать от жара пламени, даже если войдете в костер.

Вайявья-дхарана: От сердца до уровня бровей простирается стихия воздуха. Она черного цвета, в ней сияет буква *йа*. Концентрируясь на этой области и следя за прохождением в ней своего дыхания, вы должны созерцать Ишвару, Всезнающего. Йог, овладевший стихией воздуха, побеждает смерть.

Акаша-дхарана: От центра бровей до верха головы идет область космоса. Она имеет круглую форму, серый цвет, в ней светится буква *ха*. Поднимая дыхание к верхушке головы, вы должны думать о Садашиве. Концентрация этого вида дает способность к левитации. Йогу становятся подвластны все *сиддхи*.

Концентрация на солнечном сплетении

Солнечное сплетение часто называется «брюшным мозгом». Это важный нервный центр, связанный с симпатической нервной системой. Оно расположено в надчревной области, позади желудка, с обеих сторон спинного хребта. Оно управляет основными внутренними органами и играет важную роль в управлении эмоциями и другими функциями тела. Оно играет куда более важную роль, чем многие полагают, и является одним из жизненно важных центров организма. Оно состоит из белого и серого мозгового вещества. Йоги считают его хранилищем *праны* и внутренней электростанцией. (Случалось, что, получив сильный удар в солнечное сплетение, человек немедленно умирал.) Солнечное сплетение — это, в буквальном смысле слова, солнце нервной системы. Когда солнце светит мягко и гармонично, вся нервная система пребывает в гармонии. Она излучает силу и энергию во все части тела. Мысли и *прана*, направляемые в этот центр во время *пранаямы*, стимулируют его и пробуждают скрытый в нем «солнечный свет».

Техника: сядьте прямо, в *падмасану* или *сиддхасану*. Закройте глаза. Медленно вдохните через левую ноздрю, вдох должен быть по возможности длительным. Правую ноздрю прижмите большим пальцем правой руки. Мысленно повторяйте *ОМ*. Задержите дыхание. Направьте внимание на солнечное сплетение. Сконцентрируйте на нем свое сознание. Не напрягайте сознание излишне, вообще избегайте какого-либо напряжения. Во время задержки дыхания сознательно направьте свою *прану* в район солнечного сплетения. Думайте: «я дышу *праной*, счастьем, радостью, силой, бодростью, любовью». Затем медленно выдохните через правую ноздрю. После этого сделайте вдох через правую ноздрю, задержите дыхание и выдохните через левую. По утрам делайте 12 таких циклов. Страх, депрессия, слабость и другие нежелательные состояния, мешающие духовному развитию, исчезнут. Вы все более уверенно будете продвигаться к познанию Себя.

Дхьяна (медитация)

Занятия концентрацией готовят вас к медитации. Медитация — это постоянный поток одной мысли. Упорная медитация приводит вас к ощущению сверхсознания, или *самадхи*.

Во время медитации сознание становится спокойным, ясным и устойчивым. Различные лучи сознания собираются в пучок и фокусируются на объекте медитации. Сознание перестанет метаться. Вся его энергия сконцентрируется на одной мысли.

Медитация приводит к серьезным изменениям в сознании, мозгу и нервной системе. Формируются новые нервные потоки, вибрации и клетки. Сознание и нервная система полностью перестраиваются.

Медитация в конечном счете ведет к *самадхи*, или сверхсознательному состоянию, откуда йог черпает божественное знание о своей истинной природе. Утвердившись в самадхи, он освобождается. Он становится дживанмукта, светом, озаряющим весь мир. Благословенны будут *дживанмукты*, и да воссияете вы все как *дживанмукты* здесь и сейчас!

Благодаря глубокой концентрации вы увидите различные источники света. Поначалу этот свет будет белым, размером с булавочную головку, он появится во лбу, между двумя бровями (примерно в этом месте находится *аджня-чакра*).

Время от времени вы будете видеть сверкающие образы богов или иные образы. Вы увидите ваше излюбленное божество или вашего гуру. *Сиддхи, риши* и другие дадут вам свой *даршан*, чтобы поддержать вас. Вы увидите красивые сады, великолепные дворцы, реки, горы и золотые храмы — картины эти столь прекрасны, что я не в силах их описать словами.

Самадхи

Самадхи бывает двух видов: *джада-самадхи* и *чайтанья-самадхи*. Хатха-йог, занимающийся *кхечари-мудрой*, может залезть в ящик и месяцами и даже годами оставаться в нем под землей. Это самая сверхъестественная из тех способностей, что дает это *самадхи*. Это *джада-самадхи*. В *чайтанья-самадхи* человек достигает «высшего знания». Йог получает новую мудрость, сверхчувственную.

Нирвикальпа — это состояние сверхсознания. В этом состоянии отсутствуют какие-либо картины воображения. Это — цель всей жизни. Вся ментальная деятельность, функции интеллекта и чувств прекращают свое существование. Человек покоится в Атмане. Исчезают различия между субъектом и объектом. Весь мир, с его противоречиями и логическими парами, полностью исчезает. Это состояние безотносительно. Человек познает свое Высшее «Я», обретает высший мир и покой, бесконечное, неописуемое блаженство. (Это состояние также называется *йогарудхой*, или состоянием того, кто полностью прошел путь йоги.)

ПРИЛОЖЕНИЕ

Человеческое тело: основной источник всех достижений

1. Все сущее, от Брахмы и до мельчайшей неодушевленной частицы состоит из земли, воды, огня, воздуха и эфира. Они одушевлены Атманом.
2. Человеческое тело, являющееся основным источником всех приобретений, достижений и познания, — это крепкий челн, который, кажется, однако, трудно сохранить в целости, хотя все средства под рукой, однажды поняв это, вы увидите, что на самом деле это легко.
3. Получив человеческое тело, которое является вратами освобождения, тот, кто слишком привязывается к мирской, земной, низменной жизни, считается падшим с вершин своего естественного состояния.
4. Человеческое тело — это темница! Войдя в него, вы должны изо всех сил бороться, чтобы вырваться.
5. Мудрые люди вовсе не желают жить в человеческом теле, поскольку оно отвлекает от главного и создает иллюзии.
6. Отождествление себя с телом и привязанность к нему являются причиной страха.
7. Жизнь — это путешествие в безграничном океане времени, где пейзаж за окном постоянно меняется.
8. Не любите и не ненавидьте свое тело и чувства. Будьте безразличны по отношению к ним и ко всем прочим объектам. Остерегайтесь чувства отвращения к жизни. Испытывайте отвращение лишь к мирским, низменным заботам.
9. Действия, эмоции и разум — вот три лошади, запряженные в колесницу тела.
10. Поддерживайте свое тело в хорошей форме. Лучше используйте его. Крепкое и здоровое тело поможет вам в ваших ежедневных духовных занятиях. Имея совершенное здоровье, вы можете добиться высшего успеха в жизни.
11. Когда физическое тело приходит в негодность и не может долее функционировать из-за старости или болезни, Господь уничтожает это тело, позволяя дживе вселиться в новое, здоровое тело для дальнейшего развития и быстрой эволюции.
12. Сознание живет в нашем теле до того момента, как мы познаем свое Высшее «Я» и, следовательно, достигаем освобождения.

Рецепты йогов:

1. Медитация и учеба	Падмасана, сиддхасана, свастикасана, сукхасана
2. Сексуальная сублимация, сифилис, сперматорея, пиорея, гонорея, пробуждение кундалини	слабая память, диабет, чахотка, астма, почечные колики, ревматизм, болезни уха, глаз и носа и т. д.
3. Аменорея, дисменорея, лейкорея, болезни матки и яичников	Сарвангасана, шалабхасана, пашчимоттанасана, бхуджангасана (эти асаны нельзя делать во время беременности)
4. Хронический бронхит	Матсьясана и шалабхасана
5. Пищеварение	Сарвангасана, ваджрасана, пашчимоттанасана и баддха-падмасана
6. Увеличение печени и селезенки	Сарвангасана, халасана, маюрасана, баддха-падмасана
7. Хронические запоры	Халасана, маюрасана, дханурасана, матсьясана и падахастасана
8. Водянка яичка, слоновая болезнь, недоразвитие конечностей	Гарудасана, триконасана, уткатасана
9. Геморрой	Сиддхасана, пашчимоттанасана, ширшасана, гомукхасана и маха-мудра
10. Дизентерия	Баддха-падмасана и куккутасана
11. Миальгия и ревматизм	Врищикасана, ширшасана, пашчимоттанасана, сарвангасана и т. д.
12. Проказа	Ширшасана и маха-мудра
13. Релаксация	Шавасана
14. Разрушители всех болезней и дарители долголетия	Падмасана, ширшасана, сарвангасана и пашчимоттанасана

N. B. Если вы страдаете от каких-либо хронических болезней, вам придется к этому добавить мудры, *пранаяму* и *джапу*. Если что-либо из этого вам не подходит, вы должны посоветоваться с вашим духовным учителем. Вы должны заниматься долго, с искренним желанием и большим терпением.

Расписание занятий

Деятельность и продолжительность	От:	До:
Элементарный курс «А» для занятых людей		
Джапа и медитация: 45 мин	4:00	4:45
Ширшасана: 5 мин.		
Сарвангасана: 5 мин.		
Матсьясана: 3 мин.		
Пашчимоттанасана: 5 мин.		
Прочие асаны: 5 мин.		
Шавасана: 2 мин.	4:45	5:10
Отдых: 15 мин.	5:10	5:25
Бхастрика-пранаяма: 5 мин.		
Прочие пранаямы: 5 мин.	5:25	5:35
Отдых: 5 мин.	5:35	5:40
Учеба (свадхьяя): 45 мин.	5:40	6:25
Утренняя прогулка: 35 мин.	6:25	7:00
Асаны, пранаямы, джапа, медитация: 1,5 часа	18:15	19:45
Бхаджан (киртан): 30 мин.	19:45	20:15
Еда и отдых: 15 мин.	20:15	20:30
Учеба: 1 час	20:30	21:30
Сон: 6 часов	21:30	3:30
Интенсивный курс «Б» для занятых людей		
Джапа и медитация: 1,5 часа	3:30	5:00
Ширшасана: 30 мин.	5:00	5:30
Сарвангасана, маюрасана, пашчимоттанасана и т. д.: 30 мин.	5:30	6:00
Бхастрика-пранаяма и другие: 30 мин.	6:00	6:30
Учеба (свадхьяя): 30 мин.	6:30	7:00
Асаны, пранаяма, джапа и медитация: 3 часа	18:15	21:15
Еда: 15 мин.	21:15	21:30
Учеба: 30 мин.	21:30	22:00
Сон: 5 часов	22:00	3:00
Курс «В» для полностью посвящающих себя учебе		
Джапа и медитация: 3,5 часа	3:30	7:00
Асаны и пранаямы: 2 часа	7:00	9:00
Асаны и пранаямы: 2 часа	17:00	19:00
Джапа и медитация: 2 часа	19:00	21:00
Бхаджан: 1 час	21:00	22:00
Сон: 5 часов	22:00	3:00
Общие процедуры для курсов «А» и «Б»		
Отдых, легкий завтрак или чашка молока: 15 мин.	7:00	7:15
Нишкама-карма и домашние обязанности: 1,5 часа	7:15	8:30
Ванна, завтрак и т. д.: 1 час	8:30	9:30

Работа в конторе: 3 часа	10:00	13:00
Обед, написание писем и собеседования: 1 час	13:00	14:00
Работа в конторе: 3 часа	14:00	17:00
Полдник и отдых: 15 мин.	17:00	17:15
Вечерняя прогулка (2 мили) и сатсанг: 1,5 часа	17:15	18:30

Оставшееся время нужно разумно поделить между такими занятиями, как *мауна*, *нишкама-карма*, пение псалмов, учеба, мытье, прием пищи и т. д.

Ученики должны сами выработать распорядок дня в соответствии с их возможностями, удобствами и запросами.

ГЛОССАРИЙ

Адхарма: Все неправедное
Ахимса: Старание не навредить мыслью, словом и делом
Аджня-чакра: *Чакра*, находящаяся в пространстве между бровями
Акаша: Космос, пространство
Анахата: Четвертая *чакра*, находящаяся напротив сердца; мистический звук
Ананда: Блаженство
Апана: Нисходящее дыхание
Апариграха: Бескорыстие
Артха: Значение, смысл, цель, благополучие
Астейя: Неприсвоение чужого
Асана: Йогическая поза
Атман: Высшее «Я»
Атма-чинтана: Размышление о Высшем «Я»
Атма-джняна: Непосредственное познание своего Высшего «Я»
Авидья: Невежество, незнание
Аюрведа: Индийская традиционная медицина

Бандха: Определенный класс упражнений в хатха-йоге
Бхакта: Преданный Богу
Бхава-самадхи: Сверхсознательное состояние, достигаемое *бхактой*, или преданным, благодаря особым божественным эмоциям
Биджа-мантра: Звук, являющийся «семенем», источником определенного рода силы
Брахмачарья: Целибат; первая стадия жизни у индуистов, т. е. холостая жизнь периода учебы
Брахмарандхра: Отверстие на макушке головы, «родничок»
Брахман: Абсолютная Реальность
Брахми-амла: Целебное масло из плодов амлы
Буддхи: Интеллект; понимание; логический ум

Васана: Подсознательное, скрытое желание
Вибхути: Проявление; особые формы воплощения Бога
Вирья: Энергия семени; сила
Вичара: Исследование природы своего Высшего «Я»
Вритти: Мыслеволны, колебания ума.

Гайятри-мантра: Одна из самых священных ведических *мантр*
Гуна: Одно из трех фундаментальных качеств природы
Гуру: Учитель, духовный наставник

Дама: Управление внешними чувствами
Джапа: Постоянное повторение имени Господа
Джива: Душа каждого отдельного человека
Дживанмукта: Человек, достигший освобождения при жизни
Джняна: Знание; мудрость Брахмана, или Абсолютной Реальности
Дэва: Божество

Кайвалья: Трансцендентное состояние абсолютной независимости; *мокша*, окончательное освобождение
Кама: Страсть, желание, похоть
Канда: Яйцевидной формы нервный центр, расположенный в области пупка
Карма: Действие; причинно-следственный закон
Кайя-сиддхи: Полное телесное совершенство, достигнутое посредством йоги
Киртан: Пение имен Господа и восхваление Его качеств
Крийя: Любое упражнение хатха-йоги
Кумбхака: Задержка дыхания
Кундалини: Первобытная космическая энергия, находящаяся в организме человека

Мала (1): Нечистое сознание
Мала (2): Четки, при помощи которых считают *мантры* во время занятий *джапой*
Мантра: Священный слог, слово или набор слов, при помощи вдумчивого повторения которых человек достигает совершенства
Майя: Скрытая и явная энергия космоса
Моха: Слепая привязанность, ложное отождествление
Мокша: Освобождение
Мудра: Определенный класс упражнений хатха-йоги

Нади: Психический канал
Насикагра-дришти: Концентрация взгляда на кончике носа
Ниргуна: Не имеющее качеств
Нирвана: Освобождение
Нирвикальпа-самадхи: Сверхсознательное состояние, в котором нет триады «знаемое, знающий и процесс знания» и каких-либо мыслей
Нишкама-карма: Занятие чем-то без ожидания результата
Нияма: Второй этап раджа-йоги

Оджас-шакти: Духовная энергия, возникающая при сохранении целибата
ОМ: Священный слог, символизирующий Брахмана

Пара-шакти: Высшая власть, энергия
Прана: Жизненная энергия, жизненная сила, дыхание жизни
Пранаяма-коша: Одна из оболочек Высшего «Я», состоящая из *праны* и органов действия
Пранаяма: Управление *праной*
Пратьяхара: Управление чувствами
Пурака: Вдох

Раджа-йог: Тот, кто занимается раджа-йогой
Раджас: Динамический принцип, одна из трех *гун*
Речака: Выдох
Риши: Мудрец

Садхана: Духовная практика
Сагуна: Обладающее качествами
Сахасрара: *Чакра* в верхней части головы, имеющая вид тысячелепесткового лотоса, где *кундалини* соединяется с Богом Шивой
Сакара: Имеющее форму
Сама: Спокойствие, управление сознанием
Самадхи: Сверхсознательное состояние, при котором познается абсолют, сопровождаемое всезнанием и радостью
Сансара: Земное существование
Самскара: Дородовые тенденции
Самьяма: Полная сдержанность, концентрация, медитация и *самадхи*
Санньясин (санньяси): Монах, человек, принявший образ жизни, связанный с полным самоотречением
Сатчитананда: Абсолютное «Существование — Знание — Блаженство»
Сатсанг: Общение с мудрецами и святыми
Саттва: Свет, чистота, реальность. Одна из *гун*
Сатья: Правда
Савикальпа-самадхи: *Самадхи* с сохранением триады «знаемое, знающий и процесс знания»
Сиддхи: Сверхъестественные психические способности
Сушумна: Наиболее важная *нади*, простирающаяся от низа позвоночника до верха головы. *Кундалини* проходит по ней в результате практики йоги

Шакти: Сила, энергия, власть, абсолютная космическая энергия

Шанти: Покой
Шива: Индуистское божество, Бог йогов

Тамас: Невежество, инерция, тьма. Одна из *гун*
Тапас: Действия, ведущие к очищению; аскетизм
Тратак: Фокусировка взгляда в определенной точке

Урдхваретас: Йог, у которого энергия семени поднимается вверх

Чакра: Сплетение, центр или вихрь психической энергии в теле человека
Чин-мудра: Положение руки, когда большой и указательный пальцы соприкасаются, а остальные три оттопырены

Экадаши: одиннадцатый день двухнедельного цикла индуистского лунного календаря

Яма: Один из этапов раджа-йоги

Наши книги можно приобрести

в Киеве

«Эзотерика», пл. Славы, ТЦ «Квадрат/ Світ книги», тел. 531-99-68

«Мистецтво», ст. м. Крещатик, ул. Крещатик 24, тел. 228-25-26

«Академкнига», ст. м. Университет, ул. Б.Хмельницкого 42, тел. 224-01-07 (тел/ф), 224-51-42

Эзотерический магазин в Планетарии, ст. м. Республиканский стадион, ул. Красноармейская 57/3, тел. 220-75-88

«Эра Водолея», ст. м. Льва Толстого, ул. Бассейная 9-б, тел. 235-34-78, 246-59-84 (тел/ф)

Отдел оптовой реализации фирмы ***«София»***, ул. Белорусская, 36а, тел. 230-27-32 (менеджер), 230-27-34 (нач. отдела)

В других городах Украины

Харьков, *«BOOKS»*, 61022, ул. Сумская 51

Одесса, *«Лотос Мира»*, ул. Дерибасовская 18, тел. (0482) 37-27-65

Кривой Рог, *«Флорида»*, ул. Харитонова 7

В Москве

Магазин-клуб издательства «София», ст. м. Таганская-радиальная, ул. Б. Каменщики 4., тел. 912-17-64

Московский Дом Книги, ст. м. Арбатская, ул. Новый Арбат 8, тел. 290-45-07

«Москва», ст. м. Тверская, ул. Тверская 8, тел. 229-64-83

«Мир Печати», ст. м. Белорусская, ул. 2-я Тверская-Ямская 54, тел. 978-36-73

«Библио-Глобус», ст. м. Лубянка, тел. 928-86-28, 925-24-57

«Белые облака», ст. м. Китай-город, ул. Покровка 3, тел. 921-61-25

«Молодая гвардия», ст. м. Полянка, ул. Б.Полянка 28, тел. 238-50-01

«Путь к себе», ст. м. Белорусская, Ленинградский пр. 10а, тел. 257-39-87

«Игра в бисер», тел. 265-59-15

«Ямское поле», тел.: 257-04-90

В других городах России

С.-Петербург, *ООО «София»*, В. О., 15-я линия, д. 28 литер «Г», тел/факс (812) 327-72-37
«Роза Мира», ст. м. Технологический ин-т, 6-я Красноармейская ул. 25, тел. (812) 146-87-36, 310-51-35

Томск, *«Букинист»*, пер. Батенькова 5, тел. (3822) 22-49-23

Уфа, *«Странник»*, ул. Социалистическая 23, тел. (3472) 23-37-84

Новосибирск, *«Топ-книга»*, ул. Арбузова 111, тел. (3832) 36-10-26, 36-10-27

Волгоград, *«Техническая книга»*, ул. Мира 11, тел. (8442) 36-35-97

Ростов-на-Дону, *«Баро-пресс»*, тел. (8632) 62-33-03

Иркутск, *«Продалить»*, тел. (3952) 51-30-70, 59-13-70

Ессентуки, *ООО «Россы»*, ул. Октябрьская 424, тел. (86534) 6-93-09

Хабаровск, *«Дело»*, тел. (4212) 34-77-39

Брянск, *«Логос»*, тел. (0832) 44-68-27

Нальчик, *«Книжный магазин №11»*, ул. Захарова 103, тел. (66622) 5-52-01

Омск, *«Омский торговый дом»*, тел. (3812) 25-04-14, 24-04-09

Екатеринбург, *«Дом книги»*, тел. (3432) 59-42-00, 59-24-89

Липецк, *«Ариадна»*, тел. (0742) 43-29-99

Северодвинск, *«Зоя»*, тел. (81842) 6-95-58

Ижевск, *«Рифма»*, тел. (3412) 75-22-33

Воронеж, *«Светлана»*, тел. (0732) 55-45-07

Тюмень, *«Встреча»*, ул. Республики 29, тел. (3452) 46-68-40, 43-32-31

Минск, *«Маккус»*, тел. (0172) 61-69-08, 76-58-58

Научно-популярное издание

СВАМИ ШИВАНАНДА
ЙОГА И ЗДОРОВЬЕ

Перевод *А. Соломарский*
Редактор *А. Костенко*
Корректура *Е. Введенская, Е. Ладикова-Роева, Т. Зенова*
Оригинал-макет *И. Петушков*
Обложка *С. Тесленко*

Подписано в печать 18.01.2003. Формат 60x90/16.
Бумага офсетная. Усл. печ. л. 16,00
Тираж 5 000. Зак. 206

Издательство «София»,
03049, Украина, Киев-49, ул. Фучика, 4, кв. 25

ООО Издательский дом «София»,
109028, Россия, Москва, ул. Воронцово поле, 15/38, стр. 9
Свид-во регистрации № 1027709023759 от 22.11.02
тел. (095) 261-80-19, 105-34-28

Отделы оптовой реализации издательства «СОФИЯ»
в Киеве: (044) 230-27-32, 230-27-34
в Москве: (095) 261-80-19
в Санкт-Петербурге: (812) 327-72-37
Книга-почтой
в России: (095) 476-32-52, e-mail: esoterikos@mtu-net.ru
в Украине: (044) 513-51-92, 01030 Киев, а/я 41, e-mail: postbook@i.com.ua,
http://www.sophya.com.ua

Отпечатано в ОАО «Московская типография № 9»
109033, Москва, Волочаевская ул., д. 40
Телефон (095) 362-89-59